燧人氏
心│火│相│传

杨昌洪 新解
《道德经·通玄经》

杨昌洪◎著

当代世界出版社
THE CONTEMPORARY WORLD PRESS

图书在版编目（CIP）数据

杨昌洪新解《道德经·通玄经》／杨昌洪著．
-- 北京：当代世界出版社，2019.9
ISBN 978-7-5090-1431-8

Ⅰ．①杨… Ⅱ．①杨… Ⅲ．①道家②《道德经》—研究
③《通玄经》—研究 Ⅳ．① B223.15

中国版本图书馆 CIP 数据核字（2018）第 166742 号

杨昌洪新解《道德经·通玄经》

作　　者：杨昌洪
出版发行：当代世界出版社
地　　址：北京市复兴路 4 号（100860）
网　　址：http://www.worldpress.org.cn
编务电话：（010）83908456
发行电话：（010）83908409
　　　　　（010）83908377
　　　　　（010）83908423（邮购）
　　　　　（010）83908410（传真）
经　　销：全国新华书店
印　　刷：北京楠萍印刷有限公司
开　　本：710 毫米 ×1000 毫米　　1/16
印　　张：23.5
字　　数：300 千字
版　　次：2019 年 9 月第 1 版
印　　次：2019 年 9 月第 1 次
书　　号：ISBN 978-7-5090-1431-8
定　　价：60.00 元

道德经·通玄经·目录

儒、释、道作为中华民族的文化瑰宝，它们三足鼎立，相辅相成，构成了光辉灿烂的华夏民族文化。

《道德经》五千言，文约意丰，影响巨大，是道家和道教的经典著作。它向人们提出了最理想和最实用的道德定义，从更深的层次上，把社会、人生等问题置入宇宙发展演变的历史长河中加以对照，并进行了深入的思考。它认为只有返朴归真、顺其自然才能使人们保持幸福自由，才能使社会保持正常发展。而作为中华古老文明的《道德经》一书，同时也是值得全人类共享的文化财富。

《通玄经》即《文子》。它的思想源自道家，并以之为根本宗旨，糅合了当时的儒、墨、名、法、兵、农等家的思想精华，对于致用人生、社会具有十分深厚的思想穿透力。《通玄经》作为道家经典，以其开放的态度进一步丰满了道家的学术思想，反映了先秦时代在老子思想上的进一步发展。它在归本道家的设定中，又对诸子百家博观约取，从而获得了不俗的学术创获。

本书针对《道德经》及《通玄经》原文，首先以现代通俗易懂的语言进行解说，使晦涩难懂的道理变得一目了然；再对原文中生僻字词进行解读，使读者更易读懂古文；最后精心选择道教文化知识点，以便读者广泛了解道教文化及在现实生活的应用。

道德经

上篇·道经

道可道非常道

道，可道，非常道[1]；名，可名，非常名[2]。无，名[3]天地之始[4]；有，名万物之母[5]，故常[6]无，欲以观其妙[7]；常有，欲以观其徼[8]。此两者同出而异名，同谓之玄。玄之又玄[9]，众妙之门[10]。

"道"是不能言说的。能够讲出的"道"，那就不是所谓的真实、永恒的道了；能形容的事物，它就不是那个事物真实的名了。"无"，用以表示天地的始原；"有"，用以表示万物的根本。因此，应该从事物的原始状态中去观察"道"的微妙，从万物不变的根本之处去观察"道"的端倪。两者同出一源而名称互异，都称得上神秘莫测。从有形的深远境界到达无形的神秘境界，这是通向一切奥妙的门径。

◎ 原文注释

〔1〕第一个"道"指的是宇宙的本原和实质，引申为原理、原则、真理、规律等，是名词。第二个"道"指"表述"的意思，即"说得出"，是动词。〔2〕第一个"名"指"道"的形态。第二个"名"是"说明"的意思。〔3〕名：指动词，称述，说明。〔4〕始：原始。〔5〕母：母体，根源。〔6〕常：经常。〔7〕妙："微妙"的意思。〔8〕徼（jiào）：边际、边界，引申为"端倪"的意思。〔9〕玄：深黑色，指玄妙深远，是《道德经》中的一个重要概念。〔10〕门：一切奥妙变化的总门径，此处用来比喻宇宙万物唯一原"道"的门径。

◎ 拓展阅读

道教的起源

一种可能是起源于古代的神道；二则起于老子的道论，首见于《老子想尔注》。道家的最早起源可追溯到老庄，故道教奉老子为教主。道教的第一部正式经典《太平经》，完成于东汉，因此，东汉时期被视作道教的初创时期。道教正式有实体活动是在东汉末年太平道和五斗米道出现之后。而《太平经》、《周易参同契》、《老子想尔注》三书，是道教信仰和理论形成的标志。

天下皆知美之为美，斯[1]恶已[2]；皆知善之为善，斯不善[3]已。故有无相[4]生，难易相成，长短相形[5]，高下相倾[6]，音声相和，前后相随，恒也。是以圣人处无为之事[7]，行不言之教，万物作[8]焉而不辞，生而不有，为而不恃，功成而弗[9]居。夫唯弗居，是以不去。

当天下的人都知道美好的东西之所以是美好的，那么丑的观念也就产生了；当天下的人都知道善良的之所以是善良的，这样，恶的观念也就产生了。因此，有和无互相生成，难和易互相形成，长和短互相显现，高和下互相依存，音与声互相应和，前和后互相接随，这是永恒的。所以，圣人用无为的观点对待世事，用不言的方式施行教化：听任万物自然兴起而不为其创始，生养万物而不据为己有，有所施为但不借以自恃，功成而不自居。正因为他成就了功业而不居功，所以才无所谓失去，他的功绩从此也永存不朽。

◎ **原文注释**

[1] 斯：则，就。[2] 恶已：恶，丑。已，通"矣"。[3] 不善：恶。[4] 相：互相。[5] 形：指比较、对照中显现出来的意思。[6] 倾：充实、补充、依存。[7] 圣人处无为之事：圣人是道家所推崇的最高理想人物，其不同于儒家所说的圣人，二者不能混为一谈。处，担当、担任。无为，顺应自然，不加干涉，不妄为行事。[8] 作：兴起、发生、创造。[9] 弗：不。

◎ **拓展阅读**

道教徒

中国的道教徒主要有两种。一种是神职教徒，即"道士"。据《太霄琅书经》记载，"人行大道，号曰道士"，"身心顺理，为道是从，故称道士"。他们按地域可分为茅山道士、罗浮道士等；从师承上可分为"正一"道士、"全真"道士等；按宫观（道士修道、祀神和举行仪式的场所）中的教务可分为"当家"、"殿主"、"知客"等。另一种是一般教徒，他们大多被称为"居士"或"信徒"。

天下皆知美之为美

不尚贤

不尚贤 [1]，使民不争；不贵 [2] 难得之货 [3]，使民不为盗 [4]；不见 [5] 可欲，使民心不乱。是以圣人之治也，虚 [6] 其心，实 [7] 其腹，弱 [8] 其志，强 [9] 其骨。常使民无知无欲。使夫智者不敢 [10] 为也，为无为，则无不治。

不崇尚贤才异能，使民众不产生互相争夺之心；不珍爱难得的财物，使民众不产生偷窃之心；不显露使人产生占有欲望的事物，使民心不被迷乱。因此，圣人治理天下，在于使人们头脑简单，在于满足人民生活需要，使人们的志气柔韧，使百姓的筋骨强壮，使人们永远没有狡诈心机，没有争盗欲望。这样一来，那些自认为有才智的人也不敢用才智去争名争利了。圣人按照"无为"的原则去办事，那么，天下的百姓就会过上安静和谐的生活。

◎ 原文注释

〔1〕尚贤：尚，即崇尚，尊崇。贤，有德行、有才能的人。

〔2〕贵：珍爱。

〔3〕货：财物。

〔4〕盗：窃取财物。

〔5〕见（xiàn）：通"现"，出现，显露，此为"显示、炫耀"的意思。

〔6〕虚：空虚，这里是使动用法，使……空虚。

〔7〕实：使……填饱。

〔8〕弱："弱"字为老子学说的特用之词，具有正面的意义，不能按现在的字义去理解。弱，是指使其心志柔韧。

〔9〕强：使……强壮。

〔10〕敢：进取。

◎ 拓展阅读

外丹与内丹

二者同属于道教徒实践天道的道术内容。其中，外丹是指用丹炉或鼎烧炼铅、汞等矿石制成的能够使人"长生不死"的丹药。唐以后，渐被内丹术所代替。内丹，为行气、导引、呼吸吐纳之类的总称。它用人体作炉鼎，使精气神在体内凝结成丹，从而达到长生不死的目的。自金元以后，内丹之术逐渐盛行，其渊源甚至可以上溯至战国时代。内丹术对于中国的医学和养生学曾有过很大的影响。

○ 品画鉴宝　老子骑牛图·北宋·晁补之　此图为水墨画，图中描绘了老子怡然自得的表情，极为细致写意，而对于青牛的描绘更是传神入妙、栩栩如生。

昆耶谷寫

黄髪番、宵己
台甫餘稽六九
琳章五子不是
闲拋置為付闕
門令吾回
御題

7

道冲

道冲[1]，而用之或不盈[2]。渊[3] 兮似万物之宗。挫其锐[4]，解其纷[5]，和其光[6]，同其尘[7]。湛[8] 兮似或存[9]。吾不知谁之子，象[10] 帝之先。

"道"是空虚无形的，但它的作用又是无穷无尽的。它时常保持空虚，好像永远不会满溢，虽是那样的深不可测，却是万物的本源。消磨自己的锐利、锋芒，排解自己的纷扰，隐蔽、调和自己的光芒，把自己混同于尘俗之中。它无形无象、隐没不见，又好像实际存在。我不知道它是何物所生，但似乎是产生于天地开创之前。

◎ 原文注释

[1]冲：一作盅，器物虚空，比喻空虚。马王堆本作"道冲，而用之有弗盈也"。[2]盈：满，引申为"尽"。[3]渊：深远。[4]挫其锐：挫，消磨，折去。锐，锐利、锋利。挫其锐，消磨掉它的锐气。[5]解其纷：消解掉它的纠纷。[6]和其光：调和隐蔽它的光芒。[7]同其尘：把自己混同于尘俗。以上四个"其"字，说的都是道本身的属性。[8]湛：沉没，引申为"隐约"的意思。段玉裁《说文解字注》记载，古书中"浮沉"的"沉"多写作"湛"。"湛"、"沉"古代读音相同。这里用来形容"道"隐没于冥暗之中，不见形迹。[9]似或存：似乎存在。连同上文"湛兮"，形容"道"若无若存。[10]象：似。

◎ 拓展阅读

《太平经》

《太平经》是流传至今的最早的道教经典。它的主要内容包括：神秘的气化学说；三名同心的调和论，即主张君、臣、民协调共处；阴阳五行的灾异说；天人相通的神仙系统。在《太平经》的神仙系统中，一为神人，二为真人，三为仙人，四为道人，五为圣人，六为贤人。其中神人主天，真人主地，仙人主风雨，道人主教化吉凶，圣人主治百姓，贤人辅助圣人。

　　天地不仁，以万物为刍狗[1]；圣人不仁，以百姓为刍狗。天地之间，其犹橐籥[2]乎？虚而不屈[3]，动而愈出。多言数穷[4]，不如守中[5]。

　　天地没有偏爱之心，对待万物像对待刍狗一样，任它们自生自灭；圣人也不存在偏爱之心，对待百姓也像对待"刍狗"一样。天地之间，就像风箱一样，其中空虚但永不穷尽，被鼓动起来，愈出愈多。政令繁多反而使人更加困惑，还不如保持和平清静。

◎ 原文注释

[1] 刍（chú）狗：用草扎成的狗。古代专用于祭扫之中，祭扫完毕，就把它扔掉或烧掉。天地以万物为刍狗，是说天地无私，而任万物自然生成或毁灭。[2] 犹橐籥（tuó yuè）：犹，比喻词，"如同"、"好像"的意思。橐籥，是一种风箱，古代冶炼时为炉火鼓风用的助燃器具——袋囊和送风管。[3] 屈：马王堆本"屈"作"淈"，竭尽，穷尽。[4] 多言数穷：老子认为，见多识广，有了智慧，反而政令烦苛，破坏了天道。数，通"速"，是"加快"的意思。穷，困穷，穷尽到头。[5] 中：通"冲"，空虚。

◎ 拓展阅读

文昌帝君

文昌本是星名，也称文曲星或文星。古时，文昌星被认为是主持文运功名的星宿，汉代则专指天上文昌宫的第四星——司命星。文昌帝君又称为梓潼帝君。据传，安史之乱时，唐玄宗避乱入蜀，曾梦见蜀中的梓潼神张亚子显灵；唐末，唐僖宗为避黄巢之乱入蜀，又亲祀梓潼神，追封张亚子为济顺王。经唐朝皇帝的崇拜，梓潼神张亚子遂由地方神成为天下通祀的大神，被道教与民间所信奉。

○品画鉴宝　三十六员天神天将朝圣图　道教有三十六员天将元帅神，他们具有驱邪降魔、护正禳厄的威力，神话传说中的天庭就是由他们护卫的。图中描绘的是其中的一部分天将神和神尊。

谷神^[1] 不死，是谓玄牝^[2]。玄牝之门^[3]，是谓天地根。绵绵^[4] 若^[5] 存！用之不勤^[6]。

生养天地万物的道（谷神）是永恒长存的，这叫做玄妙的母性。玄妙母体的生育之门，就是天地的根本，万物的根源。它连绵不绝，永远存在，作用也是无穷无尽的。

◎ 原文注释

〔1〕谷神：生养之神，道的别名。谷读为毂，《尔雅·释言》："毂，生也。"《尔雅·释诂》："毂，养也。"

〔2〕玄牝（pìn）：玄，原义是深黑色，在这里有"深远、神秘、微妙难测"的意思。牝，本义是雌性的兽类动物，这里借喻具有无限造物能力的"道"。玄牝指玄妙的母性。这里指孕育和生养出天地万物的母体。

〔3〕门：指产门。这里用雌性生殖器的产门，来比喻造化天地、生育万物的根源。

〔4〕绵绵：连绵不绝。

〔5〕若：如此，这样。

〔6〕勤：作"尽"讲。

◎ 拓展阅读

三十六天将

三十六天将，又称三十六天罡，渊源于中国古代对北斗的崇拜。道教认为北斗众星中有三十六罡，每个天罡星中有一神，共三十六位神将。他们有的原是历史上的人物，如忠义孝烈的代表关羽，死后被封为神；有的是高道，如王善，羽化后被神化，成为王灵官；更多的是传说中的人物，如泰山神温琼（又作瘟神），财神赵公明（也作冥神、瘟神）；还有小说中的人物，如太岁神殷郊等。

天长地久

天长地久^[1]。天地之所以能长且久者，以其不自生^[2]，故能长生。是以圣人后^[3] 其身^[4] 而身先^[5]，外^[6] 其身而身存^[7]，非以其无私邪^[8]？故能成^[9] 其私^[10]。

天地长久。天地之所以能长久，是因为它们不是为了自己的生存而运行着，因而能够长久生存。所以，效法天地，将自己置之于后，不争名利，反而能在众人之中赢得推崇，成为人民的模范；将自己的生命置之度外，反而能保全自身的存在。这正是因为他没有一点私心，才成就了自己。

◎ 原文注释

〔1〕长、久：均指时间长久。

〔2〕以其不自生：因为它不为自己生存。

〔3〕后：方位词作动词，使……后。

〔4〕身：自身，自己。以下三个"身"字同。

〔5〕先：居先，占据了前位。

〔6〕外：是方位名词作动词用，"置之度外"之意。

〔7〕存：保存，存在。

〔8〕邪：助词，表示疑问的语气。

〔9〕成：成就。

〔10〕私：自私。

◎ 拓展阅读

道教的神仙谱系

道教信奉的最高尊神是"三清"。三清即玉清元始天尊、上清灵宝天尊和太清道德天尊。三清之下的众神则以得道之深浅、功德之多寡，而分为不同的等级和职守，最高者为玉皇，其次为四御（中天紫微北极大帝、勾陈上宫天皇大帝、南极长生大帝和承天效法后土皇地祇），再次则为众天神。玉皇统御诸天，为宇宙的最高统治者。其他分司不同职责的神仙，熟知的有风、雨、雷、电，以及财神、灶神、城隍、土地等。

上^[1]善若水。水善利万物而不争，处众人之所恶^[2]，故几于道。居^[3]，善地^[4]；心，善渊^[5]；与^[6]，善仁^[7]；言，善信；正^[8]，善治；事，善能^[9]；动，善时。夫唯不争，故无尤^[10]。

有高尚情操的善人的道德就好像水一样。水滋润万物而又不和万物相争，甘心处在人人都厌恶的低下地方，所以它的德行非常接近于"道"。品德高尚的人就像水一样，他的居所总是在卑下的地方；他的心胸如水一样静默深远，善于保持沉静，待人交友像水那样真诚友爱；说话如水一样堵止开流，善于遵守信用；从政有条理，善于理政治国，发挥才能；行动如水一样涸溢随时，善于随顺天时。他像水那样与世无争，而正因为与万物无争，所以才没有一点怨咎。

◎ 原文注释

〔1〕上：上等，崇高。

〔2〕所恶：所厌恶的地方。

〔3〕居：居住，这里指"处世"。

〔4〕地：用作动词性谓语，指"选择低下的地方"。

〔5〕渊：深。这里形容内心深沉虚静的状态。

〔6〕与：同"予"，意思是"给予"，引申为"交友"。

〔7〕仁：同"人"。

〔8〕正：通"政"。

〔9〕能：灵活，圆滑。

〔10〕尤：过错。

◎ 拓展阅读

道教派别

在历史上，道教曾经形成了众多的道派。汉代有天师道和太平道两个道派，魏晋时期有上清派、灵宝派、三皇派，宋金元时期有全真道、太一道、真大道、净明道等道派。各个道派经过历史上的融合，最后归并到今天的正一道（由天师道发展而来）和全真道（创始人为王重阳）两个大道派中。两派的信仰并无差异，只是在教规教戒上有所不同。全真派要求素食、出家（不结婚）、住观，而正一派则无这些规定。

持而盈之

持而盈之 [1]，不如其已 [2]。揣而锐之 [3]，不可长葆 [4]。金玉满堂，莫之能守 [5]。富贵而骄，自遗其咎 [6]。功成身退 [7]，天之道也 [8]。

如果过分地求多求满，就会倾溢，还不如趁早停止。锤锻（金属）使它尖锐锋利，则不能长久保全，必遭挫败。想长久占有满堂的金玉，这也是不可能的事，没有谁能守藏得住；富贵了而又骄奢，就给自己种下了灾祸。当我们功业完成之后，就应急流勇退，这才是顺应自然规律的做法。

◎ 原文注释

〔1〕持而盈之：手里拿着容器，里面的水已经盛满了。持，执持、握持、拿、端，指抱持盈满之势，这里隐指"自满自足、自我膨胀"。

〔2〕已：停止。

〔3〕揣而锐之：揣，通"段（锻）"，锻造、冶炼。

〔4〕葆（bǎo）：通"保"，守住。

〔5〕莫之能守：没有能守得住的。

〔6〕自遗其咎："自己招灾"的意思。遗（wèi），送给，留给。咎（jiù），灾祸。

〔7〕功成身退：功成业就，应当退位收敛。身退，可指从现在的职位上退出，也可指收敛其锋芒。

〔8〕天之道：自然的规律。道，在这里指一种普遍规律。天，自然。

◎ 拓展阅读

斋戒

斋戒，就是要道士经常保持身心的洁净，是道教徒日常修持的一项重要内容。中国古代就有斋戒之说。《易经》的"系辞上"称，"洗心曰斋，防患曰戒"。道教创立以后，继承了斋戒之法，用以检束道士身心，祭祀天地神灵。唐宋以后，斋戒和诵经成为道士日常修持的内容。斋戒修持的作用，一是学道之阶梯，二是通神之交会。

作为浙派后期名家之一的郑文林，他的画多用焦墨枯笔，点染粗豪，所画人物颜放豪宕。他的这幅《群仙图》以细碎之笔，密点针叶，而群仙则隐现于松叶之间，其中人物野放之气跃然画外。

载营魄抱一

载[1] 营魄[2] 抱一[3]，能无离乎？专气[4] 致柔，能婴儿乎[5]？涤除玄览[6]，能无疵乎？爱民治[7] 国，能无知乎？天门[8] 开阖，能为雌[9] 乎？明白四达，能无为乎？生之畜之，生而不有，长而不恃，长而不宰，是谓玄德[10]。

我们的精神同形体合而为一，能够永远不分离吗？结聚精气以致柔顺，能够达到像婴儿那样的状态吗？我们清除内心的杂念，深入静观，能没有瑕疵吗？我们治理国家，爱护民众，能够自然而为吗？人，生存于万物运动变化之中，能够做到宁静柔顺吗？明白事理，通达四方，能够不用心机吗？生长万物，养育万物，而不占为己有，推动万物发展而不自恃，滋养万物而不主宰，这就是至深的"德"。

◎ 原文注释

[1] 载：语气词。[2] 营魄：营，营气，精气，精魂，灵魂。魄，形魄，体魄，形体。[3] 抱一：合一、守一。指魂和魄即精神和身体合而为一。[4] 专气：专，集中而不分散。气，精气，指生命的活力。[5] 能婴儿乎：指当人们心灵处于自然柔顺、平和宁静的状态时，像无欲的婴儿一样纯洁。[6] 玄览：玄，"深远、神秘"的意思。览，镜子。[7] 治：救活。[8] 天门：一指天赋人体的耳、鼻、口、目等感官，一指天地间的自然规律，另一说是指政治上治乱产生的地方。[9] 雌：指安静柔顺。[10] 德：指"道"的运用所形成的特殊规律。

◎ 拓展阅读

炼气

炼气，就是持久地锻炼导引和呼吸，融会天地之精气于自身，以祛除疾病，长生成仙。它是道教徒日常修持的重要内容之一。中国古代就有炼气之说。南朝刘宋鲍照的《鲍参军集》有句称："淮南王，好长生，服食炼气读仙经。"道教养生之术继承了古代的炼气方法。炼气一是为求长生，二是为与神明交会。炼气的要则是宝气与行气。宝气就是惜气而不乱耗气；行气即是炼气而不停滞气。

三十辐同一毂[1]，当[2] 其无[3]，有车之用。埏[4] 埴[5] 以为器[6]，当其无[7]，有器之用。凿户牖[8] 以为室，当其无，有室之用。故有之以为利，无之以为用[9]。

三十根辐条环绕着一个轮毂，有了毂中空的地方，才使车子得以运转。揉捏粘土，制作各种器皿，有了器皿的空虚处，才使其有容纳东西的功用。开凿门窗，建造房屋，在门窗墙壁内的空虚处，使房屋有了住人的功用。所以，万物实体"有"给人带来便利，而其中的空虚也发挥出了它们的作用。

◎ 原文注释

[1] 辐 (fú)：车轮中连接轴心和轮圈的若干直木条，古代车轮的辐条，如同现代自行车的辐条。同，共，通"拱"，环绕。毂 (gǔ)，车轮中心有圆孔的圆木，内贯车轴，外承车辐。古代的车轮由三十根辐条所构成。

[2] 当：一说"处在"，另一说"配合"。

[3] 无：没有。

[4] 埏：和，揉。

[5] 埴 (zhí)：粘土。

[6] 器：指器皿。

[7] 无：指器皿中心空的地方。

[8] 凿户牖 (yǒu)：凿，打孔、作洞。户，门。牖，窗。

[9] 有之以为利，无之以为用：有，指事物的实体（如车、房屋、器皿等）。无，中空的地方。"有"给人以便利，"无"也能发挥出它的作用。

◎ 拓展阅读

道教服饰

除道士举行仪式的法衣外，一般的道袍主要为青蓝色。而道袍为青蓝色，也表示着道教"贵生"的思想。中国的传统观念认为：东方属青色，为青阳之气产生之处。而东方主生，在四季中主春，春天万物发生。同时，东方又是道教信仰的十洲三岛的所在方向。故此，道袍的颜色尚青蓝色。总的来说，道教服饰可以分为簪、冠、巾、衣、裳、履。

三十辐共一毂

五色[1]令人目盲[2]，五音[3]令人耳聋[4]，五味[5]令人口爽[6]，驰骋[7]畋猎[8]令人心发狂[9]；难得之货令人之行妨[10]。是以圣人为腹不为目，故去彼取此。

过分贪恋色彩，使我们眼花缭乱；一味地追求纷繁的音乐，使我们听觉不灵敏；太过于讲究鲜美的食物，使人味觉迟钝；纵情于骑马狩猎，令人心思狂荡；过分喜爱稀罕的器物，使人品行变坏。所以，圣人只求果腹而不追逐声色之娱，抵挡物欲的诱惑，而保守内心的安宁和心灵的恬静。

◎ 原文注释

〔1〕五色：黄、青、赤、白、黑五种颜色。

〔2〕目盲：眼瞎，这里比喻眼花缭乱。

〔3〕五音：宫、商、角、徵（zhǐ）、羽。五音构成中国古代乐声音阶中的五个音级。

〔4〕耳聋：比喻听觉不灵。

〔5〕五味：甜、酸、苦、辣、咸五种味道。

〔6〕口爽：口味败坏。爽，伤败，差失。

〔7〕驰骋（chí chěng）：纵马疾驰。

〔8〕畋（tián）猎：打猎。

〔9〕心发狂：心放荡而不可制止。

〔10〕行妨：行，行为。妨，违、逆。这里指偷盗、抢夺等不轨的行为。

◎ 拓展阅读

早晚功课

早晚功课是道教宫观道士主要的修持形式之一。课指的是课诵，功课就是例行的作业。通常情况下，道士每天早、晚两次上殿念诵必读的经文。早、晚功课的内容大致相同，主要是经、诰和咒等。但其课诵内容随着所属宗派的不同，所在地区的差别，也略有差异。道士做早课时，多在卯时，通过早课，会产生心平气和、脉通窍利的保健功效；晚课时间一般在酉时，通过晚课，能消除疲劳，平静焦躁，产生精力振奋、有益睡眠的功效。

○品画鉴宝 松荫抚琴图·明·史文

身为明朝浙派后期画家的史文的这幅《松荫抚琴图》，取法南宋画院风格，因而画得奇逸潇洒，画中人物莫不形神俱妙，如在眼前，古松盘曲虬枝，高山峻伟直立，与人物相映成趣。

宠辱若惊

宠辱若惊[1]，贵[2]大患[3]若身[4]。何谓宠辱若惊？宠为下[5]，得之若惊，失之若惊，是谓宠辱若惊。何谓贵大患若身？吾所以有大患者，为吾有身[6]，及[7]吾无身，吾有何患？故贵以身为天下[8]，若可寄天下[9]；爱以身为天下，若可托天下[10]。

得宠和受辱都会使人们感到惊恐不安，我们要重视身体，就像重视大祸患一样。什么叫得宠和受辱都感到惊恐呢？得宠（本质上）是卑下的，得到宠爱感到惊恐不安，失去宠爱也感到惊恐不安，这就是说得宠和受辱都感到惊恐。为什么说身体是自己最大的忧患呢？我们之所以有祸患，是因为我们还念念不忘自己的身体，如果我们没有这个身体，还有什么祸患呢？因此，如果能以珍视自己身体的态度去对待天下，就可以把天下的重担托付给它；能够像爱惜自己的身体那样去爱惜天下，才可以把天下的重任交给它。

◎ 原文注释

〔1〕宠辱若惊：受到宠爱和侮辱就像受到惊恐一样。宠，宠爱，宠幸。辱，侮辱。若，相当于"乃"，副词，"于是"的意思。〔2〕贵：贵重，珍视，重视。〔3〕大患：大的祸患。〔4〕身：身体。〔5〕宠为下：宠爱居于下位。〔6〕吾所以有大患者，为吾有身：我之所以有大患，是因为我的身体存在。老子认为大患来自人的身体，因此防止大患应先重视身体。〔7〕及：等到，到那时。〔8〕贵以身为天下：以天下为贵。贵，以……为贵。〔9〕若可寄天下：才可以把天下交给他。寄，寄托。〔10〕爱以身为天下，若可托天下：以爱身的态度对待天下事，才可以把天下托付给他。

◎ 拓展阅读

太极

儒家经典《周易》中的重要概念。《周易》包括《易经》和《易传》两部分，"太极"一词见于《易传·系辞上》："易有太极，是生两仪，两仪生四象，四象生八卦。"对于此段文辞，有两种解释。一种解为筮法，筮占者执著草于将分未分之时，即称太极；一种解为易理，视太极为天地未分的混沌状态。其中，两仪指的是天地，四象和八卦指的是四季和八种自然现象。后来，易理的解释又有了新的发展。

视之不见，名曰夷[1]；听之不闻，名曰希[2]；搏[3]之不得，名曰微[4]。三者不可致诘，故混[5]而为一。一者，其上不皦[6]，其下不昧，绳绳[7]兮！不可名，复归于无物[8]。是谓无状之状，无物之象，是谓惚恍[9]。迎之不见其首，随之不见其后。执古之道，以御今之有，能知古始[10]，是谓道纪。

看它不见，名叫无形；听它不到，名叫无声；摸它不着，名叫无迹。这三者的形象无法追究，原本浑然一体。它的上面不显得光亮，它的下面也不显得阴暗，它连绵不断不可具体描述，它能达到返本归根而又空不见物的状态。这是没有具体形状的形状，没有具体物象的形象，这就叫做"惚恍"。我们面对它，却看不见它的前面；我们跟着它，却看不见它的后面。把握住"道"，用它来驾驭现存的具体事物，能了解远古万物的起源，这就叫做"道"的纲要，或者叫做"道"的原理。

◎ 原文注释

[1] 夷：帛书本作"微"，没有形状。

[2] 希：寂然无声。

[3] 搏（mín）："抚摸"的意思。

[4] 微：河上公注："无色曰夷，无声曰希，无形曰微。"

[5] 故混：故，通"固"，本来、原本。混，混沌，此指浑然一体，指原始的统一体，即混沌的元气。

[6] 皦：明亮、清晰。

[7] 绳绳：渺茫、幽深、不可名状。

[8] 无物：指不具任何形象的实存体。

[9] 惚恍：恍惚，远望而惘然。

[10] 古始：宇宙的开端，"道"的开始。

◎ 拓展阅读

符字

符是依据一定的宗教思维，并仿照中国文字学的"六书"原理，取现成的或自创的文字（符字）配以厌胜物、星图、神像等构成的。简单的符由其中的一种或少数几种配合构成，赋义较为单纯；复杂的符由许多种成分经多项步骤绘就而成，所以赋义十分丰富。符广泛地用于道法和斋醮科仪的各个环节，凡建坛、召将立狱、驱邪等，都要用符。同时，道士又常用符水为人治病、镇妖、驱邪，所以符在民间广有流传。

古之善为道者

古之善为道[1]者，微妙玄通，深不可识。夫唯不可识，故强为之容：豫兮[2]若冬涉川[3]；犹兮[4]若畏四邻[5]；俨兮[6]其若客；涣兮[7]其若凌释[8]；敦兮其若朴；旷兮[9]其若谷；混兮其若浊；孰能浊以静之徐清？孰能安以动之徐生。

保此道者，不欲盈。夫唯不盈，故能蔽[10]而新成。

古时候善于行"道"的人，大都精妙通达，深刻玄远，难以理解。正因为难以理解，所以只好勉强地形容他：小心谨慎呵，像冬天涉足过河；警惕疑惧呵，像提防着周围的攻击；庄重严肃呵，有点像做客的样子；融和疏脱呵，像冰柱消融；敦厚质朴呵，像未经雕凿的素材；空豁旷达呵，像深山幽谷；浑朴厚道呵，像江河的混浊；谁能够在浑浊动荡中安静下来而慢慢地澄清？谁能在长久的安定中变动起来而慢慢地趋进？保持这种"道"的人，他们不自满。因为他不自求圆满，所以能除旧布新。

◎ 原文注释

〔1〕为道：行道。〔2〕豫兮：形容迟疑慎重的样子。〔3〕若冬涉川：像冬天涉足江河。〔4〕犹兮：警惕戒备的样子。〔5〕四邻：指周围邻国。〔6〕俨兮：形容庄重严肃的样子。〔7〕涣兮：形容融和疏脱的样子。〔8〕凌释：凌，冰。指冰的融化。帛书甲、乙本均作"凌释"，但一般通行本作"冰之将释"。〔9〕旷兮：形容空豁开广的样子。〔10〕蔽：陈旧、破败。

◎ 拓展阅读

吕洞宾黄粱一梦

吕洞宾，号纯阳子，被道教全真道派奉为祖师，又称吕祖。据《历世真仙体道通鉴》记载，吕洞宾生于唐贞观十二年（638年）四月十四日，河中府永乐县人。相传吕洞宾落第后遇钟离权，钟离权于炉上煮黄粱饭，"授枕予洞宾睡"。吕洞宾梦见自己历经荣华富贵又穷困潦倒，倏忽醒来，黄粱犹未熟，方知贵不足喜，贱不足忧，人世间不过一场大梦。于是，他拜钟离权为师，入终南山修道。

○品画鉴宝 吹箫女仙图·明·张路 在这幅图中，人物的画法用粗细不同的笔墨加以表现，线条方折顿挫，富于变化。画中女子面庞饱满，高鼻大眼，身材墩实丰满，身着粗布大衣的地带有浓厚的生活气息，形象朴实无华。

致虚极

致虚极[1]，守静笃[2]。万物并作，吾以观复[3]。夫物芸芸，各复归其根[4]。归根曰静，静曰复命[5]。复命曰常[6]，知常曰明[7]。不知常，妄作凶[8]。知常容，容乃公，公乃全[9]，全乃天，天乃道，道乃久，没身不殆[10]。

修身养性，使心灵达到一种虚寂状态，并牢牢地保持这种宁静。万物都在蓬勃生长，我由此观察到了循环往复的规律。万物纷繁茂盛，各自又返回到它的出发点，归回本原叫"静"，静叫做"复命"，复命叫做"常"，认识了常叫做"明"。不了解"常"，轻举妄动就会招致祸害。认识了"常"道，我们的心才能包容一切，无所不包就会大公无私，大公无私才能周遍圆通，周遍圆通才能符合自然，符合自然才能符合"道"，符合"道"才能长久。如果能够这样的话，那么到死都不会遭受危险。

◎ 原文注释

〔1〕致虚极：使心灵达到虚寂状态。致，同"至"，达到。〔2〕守静笃：保持这种宁静。〔3〕万物并作，吾以观复：万物都在蓬勃生长，我因此观察到了循环往复的规律。〔4〕各复归其根：根，根本，指事物本来具有的性质。复归其根，回归本原，即返回自然的本性。〔5〕复命：复归本性，这里指回到虚静的本性。老子认为，"道"的本质是虚静的，天地万物（包括人类）是由"道"这个根本所产生的，因此回归本原便是回到虚静的状态。〔6〕常：指事物运动变化中不变的规律，也就是永恒的法则。〔7〕明：事物的运动变化都依循着循环往复的规则，对这种规则的认识，就叫做"明"。〔8〕不知常，妄作凶：对事物的运动变化规律不了解，轻举妄动就会出乱子。〔9〕全：周遍。〔10〕没身不殆：没身，指"死亡"。

◎ 拓展阅读

掐诀

掐诀，又称握诀、捻诀，简称为诀。它是道法的基本方法之一。指在手掌、手指上掐某些部位或者手指间结成某个固定的姿势，能起到感召鬼神、摧伏邪精的作用。它和步罡一起，是道法和行持时基本的形体动作。道士诵经、念咒、步罡、结坛、召将、气禁、收邪、治病、祈禳等的各个环节，都要掐相应的诀。《太上助国救民总真秘要》卷九有"凡行步、问病、治邪、入庙、渡江、入山、书符并须掐诀"的记述。

太
上

太上^[1]，不知有之^[2]；其次，亲而誉之^[3]；其次，畏之^[4]；其次，侮之^[5]。信不足焉，有不信^[6]焉。犹兮^[7]其贵言^[8]。功成事遂^[9]，百姓皆谓："我自然^[10]。"

最好的时代，人民意识不到统治者的存在；其次一等的，人民亲近、赞扬统治者；再次一等的，人民害怕，不敢胡作非为；更次一等的，人民轻侮他。统治者如果没有诚信之德，人民就不会信任他。所以说，好的君主，是悠闲自如的，不随意发号施令。天下大治了，百姓都说："我们本来就是这样的。"

◎ 原文注释

〔1〕太上：最好的、至上的、第一流的。这里指最好的政治。〔2〕不知有之：老百姓不知道有君主的存在。〔3〕其次，亲而誉之：比这次一等的，老百姓亲近他并且赞扬他。〔4〕畏之：指下面的百姓畏惧他。〔5〕侮之：指下面的百姓轻慢、蔑视他。〔6〕信不足焉，有不信焉：（统治者的）诚信不足，才会有（老百姓）不信任他的事情。〔7〕犹兮：悠闲的样子。〔8〕贵言：以言为贵。〔9〕遂：完成、成功。〔10〕自然：自己本来的样子。

◎ 拓展阅读

云游参访

云游是道士宗教修持生活的一种形式。明代朱权的《天皇至道太清玉册》中记载：道家出游寻真问道，谓之云游。道士，奉天之士也。谓本乎天者亲上，故曰"云游。"道士离观云游，路途之上，风餐露宿，食无定时，歇无定处，非常艰苦。但是，云游中既能寻师访道，又可广传道教。正乙派和全真派道士都将云游作为体现苦行励志的一种手段。同时，他们也认为这是对道士信仰和意志的磨炼。

○ 品画鉴宝 北斗星君 北斗神的信仰源于古代的星斗崇拜。北斗星君又称『北斗真君』。凡信仰、朝拜北斗者，便可得道成仙。

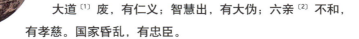

　　大道^[1]废，有仁义；智慧出，有大伪；六亲^[2]不和，有孝慈。国家昏乱，有忠臣。

　　在一个国家，当社会的公正被废弃之后，才有所谓"仁义"的存在；出现了聪明智慧之后，就会产生严重的诈伪；父子、兄弟、夫妇之间不合，才有所谓的孝慈和礼制；国家陷于混乱，才会有一些忠臣出现。

◎ 原文注释

〔1〕大道：这里指的是老子理想社会的最高原则。

〔2〕六亲：指父、子、兄、弟、夫、妻，这里指家庭关系。

◎ 拓展阅读

步罡

又称步天罡，全称踏罡步斗。罡，原指北斗星斗柄的一颗星，斗即北斗，后来又扩大范围，泛指东、南、西、北、中五方星斗。法师在十尺大小的土地上，铺设罡单，象征九重之天，脚穿云鞋，在一片悠扬的道曲中，存思九天，按斗宿之象、九宫八卦之图行走，认为可以神飞九天，送达章奏，禁制鬼神，破地召雷。因此道教（特别是正一派）徒的步罡踏斗是行法、修练的一种基本功，也是法师基本的形体动作。

○ 品画鉴宝　鸟形陶豆·战国
泥质灰陶。整体像一只羽毛丰满的大鸟静卧在豆柄上，造型别致，形象生动。

绝圣弃智

绝[1]圣弃智[2]，民利百倍[3]；绝仁弃义，民复[4]孝慈；绝巧[5]弃利，盗贼无有。此三言也，以为文[6]不足。故令之有所属[7]；见素抱朴[8]，少私寡欲[9]，绝学无忧。

抛弃聪明，弃绝智慧，百姓就会得到百倍的好处；抛弃仁德，丢弃义理，百姓才能恢复敬老爱幼的天性；抛弃技巧和私利，盗贼自然会消失。这三样是外在文饰，不足以治理天下。所以要使人的思想有所归属，就需要人们外表单纯、内心质朴、减少私欲，抛弃所谓学问，达到没有私心的境界。

◎ 原文注释

[1] 绝：断绝。[2] 圣、智："聪明"的意思。[3] 民利百倍：人民会得到百倍的好处。[4] 复：恢复。[5] 巧：技巧。[6] 文：文饰、巧饰。[7] 故令之有所属：所以要使人的认识有所归属。令，命令人民。[8] 见素抱朴：外表单纯，内心质朴。素，没有杂色的丝，白色，引申为单纯。朴，未经雕刻的木材，引申为质朴。见，同"现"，显现、显示。抱，抱持。[9] 少私寡欲：减少私心、欲望。

◎ 拓展阅读

崂山

山东半岛的主要山脉，最高峰——崂顶海拔1133米。崂山耸立在黄海之滨，高大雄伟。当地古语说："泰山虽云高，不如东海崂。" 崂山还是我国著名的道教名山。过去最盛时，崂山有"九宫八观七十庵"，全山有上千名道士。著名的道教人物丘长春、张三丰都曾在此修道。清代之时，蒲松龄曾寓居于崂山三清殿西关岳祠，并以崂山为背景，写下了许多篇优美的神怪故事。

唯^[1]之与阿^[2]，相去^[3]几何？美之与恶，相去若何？人之所畏，不可不畏。荒兮^[4]，其未央^[5]哉！众人熙熙，如享太牢^[6]，如春登台^[7]。我独泊兮，其未兆；沌沌兮，如婴儿之未孩；儽儽^[8]兮，若无所归。众人皆有余，而我独若遗。我愚人之心也哉！俗人昭昭，我独昏昏。俗人察察，我独闷闷。澹^[9]兮其若海，漂兮其若无所止。众人皆有以^[10]，而我顽且鄙。我独异于人，而贵食母。

恭敬地回答"唯"与怠慢地回答"啊"，之间有什么差别呢？美好与丑恶，相差在哪里？人们普遍所害怕的，我也不能不害怕。世事从来如此，真是无穷无尽，没有完结之时。众人都兴高采烈，好像是去参加盛大的筵席，又好像春天去登高远望那样。我独自恬然淡泊，混混沌沌的样子呵，好像一个还不会笑的婴儿，无精打采地，好像无家可归。众人都有多余的东西，唯独我却好像什么都不足。我真是愚人的心肠啊！世人是那么清醒精明，而我却糊里糊涂。世人是那么严格苛刻，而我却淳厚质朴。沉静的样子就像无边无际的大海，飘逸的样子就像没有止境。许多人都有所作为，而我却愚笨鄙陋。我偏偏与众人不同，大概是因为我重视用"道"来滋养自己吧。

◎ 原文注释

[1] 唯：恭敬地答应的声音，引申为"是"，是晚辈对长辈的回应。[2] 阿：怠慢地答应的声音，是长辈对晚辈的回应。一说阿同"呵"，斥责、呵斥。[3] 去：离开，指距离。[4] 荒兮：一说形容精神境界的广阔；一说指时间经历的长久。今从后说。[5] 央：结束、完结。[6] 如享太牢：好像参加丰盛的筵席。[7] 如春登台：好像春天登高远望一样（心旷神怡）。[8] 儽儽（léi）：形容疲倦闲散的样子。[9] 澹："遥远"的意思。[10] 众人皆有以：以，用。众人都好像有作为、有本领。

◎ 拓展阅读

铁拐李借尸还魂

铁拐李，相传名叫李凝阳，或名洪水，小字拐儿，自号李孔目。神诞之日为七月初十日。《混元仙派图》中记载，李凝阳为吕洞宾的弟子。传说李凝阳应太上老君与宛丘先生之约，魂游华山。临行之前，他嘱咐徒弟为他守魄（躯壳）七日。无奈其徒之母突然急病，他的徒弟念母心切，急欲回家，便于第六日烧化掉了他的魂魄。李凝阳游魂于第七日回归时，无魄可依，只好附一个饿殍之尸而起，所以他貌丑跛脚。后封为东华齐阳启元帝君。

孔德之容

孔德之容，惟道是从。道之为物，惟恍惟惚[1]。惚兮恍兮，其中有象[2]；恍兮惚兮，其中有物[3]。窈[4]兮冥[5]兮，其中有精[6]；其精甚真[7]，其中有信[8]。自今及古，其名[9]不去，以阅众甫[10]。吾何以知众甫之状哉？以此。

大德的内容完全是以"道"为准绳的。"道"作为一种存在物，是恍恍惚惚、若有若无的。它是那样的恍恍惚惚，但恍惚之中却有迹象；它是那样的恍恍惚惚，但其中却有实物。它深远模糊中却含有极细微的生养万物的精气，这精气是非常真实的，并且是非常可靠的。从古到今，它的形态永远不能消失。根据它，才能认识万物的本源。我怎么知道万物的起始呢，就是根据道的作用。

◎ 原文注释

[1] 道之为物，惟恍惟惚："道"作为一种存在物，若有若无、恍惚不定。

[2] 象：形象。

[3] 物：实物。

[4] 窈（yǎo）：深远。

[5] 冥：暗昧，不清楚。

[6] 精：指极细微的物质性实体。

[7] 其精甚真：这种极微小的物质是很真实地存在着的。

[8] 信：信实、可靠。

[9] 名：名字，引申指"形态"。

[10] 以阅众甫：根据那极微的精气认识万物的起始。众甫，指万物的起始。

◎ 拓展阅读

庄周梦蝶

《庄子·齐物论》中说："昔者庄周梦为蝴蝶，栩栩然蝴蝶也，自喻适志与！不知周也。俄然觉，则蘧蘧然周也。不知周之梦为蝴蝶与？蝴蝶之梦为周与？周与蝴蝶则必有分矣。此之谓物化。"在这则寓言里，庄子认为，如果人们能打破生死、物我的界限，则可得永世快乐。同时，庄子也提出了一个哲学问题——人如何认识真实。如果梦足够真实的话，人不会知道自己是在做梦的。

曲则全

曲则全 [1]，枉则直 [2]，洼 [3] 则盈，敝则新 [4]，少则得，多则惑。是以圣人抱一，为天下式。不自见 [5]，故明；不自是，故彰 [6]，不自伐 [7]，故有功；不自矜 [8]，故长。

夫唯不争，故天下莫能与之争。古之所谓"曲则全"者，岂虚言 [9] 哉！诚全而归之。

能委曲才能保全，能弯曲才能伸直，低洼才能积满，能破旧才能立新，少取反而能多得，贪多反而会迷惑。所以，"圣人"以"道"为观察天地万物的准则。不自我吹嘘，你的见识才能显明；不自以为是，你的思想才能显著；不自我夸耀，你的功劳才会被肯定；不自我矜持，你才能长久。

正因为不跟人争，所以天下没有人能和他相争。古人所说的"委曲反能全身"并不是空话，其实在危难中能保全自己的人，定能将这个道理用于实践。

◎ 原文注释

[1] 曲则全：委曲反而能保全。

[2] 枉则直：枉，弯曲。

[3] 洼：凹陷。

[4] 敝则新：破旧反而能立新。

[5] 自见：自现，自我显示。

[6] 彰：明显、显著。

[7] 伐：夸赞。

[8] 矜：骄傲。

[9] 言：帛书乙本作"语"。

◎ 拓展阅读

坐忘

指人有意识地忘记外界一切事物，甚至忘记自身形体的存在，从而达到与"大道"相合为一的得道境界；也指人在修炼中控制意志、排除杂念的内修方法。唐代著名道士司马承祯所著《坐忘论》中赞扬坐忘是"信道之要"，自称"恭寻经旨而与心法相应者，略成七条，以为修道阶次"。他指出坐忘之法要按敬信、断缘、收心、简事、真观、泰定、得道七个互有联系的步骤进行操作。

希言自然 [1]。故飘风不终朝，骤雨不终日 [2]。孰为此者？天地。天地尚不能久，而况于人乎？故从事于道者，同于道 [3]；德者，同于德；失者，同于失。同于道者，道亦乐得之；同于德者，德亦乐得之；同于失者，失亦乐得之 [4]。信不足焉，有不信焉 [5]。

不言教令是合乎自然规律的。狂风不会刮一早晨，暴雨也不会下一整天。是谁使它这样的？是天地。由此可见，天地（的狂暴）都不能持久，何况人呢？因此，能依照道的规律办事的人，就和"道"相合；依归于德的人，就与"德"合一；失道失德的人，就会丧失所有。与道一致的人，道也愿意得到他；与德一致的人，德也愿意得到他。与失"道"、失"德"相同的人，就会承受失"道"、失"德"的后果。统治者不讲诚信，人民自然就不会相信他。

◎ 原文注释

[1] 希言自然：希言，即稀言、少说话。其延伸意是"少施加政令"。这句话是说，少发号施令是合乎自然的。"希言"就是"少声教法令"，就是"清静无为"，以不搅扰人民为原则，使百姓得以安适自在。

[2] 飘风不终期，骤雨不终日：狂风刮不了一个早晨，暴雨下不了一整天。狂风、暴雨，比喻暴政。老子警告说，以法令禁止人民，以苛捐杂税压榨人民的统治，是不会长久的。

[3] 从事于道者，同于道：求"道"的人，就与"道"相同。后面"德者，同于德，失者，同于失"句式与此相同。

[4] 失亦乐得之：失，指失道、失德，也就是指"飘风"、"骤雨"式的暴政。

[5] 信不足焉，有不信焉：（统治者的）诚信不足，才会有老百姓不信任他的事。

◎ 拓展阅读

步虚

步虚是道士在醮坛上讽诵词章采用的曲调行腔，其旋律宛如众仙步行飘渺虚空，故得名"步虚声"。根据步虚音乐填写的字词，称为"步虚词"。《乐府诗集》记载："步虚词，道家曲也，备言众仙缥缈轻举之美。"后来，步虚词成为诗体的一种，或五言，或七言，每首诗的句数则八句、十句、二十二句不等。其中有帝王之作，也有文人和道士之作。

企者不立 [1]；跨者不行 [2]；自见者不明 [3]；自是者不彰 [4]；自伐者无功 [5]；自矜者不长 [6]。其在道也，曰：馀 [7] 食赘 [8] 行 [9]。物或恶之，故有道者不处 [10]。

踮起脚会站不稳；急切地大跨步前行，反而走不快；偏执己见的人，总是看不明白事情；自以为是的人，总是看不明白是非；自我夸耀的人，在事业上不会有什么成就；自高自大的人，反而不能长进。从"道"的观点来衡量，这些可以说都是剩饭赘肉，人人都厌恶，所以有道的人是不会这样做的。

◎ 原文注释

[1] 企者不立：企，抬起脚后跟、踮起脚。踮起脚（想站得高点）的人，反而站不稳。

[2] 跨者不行：跨，"跃、越"的意思。跨步行进的人，反而走不快。

[3] 自见者不明：偏执己见的人，事情看不明白。

[4] 自是者不彰：自以为是的人，是非总是看不明白。

[5] 自伐者无功：自我夸耀的人，事业不会有成就。

[6] 自矜者不长：自高自大的人不能持久。

[7] 馀：同"余"，多余。

[8] 赘：指赘瘤、剩饭。

[9] 行：通"形"，长出，形成。

[10] 有道者不处：有"道"的人是不会这样做的。处，处世行事。

◎ 拓展阅读

道教议论散文

道教创立之初，教派领袖大力号召信徒们学习先秦道家典籍，同时，他们又亲自动手创作散文作品，以建立教义，弘扬道法。为了便于理解和传播，早期道教议论散文大多采取语录体形式。作者既摘录前贤语录，又收集流行于民众中的口头语言，然后加以整理成书。后来，随着逻辑思维的进一步发展，对话的成分逐渐减少，最后形成了一种以阐明道义为主的畅玄体散文。

○ 品画鉴宝　福禄寿三星

民间传说中的三位星君，又称为福神、禄神、寿神，即道教信奉的天官、文昌和寿星。民间多张贴绘有他们三位的风俗画，以求福禄寿。

有物混成

有物混成 [1]，先天地生。寂兮寥兮 [2]，独立而不改，周行 [3] 而不殆 [4]，可以为天地母 [5]。吾不知其名，强字之曰道，强为之名曰大。大曰逝 [6]，逝曰远，远曰反 [7]。故道大，天大，地大，王亦大。域中有四大 [8]，而王居其一焉。人法 [9] 地，地法天，天法道，道法自然 [10]。

有一个混然一体的东西，它在天地产生以前就存在了。它无声无形，它的本体超然于万物，却永不衰竭，它作用于万物，循环运行而生生不息，它可以做天下万物的本源。我不知道它的名字，勉强叫它为"道"，再勉强给它取个名字叫"大"。它广大无边而川流不息，川流不息而伸展辽远，伸展辽远而又最终返回本原。所以，道是大的，天是大的，地是大的，君王也是大的。宇宙有四大，而君王是四大之一。人以地为法则，地以天为法则，天以"道"为法则，"道"则纯任自然，以它自己的形态为法则。

◎ 原文注释

〔1〕混成：混，混然。成，完整。〔2〕寂兮寥兮：寂，没有声音。寥，空虚、无形。〔3〕周行：就是循环运行。〔4〕不殆：不息、不停的意思。〔5〕可以为天地母：老子认为，"道"先天地而生，并衍化出天下万物，所以称之为天下万物的根本（天下母或天地母）。〔6〕大曰逝：曰，当"而"或"则"讲。逝，指"道"的运行，川流不息。〔7〕反：同"返"，指"道"循环运行后又返回到原点、返回到原状。《老子》一书中的"反"字有两种意义，一是"返"，一是正反的"反"。〔8〕域中有四大：意思是宇宙中有四大。老子讲"道"先天地而存在，只是说在时间上先于天地而存在，而不是指逻辑上先于天地存在。因此它虽然无形无象、不可捉摸，但并不是超空间的，这样它才可以变成有固定形体的天地万物。〔9〕法：交法、取法。〔10〕自然：指"道"的自然状态。

◎ 拓展阅读

五斗米道

早期道教的一个重要派别，由张陵于东汉时创立。顺帝时，张陵学道于鹤鸣山（今四川）中，称得到太上老君亲授。他制订了一系列的宗教仪式，要求入道的人都要交五斗米，病人请医生诊治也要出五斗米。张陵主要以符水为医疗手段，后人称张陵为"天师"。五斗米道的组织系统称作"治"，主要教义思想是："道"为"一"，"一散形为气，聚形为太上老君"，太上老君就是"道"的化身，也是五斗米道的尊神。

重为轻根[1]，静为躁君[2]。是以君子终日行，不离其辎重[3]。虽有荣观[4]，燕处[5]超然[6]。奈何万乘之主[7]，而以身轻天下[8]？轻则失根，躁则失君。

重是轻的根本，宁静是躁动的主宰。所以，君子整天行走，不离开载重的车辆。他虽然过着很富有的生活，却不沉溺于其中。为什么身为大国的君主，却以轻率躁动的行为来治理天下呢？轻率，就会失去你的根基；躁动，必然会失去主体。

◎ 原文注释

〔1〕重为轻根：厚重是轻率的基础。根，根本、基础。〔2〕静为躁君：宁静是躁动的主宰。躁，急躁，躁动。君，主宰。〔3〕辎重：军队运载器械粮食的车。〔4〕荣观：贵族游玩享乐的地方，指华丽的生活。〔5〕燕处：有两说，一说燕为"安"的意思，燕处就是"安居"，一说燕处是"贵族日常生活享受"。今从后说。〔6〕超然：不陷在里面。〔7〕万乘之主：一辆兵车叫做一乘，具有一万辆兵车的国家，在当时是实力很强大的国家，所以"万乘之主"就是指大国的君主。〔8〕以身轻天下：用轻率躁动来治理天下。

◎ 拓展阅读

道历

道教专用的历纪。道历以我国夏历为准，用六十甲子以纪年。它推算的方法，是由黄帝纪元（公元前2697年）开始，迄今（公元2018年）道历为四七一五年。唐朝皇帝曾因老子为其始祖，便以老子降生年（公元前1300年）为道历的开始，但至宋以后，仍用黄帝纪元。而道教斋醮道场，所用表、奏、文、牒等，大都使用天运甲子纪岁，因对神明，所以不用道历纪年。

善行无辙迹

善行，无辙迹[1]；善言，无瑕[2]谪[3]；善数，不用筹策[4]；善闭，无关楗[5]而不可开；善结，无绳约[6]而不可解。是以圣人恒善救人，故无弃人；恒善救物，故无弃物。是谓袭[7]明。故善人者，不善人之师[8]；不善人者，善人之资[9]。不贵其师，不爱其资，虽智大迷，是谓要妙[10]。

善于行走的，路上不留痕迹；善于言谈的，不会说错话；善于计算的，不用筹策；善于关闭的，不用栓梢却使人不能打开；善于捆缚万物的，不用绳索却使人不能解开。所以，有"道"的"圣人"总是善于做到物尽其用，没有被遗弃的人，经常做到人尽其才，所以世间便没有被废弃的东西。这就叫做内藏聪慧。所以善人们啊，是恶人的老师；恶人们啊，是善人的借鉴。不尊重自己的老师，不爱惜自己的借鉴，虽然自以为聪明，其实也是离道失德的人。这就是道的深妙之处。

◎ 原文注释

〔1〕善行，无辙迹：善于走路，不留痕迹。辙，车轮压出的痕迹。迹，脚步、马蹄等留在地上的痕迹。〔2〕瑕：指玉石上面的斑点，比喻缺点。〔3〕谪：责备、指责，引申为过失。〔4〕筹策：古代计算时所使用的一种工具，用竹制成，其功能相当于今天的珠算。〔5〕关楗：关锁门户所用的栓梢，用金属或木材制成。〔6〕绳约：绳索。约，绳、索。〔7〕袭：因袭，有"保持、含藏"的意思。〔8〕善人者，善人之师：善人是善人的老师。〔9〕不善人者，善人之资：资，资财，引申为借鉴。恶人是善人的借鉴。〔10〕要妙：精要玄妙。老子再一次阐明"自然"、"无为"思想。他用具体贴切的比喻说明以自然为准则，不用有形而作为的思想。

◎ 拓展阅读

六戊不朝

凡是在六戊之日，道教徒不朝真，不烧香诵经，不朝拜，不建斋设醮。六戊即戊子、戊寅、戊辰、戊午、戊申、戊戌日，这叫"明戊"。《抱朴子》云："天地逢戊则迁，出军逢戊则伤，蛇逢戊不进，燕逢戊不衔泥。"念皇经和拜静斗的老修行，也忌讳"暗戊"，其口诀为："正羊（未日），二犬（戌日），三在辰，四月期间不犯寅，五午六子七鸡（酉日）位，八月周流又到申，九蛇（巳日），十猪（亥日），十一兔（卯日），十二牛头（丑日）重千斤。"

○ 品画鉴宝 秋林曳杖图·清·张雨森

知其雄，守其雌

知其雄，守其雌 [1]，为天下谿 [2]。为天下谿，恒德不离，复归于婴儿 [3]。知其白，守其黑，为天下式 [4]。为天下式，恒德不忒 [5]，复归于无极 [6]。知其荣，守其辱，为天下谷 [7]。为天下谷，恒德乃足，复归于朴。朴散则为器 [8]，圣人用之，则为官长 [9]，故大制无割 [10]。

明白什么是刚强的一面，而把握住雌柔的一面，甘愿处于天下卑低之处。处于天下卑低之处，才不会失去德性，才会回复到单纯的婴儿状态。知道洁白光亮的一面，而把握住黑暗的一面，甘愿做天下的模式。做天下的模式，永恒的德性才不会偏离，才会回复到不可穷极的真理——"道"的境界。知道什么是荣耀，却安守于屈辱的境地，甘愿处于天下的下流。处于天下的下流，永恒的德性才会得到充实，才会回复到质朴——物类的本性。物类的本性破碎之后，就割裂成各种具体的器具，有道的人利用这种破碎的本性，便成为百官之长。所以说，治理天下的理想制度不应该破坏"道"的完整性。

◎ 原文注释

〔1〕知其雄，守其雌：其，代词，这个。雄，比喻刚劲、躁进。雌，比喻柔静、谦卑。深知什么是雄强，却安于柔雌的地位。〔2〕谿：同"溪"，象征谦卑。〔3〕婴儿：象征纯真质朴。〔4〕式：典范、楷模。〔5〕忒（tè）：差错。〔6〕复归于无极：无极，指"道"的最高理想境界。极，极点。〔7〕谷：川谷，象征宽容谦卑。〔8〕朴散则为器：真朴的"道"分散就形成万物。器，指现象世界具体的实物。〔9〕官长：一说"指百官的首长"，即君主，一说官为"管理"，长为"领导"的意思。今从前者。〔10〕大制无割：完善的政治制度是自然天成、不能随意割裂的。

◎ 拓展阅读

无影树与红莲

"无影树"喻外阳，男子寅时（半夜三更）淫根举动，是为有影，平时则无影。"金鸡叫"，指精气要出未出之时，炼丹家称之为水中火发。"红莲"喻指精气。乾为大赤，坎中一阳原为乾有，故称为"红莲"。此时采药要心似莲叶不沾尘。黑龟旺时，如莲花似开未开时，这时采撷元精，即得真种。自然界中果实结成则花朵凋谢，所谓瓜熟蒂落。丹家喻丹为果，为种，外阳萎之，如花之谢。

将欲取[1]天下而为[2]之，吾见其不得已。天下神器也，不可为也。为者败[3]之，执者失之。

凡物或行或随，或嘘[4]或吹，或疆[5]或剉[6]，或培[7]或堕[8]。是以圣人去甚[9]，去奢，去泰[10]。

想要占有天下并用强力去治理它，我看他是不能达到目的了。天下万物是神圣的东西，不可以用强力来掌握。如果想强要有所作为，就要坏事；如果用强力来掌握，就会失去。所以一切事物，有的走在前面，有的跟在后面；有的性缓，有的性急；有的强大，有的软弱，有的增益，有的损毁，这都是自然现象。所以，"圣人"依顺自然之理，做事不走极端，不求奢侈。

◎ **原文注释**

〔1〕取："治理"的意思。〔2〕为，指有所作为、治理天下。〔3〕败：搞乱、搞糟。〔4〕嘘："温暖、温热"的意思。〔5〕疆：强壮。〔6〕剉（cuò）：衰弱。〔7〕培：增益。〔8〕堕：损毁。〔9〕甚：极端的。〔10〕泰：即太，过度的、过分的。

◎ **拓展阅读**

灵一《妙乐观》

王乔所居空山观，白云至今凝不散。

坛场月路几千年，往往吹笙下天半。

瀑布西行过石桥，黄精采根还采苗。

忽见一人檠茶碗，簪花昨夜风吹满。

自言家处在东坡，白犬相随邀我过。

松间石上有棋局，能使樵人烂斧柯。

以道佐 [1] 人主 [2]，不以兵强于天下 [3]。其事 [4] 好还 [5]。师 [6] 之所处，荆棘生焉。大军之后，必有凶年 [7]。善有果 [8] 而已，不敢以取强，果 [9] 而勿矜，果而勿伐，果而勿骄，果而不得已，果而勿强。物壮则老，是谓不道，不道早已 [10]。

以道去辅佐君主治国的人，不靠军事武力在天下逞强。因为使用武力这种事，必定会有报应的。凡是军队所到之处，民生凋敝，田地荒芜，荆棘丛生。所以大战过后，必定是灾荒之年。善于用兵打仗的人，只求达到救济危难的目的，不敢用兵力来逞强于天下。达到目的而不自大自夸，不自以为是，而要认为这是出于不得已，千万不要逞强。强盛之后就会趋于衰老，因为这种逞强之盛是不合于"道"的。不合于道，就必然会死亡。

◎ 原文注释

〔1〕以道佐：佐，辅佐。用"道"去辅佐。

〔2〕人主：国君、君主。

〔2〕不以兵强于天下：强，逞强。

〔4〕其事：指用兵这件事。

〔5〕还：还报、报应。

〔6〕师：指军队。

〔7〕大军之后，必有凶年：大战过后，必然有灾荒年。

〔8〕果：一说是"胜利"的意思；一说是"救济危难"的意思。

〔9〕果：以后几个"果"都是"达到目的"的意思。

〔10〕早已：早死。

◎ 拓展阅读

西源山

古称南朔山，又叫南佛山。位于青海省湟中县西南十五公里处，海拔3265米。西源山层峦叠嶂，雄伟壮观，有绿杨洞、太乙极真洞、黑虎洞、无墨洞、求寿台、舍身崖、滴水崖等富有传奇色彩的名胜古迹。《西宁府续志》中有古诗七绝赞颂此山："石壁削成古洞深，潺潺流水得清音，我来小住山房内，大夏还欣暑不侵。" 相传在天下七十二福地的排列中，西源山占第六十六位，是名副其实的洞天福地。

以道佐人主

夫兵者不祥之器

夫兵者[1]，不祥之器，物或恶之[2]，故有道者不处[3]。君子居则贵[4]左，用兵则贵右。兵者不祥之器，非君子之器，不得已而用之，恬淡[5]为上。胜而不美，而美之者，是乐杀人[6]。夫乐杀人者，则不可得志于天下[7]矣。吉事尚[8]左，凶事尚右。偏将军居左，上将军居右。言以丧礼处之。杀人之众，以悲哀泣[9]之，战胜以丧礼处之。

兵革是不吉利的东西。人们都厌恶它，所以有"道"的人是不接近它的。君子平时以左边为尊贵，但打仗时却以右边为尊贵。由此可见，兵革是不吉利的东西，不是君子所使用的东西。一旦万不得已而使用它，最好是淡然处之。胜利了也不要自以为了不起。如果洋洋得意，那就是喜欢杀人。以杀人为快乐的人，就不可能在天下取得成功。吉庆的事以左边为上，凶丧的事以右边为上。在军中，副将军站在左边，上将军却站在右边，这就是说出兵打仗用丧礼的仪式来处理。战争杀人太多，应带着哀痛的心情去对待，打了胜仗要用丧礼的仪式去处理它。

◎ 原文注释

[1] 兵：兵器，也指兵事、战争。[2] 物或恶之：大家都厌恶它。物，指人。[3] 有道者不处：有"道"的人不接近它。[4] 贵：以……为贵。[5] 恬淡：淡然、安静。[6] 而美之者，是乐杀人：如果胜利了自以为了不起，这是以杀人为快乐。这是老子对尚武者心理状态的精妙概括。[7] 不可得志于天下：不可能在天下得到成功。[8] 尚：以……为尊贵。[9] 泣：一说哭泣。一说泣为"莅"的误写。今从后者，"莅临、到场、参加"的意思。

◎ 拓展阅读

西升经

道教经典，全称《老子西升经》，作者和成书年代不详。据南宋赵希弁《昭德先生读书后志》记述，该经是由函谷关令尹喜据老子所述而著成。该书以四言、五言或字数不等的句式，阐明老子清静无为的主张。《西升经》论修身时着重"除垢止念，静心守一"。而北宋陈景元则认为《西升经》主要阐述了致虚、守柔、纯任自然的思想主张。

道恒无名

道恒无名[1]。朴[2]，虽小，天下莫能臣[3]。侯王若能守之，万物将自宾[4]。天地相合，以降甘露，民莫之令而自均[5]。始制有名[6]，名亦既有，夫亦将知止[7]，知止所以不殆[8]。譬道之在天下，犹川谷之于江海[9]也。

"道"永远没有名称，就像未经雕琢的一样。这个朴，虽然微小，看不见，天下却没有人能使它臣服。侯王如果能把握这个朴，天下万物将会自动地服从他。天地之间阴阳之气相合，自然就会降下甘露，人民没有谁指使它，它却自然均匀。在创始万物或制度时，就产生了各种名称；各种名称已经产生，就要知道适可而止，以避免被欲望驱使的危险。"道"为天下所归，就如同江海是一切小河的归宿一样。

◎ 原文注释

〔1〕道恒无名："道"是永远没有名称的。〔2〕朴：质朴。这是用来指称"道"的。〔3〕天下莫能臣：臣，名词作动词用，"使……为臣"、"使……服从"的意思。天下没有能使它服从的。〔4〕自宾：自将宾服于"道"。宾，服从。〔5〕民莫之令而自均：人民没有令它均匀，它却自然均匀。老子认为"道"的功用是均调普及，具有一种平等精神。〔6〕始制有名：万物共作，于是产生了各种名称。始，指天地万物的开始。制，作的意思。〔7〕止：止境、限度。〔8〕不殆：避免危险。〔9〕譬道之在天下，犹川谷之于江海：这句是以江海比喻道，以川谷比喻天下万物，说明道的统领性，意即："道"为天下所归，正如江海为一切小河流所归一样。

◎ 拓展阅读

赤松子

相传为晋代得道成仙的皇初平。晋葛洪《神仙传》中记载：丹溪人皇初平十五岁时外出牧羊，被道士携至金华山石室中，四十余年没有回家。其兄初起行山寻索，历年不得。后来，经道士指引才在山中见到。"问羊何在，初平叱白石成羊数万头。初起乃弃家从初平学道，共服松脂、茯苓，至五百岁，能坐在立亡，行于日中无影，而有童子之色。后乃俱还乡里，亲族死终略尽，乃复还去"。

知人者智

知[1]人者智，自知者明[2]。胜人者有力，自胜者强[3]。知足者富。强行[4]者有志。不失其所[5]者久。死而不亡[6]者寿。

能够认识别人的人，那只算有智慧；能够认识自己的人，才算是高明。战胜别人的人，是有力量的人；战胜自己弱点的人，才能算做刚强。知道满足的人内心必然富有。努力不懈的人，肯定有坚强的意志。做任何事情，不失去根基，不迷失本性，才能持久。身死而精神长存，才算是生命的真正不息。

○ 品画鉴宝　汉钟离像·明·赵麒

◎ 原文注释

〔1〕知：知道、了解。

〔2〕明：高明、聪明。

〔3〕强：这是老子使用的特殊概念，含有"果决"的意思。

〔4〕强行：努力不懈。

〔5〕所：所在、处所。

〔6〕死而不亡：身体已经死亡，其精神依然被世人遵循。

◎ 拓展阅读

苏辙《赠吴子野道人》

食无酒肉腹亦饱，室无妻妾身自好。

世间深重未肯回，达士清虚辄先了。

眼看鸿鹄薄云汉，长笑驽骀安栈皂。

腹中夜气何郁郁，海底朝阳常杲杲。

一廛不顾旧山深，万里来看故人老。

空车独载王阳橐，远游屡食安期枣。

东州相逢真邂逅，南国思归又惊矫。

道成若见王方平，背痒莫念麻姑爪。

大道氾兮^[1]，其可左右。万物恃^[2]之以生而不辞^[3]，功成而不有^[4]。衣养^[5]万物而不为主^[6]，则恒^[7]无欲也，可名于小^[8]；万物归焉而不为主，则恒无名也，可名于大^[9]。以其终不自为大，故能成其大^[10]。

大道流行广泛，无所不到，万物依靠它生存，而它对万物却从不干涉，大功告成却不自以为有功。（它）养育了万物，却不自以为主宰，总是没有自己的私欲，因此，我们常说它是渺小的；万物归附于它，它不自以为主，所以它又可以称得上是伟大的。因为他始终不自以为伟大，所以才成就了它自己的真正伟大。

◎ 原文注释

〔1〕大道氾（sì）兮：氾，水向四处漫流，也即泛滥。〔2〕恃：依靠。〔3〕辞：有几种解释。一说推辞；一说"言辞、称说"的意思；一说当读为"司"，"管理、干涉"的意思。〔4〕功成而不有：有所成就而不自以为有功。老子在此借描述"道"的性质（生养万物，却不加以丝毫的主宰）来阐述顺任自然而不为主的崇高精神。〔5〕衣养：护养。〔6〕不为主：不自以为主宰。〔7〕恒：常。〔8〕可名于小：可以称它为小。道生养万物而不自以为主宰，万物却浑浑噩噩丝毫不知，好像这个"道"是不存在的一样，因此可以说它是"小"。〔9〕万物归焉而弗为主，则恒无名也，可名于大：万物归附于"道"，而道不自以为主宰，因此可以说它是伟大的。〔10〕以其终不自为大，故能成其大：以，由于、因为。成，成就、成全。由于"道"不自以为伟大，所以才成就了它的伟大。

◎ 拓展阅读

玄都宝藏

元代编纂的道藏。元太宗九年（1237年），道士宋德方、秦志安广搜遗经，计划重刊《道藏》。历时八年，《道藏》于元朝乃马真皇后称制的第三年（1244年）辑成，共七千八百余卷，仍取名《玄都宝藏》，印板存于平阳玄都观。元世祖至元八年（1281年），诏令焚毁除《道德经》以外的其余《道藏》经文印板。《玄都宝藏》刊板因此遭到焚毁，藏经也亡佚许多。今已不存。

大道氾兮

执大象

执大象[1]，天下往[2]。往而不害[3]，安平泰[4]。乐与饵[5]，过客止[6]。道之出口[7]，淡乎其无味[8]，视之不足见，听之不足闻[9]，用之不足既[10]。

谁能执守大道，天下人就会归附于他。归附他却不互相伤害，人们就都能安泰平和。动听的音乐和美食，能使过路的行人停下脚步。但道却不一样，它说出来，没有味道，看它也看不见，听它又听不到，用它却永远也用不完。

◎ 原文注释

[1] 执大象：执守大道。象，即"道"。道是无物之象，它产生天地，无处不在，是宇宙中最大的象。

[2] 天下往：天下，指天下的人们。

[3] 往而不害：即使天下的人们向它投靠，也不会互相妨害。

[4] 安平泰：安，相当于"乃、于是"的意思。平，和平。泰，安泰。

[5] 饵：美味佳肴。

[6] 止：使……停住不走。

[7] 道之出口："道"用嘴说出来，也即"道"的表述。

[8] 味：味道。

[9] 闻：听见。

[10] 既：尽、用完。

◎ 拓展阅读

存想

也称"存神"，古代道家养生名词。它是一种以想象为手段，从而达到治病或入静的修持方法。秦汉以后到魏、晋之间，道家方术大都以"存想"为主。道家古老的丹经，如《黄庭内外景经》等，便以"存想"、"存神"的方法为中心。汉代的张道陵（天师道的创始者）、南朝著名的仙家陶弘景，也都以"存想"、"存神"的方法为其修行核心。

将欲歙之

将欲歙[1]之，必固张之；将欲弱之，必固强[2]之；将欲废[3]之，必固兴[4]之；将欲夺[5]之，必固与[6]之。是谓微明[7]。柔弱胜刚强。鱼不可脱[8]于渊，国之利器[9]不可以示人。

将要收拢它，必定要先扩张；将要削弱它，必定先要使它强盛；将要废弃它，必定要先使它兴起；将要夺取它，必定要先给予。这就叫做自然微妙的预兆。柔弱胜过刚强。我们要像鱼一样，不能离开深渊，因此，当我们有了有利于治国的策略和制度时，不能随便向他人夸耀。

◎ 原文注释

[1] 歙（xī）：收敛、收拢。[2] 强：形容词作动词用，使……强。[3] 废：废弃、废毁。[4] 兴：兴起、兴举。[5] 夺：夺取。[6] 与：给。[7] 微明：明，明通、聪明。微明就是看不见的聪明，即深沉的聪明。一说明是"征兆"的意思，微明，就是幽微的征兆。[8] 脱：脱逃。[9] 利器：一说指权道、权谋。一说指军事力量；一说指权势禁令等凶利的政治手段。本文取最后一解。

◎ 拓展阅读

李白《答族侄僧中孚赠玉泉仙人掌茶》

常闻玉泉山，山洞多乳窟。仙鼠如白鸦，倒悬清溪月。
茗生此中石，玉泉流不歇。根柯洒芳津，采服润肌骨。
丛老卷绿叶，枝枝相接连。曝成仙人掌，似拍洪崖肩。
举世未见之，其名定谁传。宗英乃禅伯，投赠有佳篇。
清镜烛无盐，顾惭西子妍。朝坐有余兴，长吟播诸天。

道常无为[1]，而无不为[2]。侯王若能守之，万物将自化[3]。化而欲作[4]，吾将镇[5]之以[6]无名[7]之朴[8]。镇之以无名之朴，夫将不欲[9]。不欲以静[10]，天下将自正。

"道"经常是没有什么作为的，但却又能作用于万物。侯王如果能坚守这个道理，万物就会自然生长。当万物在自然生长时，可能会产生贪欲，我将用道的真理来净化他们。用道来镇住他们，贪欲就不会出现了。只有拒绝了私欲，人民才可以有宁静的生活，天下才会太平。

◎ 原文注释

[1] 无为：顺其自然、不妄为。

[2] 无不为：没有一件事不是它（指"道"）所能做的，这正是"无为"（不妄为）产生的结果。

[3] 自化：自我生长、自我化育。

[4] 化而欲作：欲，欲望、贪欲。作，萌发、出现。

[5] 镇：压制、镇服。

[6] 以：用。

[7] 无名：指"道"。

[8] 朴：形容"道"的真朴。

[9] 欲：私欲。

[10] 静：宁静。

◎ 拓展阅读

成玄英

唐初道士，杰出的道教学者、道教理论家。陕州（今河南陕县）人。曾隐居东海。贞观五年（631年），唐太宗召其至京师，加号"西华法师"。唐高宗永徽（650～655年）中，被流放到郁州（今江苏连云港市云台山）。著有《老子道德经开题序诀义疏》和《南华真经疏》。在注疏中，成玄英着重阐发了"重玄"思想。他的"重玄之学"也成为唐朝初年道教哲学的一大主流。

道常无为

道德经

下篇·德经

上德不德

上德不德[1]，是以有德；下德不失德，是以无德。上德无为，而无以为[2]；下德无为，而有以为[3]。上仁为之，而无以为；上义为之，而有以为。上礼为之，而莫之应[4]，则攘臂而扔之[5]。故失道而后德[6]，失德而后仁，失仁而后义，失义而后礼。夫礼者，忠信之薄，而乱之首。前识者[7]，道之华，而愚之始[8]。是以大丈夫处其厚[9]，不居其薄；处其实，不居其华。故去彼取此[10]。

品德高尚的人，不自以为有德，才算是真正有德。品德低下的人，总是守着形式上的"德"，反而没有德。品德高尚的人，自然而为，没有什么目的。品德低下的人没有什么作为，却想有作为。最仁爱的人有所作为，但是不太注重自己的作为。最正义的人有所作为，而且有自己的意图和目的。最有礼节的人有所作为，可是人家都不回应他，他就扬起胳膊，指引人们遵守礼节。所以，失去了道然后才有德。失去了德，然后才有仁，失去了仁然后才有义，失去了义然后才有礼。所谓礼节这个东西，标志着忠信的不足，意味着祸乱的开始。而所谓的先知，不过是道的虚华，愚昧即由此产生。所以真正有气概的大丈夫，应该立身淳厚，不居于浅薄，存心朴实，不居于表面。因此要舍弃那些浮华的表面，而采取厚实之道。

◎ 原文注释

[1] 上德不德：前一个"德"，是名词，道德；后一个"德"用作动词，以……为德。

[2] 上德无为，而无以为：以，有心，故意。上德之人顺任自然而无心做作。

[3] 下德无为，而有以为：下德之人在形式上表现"德"并有心做作。

[4] 上礼为之，而莫之应：上礼之人有所作为却得不到别人的回应。

[5] 攘臂而扔之：攘臂，伸出手臂。扔之，用手引他们、强掣拽他们。

[6] 失道而后德：失掉了"道"而后才有"德"。

[7] 前识者：有先见的人，先知。

[8] 愚之始：愚昧的开始。

[9] 厚：淳厚。

[10] 去彼取此：去掉薄华的"礼"，采取厚实的"道"与"德"。

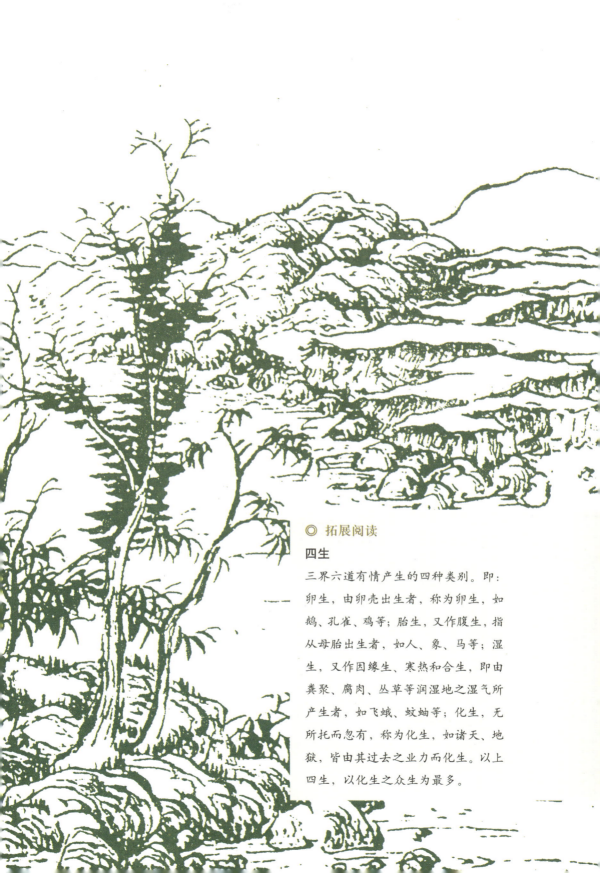

◎ 拓展阅读

四生

三界六道有情产生的四种类别。即：卵生，由卵壳出生者，称为卵生，如鹅、孔雀、鸡等；胎生，又作腹生，指从母胎出生者，如人、象、马等；湿生，又作因缘生、寒热和合生，即由粪聚、腐肉、丛草等润湿地之湿气所产生者，如飞蛾、蚊蚰等；化生，无所托而忽有，称为化生，如诸天、地狱，皆由其过去之业力而化生。以上四生，以化生之众生为最多。

昔之得一者

昔之得一者[1]：天得一，以清[2]；地得一，以宁；神得一，以灵；谷得一，以盈；万物得一，以生；侯王得一，以为天下正[3]。其致[4]之也，谓[5]天无以[6]清，将恐裂；地无以宁，将恐废；神无以灵，将恐竭；谷无以盈，将恐竭；万物无以生，将恐灭；侯王无以为正，将恐蹶[7]。故贵以贱为本，高以下为基，是以侯王自称孤、寡、不谷[8]。此非以贱为本邪？非乎？故至誉无誉[9]。是故不欲琭琭如玉，珞珞[10]如石。

自古凡是"得一"的：天得到"一"才能表现它的清明；地得到"一"才能表现它的稳定；神得到"一"才能表现它的灵妙；河谷得到"一"才能充盈；万物得到"一"才能生长发展；侯王得到"一"才能做天下的首领。至于这个"一"的作用，推而言之，天如果不能保持清明，恐怕就要崩裂；地如果不能保持宁静，恐怕就要陷塌；神如果不能保持灵妙，恐怕就要消失；河谷如果不能保持盈满，恐怕就要涸竭；万物如果不能保持生长，恐怕就要灭绝；侯王如果不能保持清正，恐怕就会亡国。所以说，贵是以贱为根本的，高是以低下为基础的，因此侯王才谦称自己为"孤"、"寡"、"不谷"。这不正是以低贱为根本的例子吗？难道不是吗？所以，最高的赞誉是无需赞誉的。人不应当像玉一般华美，而要像石块一样质朴坚硬。

◎ **原文注释**

〔1〕昔之得一者：古来得到"道"的。一，"道"的别名。

〔2〕天得一，以清：天因得到"一"而清明。

〔3〕正：首领的意思。

〔4〕致：相当于"推"，至于、达到。

〔5〕谓：推而言之。

〔6〕无以：相当于无已。已，停止、完毕。

〔7〕蹶：跌倒，引申为挫折、失败。侯王的失败就是亡国。

〔8〕孤、寡、不谷：都是侯王对自己的谦称。孤，意思是自己孤单，有争取臣民拥护的意思。寡，与孤相似。一说孤寡分别是"孤德、寡德"的意思，即指自己德性不好。不谷，"不善"的意思。

〔9〕至誉无誉：至誉，最高的赞誉。无誉，无需夸誉。王本原作"致数与无与"，致即至，"与"通"誉"。

〔10〕珞珞：形容石块的坚实。

◎ **拓展阅读**

道教九巾之说

据清代中叶道士闵小艮的《清规玄妙说》所载，当时的九巾是指唐巾、冲和巾、浩然巾、逍遥巾、紫阳巾、一字巾、纶巾、三教巾、九阳巾。当代高道闵智亭道长的《道教仪范》则说，自清末到现代最流行的九巾为混元巾、庄子巾、纯阳巾、九梁巾、浩然巾、逍遥巾、三教巾、一字巾、太阳巾。而按明朝的《三才图会》记载，清代以前的道巾则有纯阳巾、九转华阳巾等。

○ 品画鉴宝　张琴和古松图 · 林纾　本图笔墨凝练，得高古之气，造型简洁，有意在画外之妙。图以披麻、云头皴写坡头、卷石，绘苍松，写松下红衣高士，无不曲尽其意。

反 [1] 者道之动 [2]，弱 [3] 者道之用 [4]。天下万物生于有，有生于无 [5]。

相反相成，这就是我们所讲的"道"的运动；柔弱是"道"的作用。天下万物生于具体的事物，而具体的事物则生于没有形体的"道"。

◎ **原文注释**

〔1〕反：通"返"，返回、还原。

〔2〕道之动："道"的运动规律。

〔3〕弱：柔弱。

〔4〕用：作用、运用。

〔5〕天下万物生于有，有生于无："有"、"无"都指"道"，"有"指现象界的具体存在物，"无"指超越经验界限之外的"道"。

○ 品画鉴宝　陶壶·春秋

◎ **拓展阅读**

五供

也称五献。在拜表、炼度、施食等仪式中，都有五供一节。朱权《天皇至道太清玉册》中记载，五供"当用五行金木水火土，以表天地造化，相生相克之治而合神明之德"。金，"以铜铁造成锭"，贴以金箔；木，"香是也，以香刻成假山供之"；水，"净水是也，以盂盛之"；火，"灯是也"；土，"以黄土取方一块，八方刻以八卦供之"。另有供香用"降真香"，供花用"桐木刻之"，供果"当用木雕"等。

上士闻道

上士闻道，勤而行之；中士闻道，若存若亡[1]；下士闻道，大笑之。不笑，不足以为道。故建言有之曰：明道若昧；进道若退；夷道若纇[2]；上德[3]若谷；广德若不足；建德若偷[4]；质真[5]若渝[6]；大白若辱[7]；大方无隅[8]；大器晚成；大音希声；大象无形[9]；道隐无名[10]。夫唯道，善始且喜成。

高明的人听见"道"，就会努力去实施；平庸的人听见"道"，将信将疑；下等的人听见"道"，就大加嘲笑。不被嘲笑，就算不上真正的"道"了。因此，古代通常有这样的说法：明显的"道"，好像很暗昧；前进的"道"，好似在后退；平坦的"道"，好像崎岖；崇高的"德"，好似低下的山谷；广大的"德"，好像很不足，刚健的"德"，好像怠惰的样子；充实的"德"，好像空虚一样；最洁白的好像污黑；最方正的东西反而没有棱角；最重的器物总是最后才完成；最大的乐声听起来反而少有声音；最大的形象反而看不见形体；大"道"幽隐而没有名称。只有道，才能产生万物并成就一切。

◎ 原文注释

〔1〕若存若亡：有时想起，有时忘掉。存，留在心里。亡，同"忘"。若，相当于"或、有时"的意思。

〔2〕纇(lèi)：崎岖、不平坦。

〔3〕上德：崇高的"德"。

〔4〕偷：怠惰、松松垮垮的样子。

〔5〕质真：质朴纯真。一说质为"实"的意思，真指"德"。

〔6〕渝：有几种解释。一说"改变、不能坚持"的意思。一说"变污、混浊"的意思。一说质真是充实的德，渝通"窬"，"空虚"的意思。

〔7〕大白若辱：辱，黑垢。大白，最白。

〔8〕大方无隅：大方，最方正。隅，角。

〔9〕大象无形：最大的形象，看起来反而不见形体。

〔10〕道隐无名："道"隐微而没有名称。

◎ 拓展阅读

道体无本

道教重玄派经典《本际经》的核心思想。意指道体本身是空寂纯一的，没有任何
具体的规定性，不是"本"或"根"，因而也不能作为事物复归的终极目标。《本
际经》云："若法性空寂，云何说言'归根返本'？有本可返，非谓无法。"它主
要强调道体本来空净，无本可返。这种思想明显受到了佛教般若学的影响，与道
教传统的"道生"观念有一定的矛盾。

太乙救苦天尊 太乙救苦天尊又称东极青玄上帝，他是专门拯救世间受苦和不幸堕入地狱者的天神，只要祈祷或呼喊天尊之号，就能得到感应。

道生一^{〔1〕}，一生二^{〔2〕}，二生三^{〔3〕}，三生万物。万物负阴而抱阳^{〔4〕}，冲气以为和^{〔5〕}。人之所恶，唯孤、寡、不谷，而王公以为称^{〔6〕}。故物，或损之而益^{〔7〕}，或益之而损。人之所教^{〔8〕}，我亦教之：强梁者不得其死^{〔9〕}，吾将以为学父^{〔10〕}。

独一无二的道先是作为统一体的原始混沌之气，之后产生阴、阳二气。阴、阳二气相交而成为一种匀调和谐的状态，这种状态又衍化出万物。万物背阴而向阳，阴、阳二气互相激荡而成为新的和谐体。人们所厌恶的，就是"孤"、"寡"、"不谷"，但王侯们却用这些字眼称呼自己。在万物中，有时贬低它，它反而得到抬高；有时抬高它，它反而遭受贬低。人们所教导我的，我也用来教导别人，还是前人的那句话：强悍的人不得好死。我要把这作为教人的宗旨。

◎ 原文注释

〔1〕道生一：一，指"道"，由于"道"是独一无二的，又是混沌的宇宙原质，因此老子称它为"一"。〔2〕一生二："道"渐趋分化成阴、阳二气。二，指阴、阳二气，也就是天、地。"道"在混沌未分时本来就具备阴、阳二气，而这阴、阳二气是万物生成的基本元素。"道"在向下落实、渐趋分化时，阴、阳二气的活动也渐趋频繁、分明。〔3〕二生三：三，三不是实指，而是"多数"的意思。二生三，就是说有了阴、阳，很多东西就产生出来了。〔4〕负阴而抱阳：背阴而向阳。负，在背后。抱，在胸前。〔5〕冲气以为和：冲，"涌动、激荡、交流"的意思。阴、阳二气相互激荡交流而成为一种均调和谐状态。和，指阴、阳相合的和谐均调状态。〔6〕以为称：用这些字眼作为自称。〔7〕损之而益：损害它，它却反而得到增益。〔8〕人之所教：人们用来教人的话。〔9〕不得其死："不得好死"的意思。〔10〕学父：父，开始。学父，指教人的头一条。

◎ 拓展阅读

大河车

三河车（大河车、小河车、紫河车）之一。指元气沿子午任督脉运转。其路径由尾闾上升，经夹脊、玉枕至泥丸宫，然后下降鹊桥、重楼、黄庭，纳入丹田。《钟吕传道集·论河车》："肘后飞金晶，还晶入泥丸，抽铅添汞，而成大药者，大河车也。"《西山群仙会真记》："自尾闾穴起，从下关过中关，中关过上关；自上田至中田，中田至下田而曰大河车也。"

天下之至柔

天下之至柔[1]，驰骋[2] 天下之至坚[3]。无有[4]，入于无间[5]，吾是以[6]知无为之有益[7]。不言之教[8]，无为之益，天下希[9] 及之。

天下最柔软的东西，可以征服天下最坚硬的东西。无形的力量才能穿透没有间隙的东西，因此，我知道了"无为"的好处。在治理天下时，这种不用言辞的教导、无所作为的益处，是很少人能够认识和做到的。

◎ 原文注释

〔1〕天下之至柔：天下最柔软的东西。

〔2〕驰骋：穿行自如。

〔3〕坚：坚硬的东西。

〔4〕无有：指看不见的东西。

〔5〕无间：没有间隙。

〔6〕是以：以是，因为这个、由于这个。

〔7〕益：好处。

〔8〕不言之教：不说出来、不发号训戒的教导。

〔9〕希：稀少、罕见。

◎ 拓展阅读

十二辟卦

《周易》根据阴、阳的错综变化制作出了六十四卦，其中有十二卦叫做消息卦。辟是"君"的意思，说这十二卦总统余卦，如同君主领袖臣下。十二卦中有六个息卦，叫做太阳，即复、临、泰、大壮、诀、乾；六个消卦，叫做太阴，即遁、循、否、观、剥、坤。以上十二消息卦，代表一年十二月，也比喻一日十二辰，内丹家常用它来表示炼丹火候节度。凡是卦中的六爻，五阴一阳，以阳为主；五阳一阴，以阴为主。

◎ 品画鉴宝　犀角雕仙人乘槎杯·明

名与身孰亲

名与身[1]孰亲？身与货孰多[2]？得与亡孰病[3]？甚爱[4]必大费[5]；多藏必厚亡[6]。故知足不辱[7]，知止不殆，可以长久。

名誉与生命哪一个对我们更亲切？我们的生命与财产，哪一个更重要呢？获得名利与失去生命，哪一个对我们更有害？如果能明白这些道理，我们才能保存好生命。但过分吝惜，必定会招致更多的破费，丰厚的贮藏往往会使人们损失惨重。所以，心中能知道满足，就不会遭受屈辱；行为上如果能适可而止，就不会遇到险情，这样才可以长久地存在下去。

◎ 原文注释

〔1〕身：身体，指生命。〔2〕多：意思是尊重、重视。〔3〕病：有害。〔4〕甚爱：过分喜爱虚名，一说爱指怜惜、吝惜。〔5〕大费：很大的破费、耗费。〔6〕多藏必厚亡：丰富的贮藏必定会招致惨重的损失。厚，形容损失得多和重。〔7〕知足不辱：知道满足，就不会遭受屈辱。

◎ 拓展阅读

十魔

指在内功修炼过程中，因掌握不当而至入魔所看到的一些幻景。《钟吕传道集·论魔难》中有言："所谓十魔者，凡有三等，一曰身外见在，二曰梦寐，三曰内观。并归纳为：六贼魔、富魔、贵魔、六情魔、恩爱魔、患难魔、圣贤魔、刀兵魔、女乐魔、女色魔。"《大丹直指》卷下中记载的十魔为：六欲魔、七情魔、富魔、贵魔、恩爱魔、灾难魔、刀兵魔、圣贤魔、妓乐魔、女色魔。

大成^[1]若缺^[2]，其用不弊^[3]。大盈^[4]若冲^[5]，其用不穷^[6]。大直若屈^[7]，大辩^[8]若讷^[9]。躁胜寒，静胜热。清静为天下正^[10]。

最大的成就好像有缺陷一样，但它的作用是不会衰竭的。最充实的东西却好像空虚的一样，可是它的作用是不会穷尽的。最正直的东西好像是弯曲的，最有辩才的却好像不善言词。躁动战胜寒冷，清静战胜炎热。因此，修身养性才是君主统治天下的正道。

◎ 原文注释

〔1〕大成：最圆满的东西。

〔2〕若缺：好像有所欠缺一样。

〔3〕弊：破败。

〔4〕盈：充实。

〔5〕冲：虚空。

〔6〕穷：穷尽、穷竭。

〔7〕屈：弯曲。

〔8〕辩：有口才的人。

〔9〕讷：说话迟钝、笨拙。大辩若讷，就是指最有辩才的人却好像不善言词。"若缺""若诎""若拙""若讷"描述的是一个完善的人格外在形态，"大成"、"大盈"才是他的本质。老子的理想人格与其虚静、退守的人生追求是一致的。

〔10〕正：通"贞""政"，"首领、君长"的意思，一说含有"模范"的意思。

◎ 拓展阅读

琴剑笛

指青龙剑、无孔笛、无弦琴。在阴阳派丹法中，其筑基功夫中一些手法被称为"铸青龙剑"、"吹无孔笛"，又称"敲竹唤龟"。其调鼎功夫的一些手法则称为"弹无弦琴"，又叫"鼓琴引凤"。清净丹法沿袭了这些术语，但解释完全不同，他们将青龙剑改称无影剑或慧剑。其中，剑之取义，为守护；琴之取义，为调摄；剑喻刚，琴喻柔。如张三丰《洞天清唱六叠》："俺把那没弦琴怀中抱。"（二叠）"俺只待伏慧剑将白雪培。"（四叠）

○品画鉴宝 南极仙翁像 南极仙翁又称『老寿星』、『南极老人』等，是执掌人间生命寿夭的天界神仙。原指属于西宫的南极老人星，其初为掌国运之寿命长短，以后被视作长寿之神，秦以后历代皇朝皆列入国家祀典。

天下有道

○ 品画鉴宝　原始瓷钵·西周

　　天下有道 [1]，却走马 [2] 以粪 [3]。天下无道 [4]，戎马 [5] 生于郊 [6]。祸莫大于不知足 [7]，咎 [8] 莫大于欲得。故知足之足，常足矣。

　　当天下太平之时，战马就会退还给老百姓去耕田种地；天下政治秩序混乱、不合理时，连怀胎的母马也被用来作战。没有比不知足更大的祸患了，没有比贪得无厌更大的罪过了。所以，人知道满足，心理才会平衡，这才算是永恒的满足。

◎ 原文注释

〔1〕天下有道：天下太平。〔2〕走马：指战马。〔3〕粪：运粪种田。〔4〕无道：天下大乱。〔5〕戎马：就是战马。〔6〕生于郊：（小马驹）被生在战地的郊野上。〔7〕祸莫大于不知足：没有比不知足更大的祸患了。〔8〕咎：过失、罪过。

◎ 拓展阅读

阆苑

道教指仙境。《玄要篇下·天仙引》中记述："养育金丹承渐添，闭兑忘言，九年面壁功无间。八极神游遍大千，七返婴儿自出现。六贼逼焉，五行数全，四海人知归阆苑。"又《一枝花》云："攻神州，破赤县，捉住金精仔细牵，送入丹田，防危虑险除杂念，沐浴自然，面壁九年，才做个阆苑蓬莱物外仙。"此外，阆苑也借指大药成熟之地。如《性命圭旨》："阆苑蟠桃自熟时，摘来服饵莫教迟。"

不出户

不出户[1]，知天下[2]；不窥[3] 牖[4]，见天道[5]。其去[6] 弥[7] 远，其知弥少。是以圣人不行[8] 而知，不见而名，不为而成。

不出大门，就能知道天下的事情。不望窗外，就能够认识自然的规律。谁走出门越远，知道的反而越少。因此，圣人的境界是不用出行，就能知道外面的事情，不用亲自察看就能明白，无为就能成就大事。

◎ 原文注释

〔1〕不出户：不用出门到外面去。

〔2〕知天下：就能够知道天下的事。

〔3〕窥（kuī）：从小孔隙里看。

〔4〕牖（yǒu）：窗户。

〔5〕天道：指自然万物发展变化的规律。

〔6〕去：指走出门外。

〔7〕弥：越、愈。

〔8〕行：出行、出门走动。

◎ 拓展阅读

神通

即神的灵效。伍守阳《天仙正理·本序》中解释为："神者，元神，即元性。为炼金丹之主人。修行人能以神驭无，及以神入无穴，神无不相隔碍，则谓之内神通。能以神大定，纯阳而出定，变化无穷，谓之外神通。皆神之能事，故神通即驭无之神所显。"丹家以开发人体潜能的效验为神通，其漏尽通、宿命通、他心通、天耳通、天眼通、神境通共六通，都是人体潜能。

为学[1] 日益[2]，为道[3] 日损[4]。损之又损，以至于无为。无为而无不为[5]。取[6] 天下者，常以[7] 无事[8]。及其有事[9]，又不足以取天下矣。

追求学问，知识一天比一天增加；追求"道"的功夫，欲望一天比一天减少。减少了再减少，一直到返朴归真以致任其自然的境地。无为，就没有什么事做不成。要想赢得天下人心，就不要有任何作为，如果要是有太多的行动，那么就不可能取得天下人心。

◎ **原文注释**

〔1〕为学：指对仁义、圣智、礼法等东西的追求。

〔2〕日益：（知识）一天比一天增加。

〔3〕为道：指通过冥想或体验以领悟事物本分化状态的
　　　"道"。"道"，指自然之"道"、无为之"道"。

〔4〕日损：指外界对心灵所诱引的欲望一天比一天减少。

〔5〕无为而无不为：不妄为，就没有什么事情做不成。

〔6〕取：治理、掌握。

〔7〕以：介词，用。

〔8〕无事：即清静无为。

〔9〕有事：也就是有为，指政治措施繁多严苛。

◎ **拓展阅读**

金光

指炼得金丹之后的内外景象。戴起宗《悟真篇疏》中记载："易真论曰，凡运火之际，忽觉尾闾有物，直冲夹脊双关，历历有声，逆上泥丸。复自泥丸触上腭，颗颗入口中，状如雀卵，味如冰酥，香甜软美。觉有此状，乃是金液还丹。徐徐咽归丹田，常常如此不绝，则五脏清虚。闭目内观脏腑，分明如照烛，渐次有金光万道，透出身中，如火轮云雾，笼罩盘旋。"

圣人常无心

　　圣人常无心 [1]，以百姓之心为心 [2]。善 [3] 者吾善 [4] 之；不善者吾亦善之；德善 [5]。信 [6] 者吾信之；不信者吾亦信之；德信 [7]。圣人之在天下歙歙焉 [8]，为天下浑其心 [9]，百姓皆注其耳目，圣人皆孩 [10] 之。

　　圣人没有私心，他以老百姓的意志作为自己的意志。他以善来对待那些善良的人，也同样以善来对待那些不善良的人，这样，整个时代的品德就归于善良了。诚实的人，以诚实对待他，不诚实的人，也以诚实对待他，这样，整个时代的品德就归于诚实了。圣人在统治天下时，收敛自己的欲望，使人归于混沌、纯朴。老百姓的视听都集中在圣人身上，圣人把他们当婴孩般看待。

◎ 原文注释

〔1〕心：指欲望。

〔2〕以百姓心为心：以老百姓的意志为意志。在本章的"圣人"，是老子心目中理想的有"道"统治者的形象。此句有"顺物自然"之意。

〔3〕善：善良的人，名词。

〔4〕善：动词，善待。

〔5〕德善：整个时代的品德归于善良。德，指整个时代的品德。

〔6〕信：名词，诚实的人。

〔7〕德信：整个时代的品德归于诚实。

〔8〕歙歙焉：歙（xī），合、收敛。歙歙，指统治者收敛自己的意志。

〔9〕浑其心：使人的心思归于混沌、纯朴。

〔10〕孩：名词作动词用，使……像孩子一样。

◎ 拓展阅读

紫河车

据《钟吕传道集》记载："及夫金液、玉液还丹，而后炼形，炼形而后炼气、炼气后炼神，炼神合道，方曰道成。以出凡入仙，乃曰紫河车也。"又说："紫金丹成，常如玄鹤对飞；白玉汞就，正似火龙涌起。而金光万道，罩俗骨以光辉；琪树一株，观鲜范而灿烂。或出或入、出入自如，或去或来，往来无碍。搬神入体，且混时流，化圣离俗，以为羽客，乃曰紫河车也。"

○ 品画鉴宝 老子图·南宋·牧谿 图中的老子，因鼻毛外露，被称为『鼻毛老子』。此图中的老子招风耳、秃头、张巨口、鼻毛直挂唇边，形貌虽丑，但丑中见美。

75

出生入死

出生入死[1]。生之徒十有三；死之徒[2]十有三；人之生，动之于死地[3]，亦十有三。夫何故？以其生生之厚[4]。盖闻善摄生[5]者，陆行[6]不遇兕[7]虎，入军不被甲兵；兕无所投其角，虎无所措[8]其爪，兵无所容[9]其刃。夫何故？以其无死地[10]。

人出现于世上就是生，入于地就是死。在这种生命现象里，能长寿的人，占十分之三；短命的人，占十分之三；人本来可以活得长久，但因自己恣意妄为而走向死亡的人，也占了十分之三。为什么求生反而会早死呢？这是因为他们把生命看得太重的原因。曾听说过，真正善于养护生命的人，在陆地上行走不会遇到犀牛和老虎；行军打仗，不会受到利器杀伤。犀牛用不上它的角，老虎用不上它的爪，兵器用不上它的刃。这是为什么呢？因为他们没有进入死亡的范围。

◎ 原文注释

[1] 入死：死后埋人地下。[2] 死之徒：属于夭折的那些人。[3] 动之于死地：人本来可以得生，但是却走向了死路。[4] 生生之厚：为追求长生而过分地享受，酒食厌饱，奢侈淫佚，奉养过厚。[5] 摄生：摄，调摄、养护。摄生，即养生。[6] 陆行：在陆地上行走。[7] 兕（sì）：古代犀牛一类的独角兽。[8] 措：施展，用。[9] 容："用"的意思。[10] 无死地：没有进入死亡的地域。

◎ 拓展阅读

有作

指按步骤、按要求、按层次有意识地进行修炼。《悟真篇》："始于有作人难见，及知无为众始知。但见无为为要妙，岂知有作是根基。"实际上，各种修炼功法本身就要求有所作为地进行，要从"有作"入手。仇兆望《悟真篇集注》："有作者，炼己、采药；无为者，炼神还虚。世人但云道在无为，而不知功始有作，是犹栽木无根，筑室无基，断难望其有成也。"

　　道生之[1]，德畜之[2]，物形之[3]，势成之[4]。是以万物尊道而贵德。道之尊，德之贵，夫莫之命[5]，而常自然[6]。故道生之，德畜之，长之育之，亭[7]之毒[8]之，养之覆[9]之。生而不有，为而不恃，长而不宰：是谓玄德[10]。

　　"道"生长万物，"德"养育万物，物质赋予万物的各种形状，具体环境使万物长成。由于这一切都生于道，所以万物都尊崇"道"并珍贵"德"。"道"所以受尊崇，"德"所以被珍贵，就在于它们对万物不加干涉，而是让它们顺任自然。所以，"道"生成万物，"德"畜养万物，使万物成长、发展，使万物成熟结果，对万物爱养、保护。生养万物而不据为己有，推动万物而不加操纵，引导万物而不自以为主宰，这就是最深远的"德"。

◎ **原文注释**

〔1〕道生之：之，指万物。"道"生成万物。〔2〕德畜之：德，道分化于万物称为"德"。〔3〕物形之：具体的质体使万物得到形状。〔4〕势成之：万物生长的环境。〔5〕命：动词，干涉。〔6〕自然：顺应自然。〔7〕亭：成，结成果实。〔8〕毒：果实成熟。〔9〕覆：覆盖、保护。〔10〕玄德：最高深的德。

◎ **拓展阅读**

全形

即炼神还虚，筑基内运。《道法会元》卷一零九中记载："全形者，全在内炼。炼者，象四时之机，备五行之妙，对坎离匹配之用，藏龙虎交合之功，二气常满，一气混成，内气不出，外气不入，以元阳自暖于离宫，太阳自降于玄谷，三田气满，出牝入玄，上不皎，下不昧，然后炼气合神。"《寿世传真》中也道："欲全其形，先在理神，恬和养神以安于内，清虚栖心不诱于外。"

天下有始^[1]，以为天下母^[2]。既得其母，以知其子^[3]；既知其子，复守其母，没身不殆^[4]。塞其兑^[5]，闭其门^[6]，终身不勤^[7]。开其兑，济其事，终身不救。见小曰明^[8]，守柔曰强。用其光，复归其明，无遗身殃^[9]，是为袭常^[10]。

天下万物都有他们的本源，这个本原就是天下万物的根源。能掌握万物的根源（母），就能认识万物（子）。已经掌握了万物，还必须坚守住万物的根本，这样，终身不会有危险。塞住人们耳目，关闭他们嗜欲的门户，终身都不会有劳扰的事情。打开嗜欲的孔窍，使他们恣意妄为，那就终身不能治理好了。应该明白，只有察见万物的精微才叫做"明"，能保持柔弱才叫做"强"。我们运用智慧的光，必须返照内在的"明"，这样才不会给自己带来灾祸。这就叫做常道。

◎ 原文注释

〔1〕始：本始、起始，指"道"。

〔2〕母：根源，也指"道"。"道"生天下万物，故为天下万物之母。

〔3〕子：指天下万物。

〔4〕没身不殆：没身，指死亡。

〔5〕塞其兑：塞，堵塞。

〔6〕闭其门：关闭他们欲望的门户。

〔7〕勤：愁苦。

〔8〕见小曰明：能察见微小的事情，才叫做"明"。

〔9〕无遗身殃：遗，招致。殃，灾祸。

〔10〕袭常：承袭常"道"，也就是因循永恒的自然规律。

◎ 拓展阅读

全神

即收心敛意，神返全真。《寿世传真》："神者，心之运用，宜急治心全神。"《中和集》卷三："全神可以返虚。欲全其神，先要意诚。意诚身心合而返虚也。"《道法会元》卷一零九："全神者有四，心意精神之谓。虽言四，而皆同一。今人论其心，不论其意，言其性，不识其命。形乃藏神之宅也。若乃摄气归根，自然精神内守，见超凡入圣之根也。"

○ 品画鉴宝　老松双鹤图·清·沈铨　松鹤图寓吉祥延年之意，为历代画家所喜爱表现的题材。沈铨的这幅画中，鹤的形态优美生动，设色典雅，体现了画家精湛的写生功底。

使我介然有知

使我[1] 介然[2] 有知，行于大道[3]，唯施[4] 是畏。大道甚夷，而民好径[5]。朝甚除[6]，田甚芜，仓甚虚。服文采[7]，带利剑，厌[8] 饮食，财货有馀[9]，是谓盗夸[10]。非道也哉！

假如我有那么一点知识的话，我就要在大道上行走，惟恐走入了邪路。大道本来是很平坦的，可是有些人却喜欢走小路。朝廷非常腐败，农田荒芜之极，仓库空虚到顶点。他们却穿着华丽的衣裳，这就叫做强盗头子。佩带宝剑，饱餐美食，搜括财货，这种人的行为是不合乎道的。

◎ 原文注释

〔1〕我：指有道的执政者。

〔2〕介然：稍微具有。

〔3〕行于大道：走在大路上。

〔4〕施：通"邪"，指邪路。

〔5〕好径：径，斜径，小路。

〔6〕除：整洁、华美，引申为腐败。

〔7〕服文采：服，穿（衣服）。文采，指华丽的衣裳。

〔8〕厌：饱足。

〔9〕馀：通"余"。

〔10〕盗夸：强盗。

◎ 拓展阅读

四缘

李道纯《中和集》："身、心、世、事，谓之四缘。一切世人，皆为萦绊。惟委顺者能应之。常应常静，何缘之有？何谓委？委身寂然，委心洞然，委世混然，委事自然。何谓顺？顺天命，顺天道，顺天时，顺天理。身顺天命，故能应人；心顺天道，故能应物；世承天时，故能应变；事顺天理，故能应机。既能委，又能顺，兼能应，则四缘脱洒；作是见者，常应常静，常清静矣！"

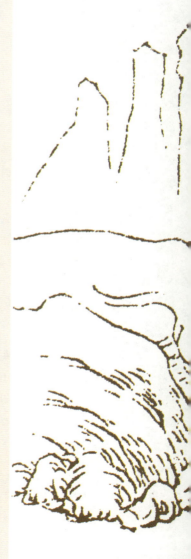

善建者不拔

善建者不拔 [1]，善抱 [2] 者不脱，子孙以祭祀不辍 [3]。修 [4] 之于身，其德乃真；修之于家，其德乃馀；修之于乡，其德乃长 [5]；修之于邦 [6]，其德乃丰 [7]；修之于天下，其德乃普 [8]。故以身观身，以家观家，以乡观乡，以邦观邦，以天下观天下 [9]。吾何以知天下然哉？以此 [10]。

真正善于建功立业的人，不会动摇，善于保持功业的人，不会丧失时机。一个人既能建树事业，又能保持事业，那么，他们的子孙便会不绝祭祀。用德修身，他的"德"是真实的；用德治家，他的"德"就会有余；用德治乡，他的"德"就会受到尊崇；用德治国，他的"德"就昌盛；用德治天下，他的"德"便会普遍。从自己本身的情形去观察别的人；从自己一家的情形去观察别人家的情形；从自己一乡的情况去观察其他乡的情况；从自己一国的情形去观察别的国家的情形；用治天下的观点来观察天下。我为什么能够了解天下的现实呢？就是用这种道理。

◎ 原文注释

〔1〕不拔：不可拔掉、不可拔除。

〔2〕抱：抱持，有"牢固"的意思。

〔3〕子孙以祭祀不辍：以，因……缘故。辍，停止、断绝。如果一个人既能建树事业，又能保持事业，子孙便会因此而祭祀不绝了。

〔4〕修：修德。

〔5〕长：一说"加长"的意思，与上文"有余"相应；一说长为"尊崇"的意思。

〔6〕邦：指国、天下。

〔7〕丰："广大"的意思。

〔8〕普：普遍、博大。

〔9〕以天下观天下：从目前天下的状况观照将来天下的状况。

〔10〕以此：以，用，凭。此，这些道理，指"以身观身"等。

◎ 拓展阅读

四法

周固朴《大道论》："屈子曰：'安时处顺，哀乐不入。此达人之忘身也。'从凡至圣，莫越见、修、成、利四法也。见有二：值遇善友，与讲真经，或自览经，教法进趣；见者内见玄微，徐清徐静，以至妙极。修者有三：小乘、中乘、大乘。成者有三：仙果、真果、圣果。利者有三：即三果之人，各各演教，诱导群品，利物济时也。"

○ 品画鉴宝 烟雨归帆图·清·吴石仙 在本图中，天空水渚，皆以淡墨渐次渲染，惟两片粉墙、数点白帆、远山漾云留以全白。由此形成层次丰富的色调变化，西洋光影画法，也被巧妙地融进了这幅山水画中。

含德之厚者，比于赤子。毒虫[1]不螫，猛兽不据，攫鸟[2]不搏[3]。骨弱筋柔而握固[4]。未知牝牡[5]之合[6]而朘作[7]，精之至也。终日号而不嗄，和之至也。精和曰常，知常曰明，益生[8]曰祥[9]，心使气[10]曰强。物壮则老，谓之不道，不道早已。

含"德"深厚的人，就像初生的婴儿。蜂蝎毒蛇不去咬伤他，凶鸟猛兽不去伤害他。他筋骨柔弱，拳头却握得很牢固。他还不懂得男女交合，但生殖器却常常勃起，这是由于他精气充足的缘故。他整天号哭，但声音却不会沙哑，这是他身体谐和、元气浑厚的缘故。精气旺盛与元气浑厚，就叫"常"，认识到"常"叫做"明"。纵欲贪生叫做灾殃，欲望支配精气叫做逞强。其实，任何事物发展得过分强壮，就会趋于衰老，这不合自然之道。不合自然之道的事物，就会很快死亡。

◎ 原文注释

〔1〕毒虫：指蛇、蝎、蜂之类的毒虫。

〔2〕攫鸟：用脚爪取物如鹰隼一类的鸟。

〔3〕搏：鹰隼用爪和翅击物。

〔4〕握固：把握得很牢固。

〔5〕牝牡：指雌和雄。

〔6〕合：交合。

〔7〕作：勃起。

〔8〕益生：纵欲贪生。

〔9〕祥：古时用作吉祥，有时也用作妖祥、不祥。

〔10〕心使气：欲望支配精气。

◎ 拓展阅读

心斋

断情绝欲，使心保持清静虚极的状态。《庄子·人间世》："唯道集虚。虚者，心斋也。"唐司马承祯把心斋理解为"收心"，"学道之初，要须安坐，收心离境，住无所有。因住无所有，不著一物，自入虚无，心乃合道"（《坐忘论》）。在内丹修炼中，心斋相当于"凝神定息"之法，既用于功夫的根基修练，也贯彻于修丹的始终。

　　知者不言，言者不知。塞[1] 其兑[2]，闭其门[3]，挫其锐[4]，解其纷[5]，和[6] 其光[7]，同其尘[8]，是谓玄同[9]。故不可得而亲，不可得而疏；不可得而利，不可得而害，不可得而贵，不可得而贱。故为天下贵[10]。

　　真正聪明的人不喜欢高谈阔论，喜欢高谈阔论的人并不一定有智慧。堵住耳目孔窍，关闭传递知识的门户，挫掉自己的锋芒，化解自己的纠纷，调和自己的光辉，与万物相合，这就达到了道的最高境界。所以，别人既不能同你亲近，也不能和你疏远；既不能使你获利，也不能伤害你；既不能使你尊贵，也不能作贱你。一旦达到这种思想境界，才能为天下所尊重。

◎ 原文注释

[1] 塞：堵塞。[2] 兑：门户。[3] 门：门户。[4] 锐：锐利。[5] 纷：纠纷。[6] 和：调和。[7] 光：光芒。[8] 尘：尘俗。[9] 玄同：玄妙齐同的境界，指"道"的高深境界。[10] 贵：动词，尊重。

◎ 拓展阅读

五藏七神

七神藏于五脏，指五脏与人的精神之间的依托关系。《道枢·七神篇》："歧伯曰，五藏有七神，而各有所藏，所藏者何也？人之神，气也。肝藏魂，肺藏魄，心藏神，脾藏意，肾藏精与志。夫藏各有一，肾独有二，何也？非皆肾也。其左者为肾，其右者为命门。命门者，诸神精之所舍，元气之气系也。故男以藏精，女以系脑，故知肾有一也。"

以正[1]治国，以奇[2]用兵，以无事[3]取天下[4]。吾何以知其然哉？以此：天下多忌讳，而民弥[5]贫；民多利器[6]，而邦[7]家滋昏[8]；人多伎巧，奇物滋起；法令滋章[9]，而盗贼多有。故圣人云："我无为，而民自化[10]；我好静，而民自正；我无事，而民自富；我无欲，而民自朴。"

以正道治国，以出奇制胜的计谋用兵，以不滋扰人民来治理天下。我怎么知道是这样的呢？根据下面这些：治理天下禁忌越多，人民就越贫穷；民间武器越多，国家就越混乱；人民的技巧智慧越多，邪恶的事情就层出不穷；法令越严明，盗贼反而越多。所以有"道"的圣人说："我无为，人民就自我顺化；我好静，人民就自然规矩。我不搅扰人民，人民就自然富裕；我不贪婪，人民就能有自然朴实的生活。"

◎ 原文注释

〔1〕正：正常平易的方法，也就是"清静"之道。

〔2〕奇：诡秘的计谋。

〔3〕无事：即无为。

〔4〕取天下：治理天下。

〔5〕弥：越、更加。

〔6〕利器：指武器。

〔7〕邦：国。

〔8〕昏：混乱。

〔9〕章：同"彰"，明白、清楚。

〔10〕自化：自我化育、自然顺化。

◎ 拓展阅读

五芽

也称"五牙"。一说是指五脏的真气。萧廷芝《金丹大成集·金丹问答》："问五芽。答曰：乃五藏之真气。《中黄经》曰：子能守之三虫弃，得见五芽九真气。"一说指充盈于天地间的五行真气或生气，是服气的主要来源。《服气精义论·五芽论第一》："凡服五芽之气者，皆宜思入其脏，使其液宣通，各依所主，既可以周流形体，又可以攻疗疾病。"

○ 品画鉴宝　竹溪六逸图·清·华岩

其政闷闷 [1]，其民淳淳 [2]；其政察察 [3]，其民缺缺 [4]。祸兮，福之所倚 [5]；福兮，祸之所伏 [6]。孰知其极？其无正 [7] 也。正复为奇，善复为祅 [8]。人之迷，其日固久！是以圣人方而不割，廉 [9] 而不刿 [10]，直而不肆，光而不耀。

国家的政治宽容，人民反而淳厚质朴；国家的政治严苛，人民反而狡黠诡诈。灾祸呵，幸福正藏在它里面；幸福呵，灾祸也正隐藏在它之中。谁知道它们的终极？它们并没有一个定准。正可能随时转变为邪，善可能随时转变为恶。人们的迷惑不解，已经有很长的时日了，因此，有"道"的圣人方正但不伤人，锐利而不伤害别人的尊严，直率的人夸耀自己，不会过分显摆。

◎ 原文注释

〔1〕闷闷：这里是"宽容"的意思。

〔2〕淳淳：淳厚质朴。

〔3〕察察：严密、苛酷。

〔4〕缺缺："狡诈"的意思。老子认为宽容的政治（也就是"无为"的政治）可以使社会风气淳厚朴实，进而使人民过上安然自在、幸福宁静的生活。相反，政治严苛，则会导致民风狡诈，社会混乱。

〔5〕祸兮，福之所倚：倚，依傍。灾祸呵，幸福正依傍在它里面。

〔6〕福兮，祸之所伏：伏，潜藏。幸福呵，灾祸正潜藏在它里面。

〔7〕无正：即无定，没有定准。

〔8〕祅：通"妖"，邪恶的意思。

〔9〕廉：棱边，形容锐利。

〔10〕刿（guì）：用刀尖刺伤。

◎ 拓展阅读

五神

一指五脏所藏之神。《老子河上公章句·安民》记载："怀道抱一，守五神也。"其中的五神，即五藏之神。《太上老君内观经》："五藏，藏五神也。"《素问·宣明五气篇》："五藏所藏：心藏神，肺藏魄，肝藏魂，脾藏意，肾藏志，是谓五藏所藏。"另据《真诰·甄命授》载："当存五神于体，五神者，谓两手、两足、头是也。头恒想青，两手恒赤，两足恒白者，则去仙矣。"

治人事天莫若啬

治人事[1] 天，莫若啬[2]。夫唯啬，是谓早服[3]。早服谓之重积德[4]；重积德，则无不克；无不克，则莫知其极[5]；莫知其极，可以有国[6]。有国之母[7]，可以长久；是谓深根固柢[8]，长生久视[9] 之道。

治理人民，养护身心，顺应天时，最好的方法就是爱惜精力。爱惜精力，就是尽早作准备。尽早作准备，就要不断积蓄"德"；不断地积蓄"德"，就没有什么不能战胜；没有什么不能战胜，就没有人能猜测他力量到底有多大；无法估计他的力量，就可以担负保护国家的重任。治理国家，只有用这个大"道"，才会让国家长久。这就叫做根深蒂固的长存之道。

◎ 原文注释

〔1〕事：侍奉、养护、保养。

〔2〕啬：爱惜。

〔3〕早服：尽早服从自然事理。

〔4〕重积德：重，多、厚。

〔5〕莫知其极：极，最高点、顶点。

〔6〕有国：保有国家，即可以担负保护国家的责任。

〔7〕有国之母：母，指保有国家的根本大"道"。有国之母，即有国以母，用大"道"去保护国家。

〔8〕深根固柢：根柢，树根向四边伸的叫做根，向下扎的叫做柢。

〔9〕长生久视：即长久存在。久视，久活、久立。

◎ 拓展阅读

接玉皇

玉皇大帝于每年的农历十二月二十五日都会亲自下界，查察人间善恶，并定来年祸福，所以家家祭之以祈福，称为"接玉皇"。道观里则例行于子时举行接驾仪式。在这一天里，人们的起居、言语都要谨慎，以博取玉皇欢心，降福来年。在江南一带的民间，这一天也叫"烧田蚕"、"照田蚕"、"烧田财"。人们将绑缚火炬的长竿立在田野中，以占卜新年，火焰旺则预兆来年丰收。

治大国，若烹^[1] 小鲜^[2]。以道莅^[3] 天下，其鬼不神^[4]；非其鬼不神，其神不伤人^[5]；非其神不伤人，圣人亦不伤人^[6]。夫两不相伤^[7]，故德交归焉^[8]。

治理国家，就像煎烹小鱼一样。以"道"来治理天下，那么鬼魅也就不灵（不作祟兴灾）了；不但鬼不灵了，而且神不伤人了；不但神仙不伤人，而且圣人也根本不想伤人。鬼神和圣人都不伤害人，所以他们都回归到了无欲无为的至高境界。

治
大
国
若
烹
小
鲜

○ 品画鉴宝
净名居士像·清·罗聘

◎ 原文注释

〔1〕烹：煎煮食物。

〔2〕小鲜：小鱼。

〔3〕莅：对待，治理。

〔4〕神：灵，起作用。

〔5〕非其鬼不神，其神不伤人：不是鬼不灵，而是它伤不了人。

〔6〕圣人亦不伤人：圣人也不伤害人。

〔8〕故德交归焉：鬼、神、圣人、百姓彼此以德相待，就会相安无事。

◎ 拓展阅读

三启三礼

是斋醮仪式中一项重要内容。启就是跪着陈述。三启三礼，即连续三次跪述行礼，一般皆在仪式之初。《上清灵宝大法》卷五十七有"礼经三启"云："科仪之初，因经立教，步虚旋绕已毕，义当礼经，所谓天魔并敬护世。" 行三礼仪时，要存思神灵如在面前，一边作揖一边行三次礼。礼经祝每一首，各称善行一拜。真人口诀云："侍经仙童玉女闻此祝，皆欢悦而佑兆身也。"

大邦者下流

大邦^[1]者下流^[2]也，天下之牝，天下之交^[3]也。牝恒以静胜牡，以静。故大邦以下^[4]小邦，则取小邦；小邦以下大邦，则取大邦。故或下以取^[5]，或下而取^[6]。大邦者，不过欲兼畜人^[7]；小邦者，不过欲入事人^[8]。夫两者各得所欲，大者宜为下^[9]。

大国要像居于江河的下流一样，处于天下雌柔的位置，以使天下千百河流交汇于此。雌柔常以沉静战胜雄强，是因为它安静而处位低下的缘故。所以大国用谦恭的态度对待小国，就可以取得小国的信任；小国用谦下的态度对待大国，才能取得大国的信任。因此，有时大国以谦下的态度取得小国的信任，有时小国以谦下的态度取得大国的信任。大国不过是要聚养小国，小国不过是要侍奉大国，两者都必须居于下位，才能互相得到满足。

◎ 原文注释

〔1〕大邦：大国。

〔2〕下流：居于下流，处于水的下流。

〔3〕交：交汇、汇合。

〔4〕下：谦下。

〔5〕或下以取：或，有时。

〔6〕或下而取：有时，小国以谦卑的态度才能取得大国的信任。

〔7〕兼畜人：兼，聚拢起来。畜，饲养，含"占有"的意思。

〔8〕入事人：侍奉别人，指小国侍奉大国。

〔9〕大者宜为下：大国还是应当注意谦下。

◎ 拓展阅读

五轮

指人眼睛中与五脏相通的五个圈层或部位。据《西岳窦先生修真指南》："五轮者，眼也。有血轮、气轮、水轮、金轮、瞳轮。谓主息入定中作也。真人曰：定中运火于目中也。故崔公以眼为镜，要得之五力，乃大道之源，皆在眼力也。白睛居肺，赤脉属心，黑睛属肾，险黄属脾，中有一英莹明者，属于肝。五藏精光，原在眼也。"近代医学之中的五轮则是指肉轮、血轮、气轮、风轮、水轮。

道者万物之奥

道者，万物之奥[1]。善人之葆[2]也，不善人之所葆也。美言可以市[3]尊，美行可以加人[4]。人之不善，何弃之有？故立天子，置三公[5]，虽有拱璧[6]以先驷马[7]，不如坐进此道[8]。古之所以贵[9]此道者何？不曰求以得[10]，有罪以免邪？故为天下贵。

道是万物的归宿，善人知道如何运用这个法宝，不善的人也要保持这个东西。漂亮的言词可以博得人们的尊敬，美好的行为可以使人器重。不善的人，怎么能把道舍弃呢？因此，天子即位，设置三公，即使有拱璧在先、驷马随后这样隆重的礼仪，倒不如用道来作为献礼。古时候重视"道"的原因是什么呢？不正是虽有过错，却可以得到，有罪却可以免除吗？所以，道是天下最可宝贵的。

◎ 原文注释

[1]奥：主宰、护庇。[2]葆：通"保"，"珍宝"的意思。[3]市：取得、买到。[4]加人：被人重视，被人尊重。[5]三公：周朝时所设置的三个辅助国君的大官，即太师、太傅、太保。[6]拱璧：是古代一种玉，圆镜形，中间有圆孔，为贵重的礼品。[7]驷马：四匹马驾的车，古代只有天子、大臣才能乘坐。[8]不如坐进此道：进，古时地位低的人送给地位高的人东西，叫"进"。[9]贵：对……重视。[10]求以得：有求就能获得。

◎ 拓展阅读

"京氏学"的开创者——京房

京房（前77～前37年），本姓李，字君明，西汉东郡顿丘（今清丰西南）人。曾跟随孟喜的门人焦延寿学《易》，以"通变"说"易"，好讲灾异。元帝时，立为博士。屡次上疏，以灾异推论时政得失。因劾奏石显等专权，出为魏郡太守，不久，下狱死。在乐律方面，他认为"竹声不可以调度"，创十三弦"准"以定律。并根据八卦原理，用"三分损益法"，将十二律扩展成六十律。著作今存《京氏易传》三卷。

为无为^[1]，事无事^[2]，味无味^[3]。大^[4]小多^[5]少，报怨以德^[6]。图^[7]难于^[8]其易，为大于其细；天下难事，必作于易；天下大事，必作于细。是以圣人终不为大，故能成^[9]其大。夫轻诺必寡信^[10]，多易必多难。是以圣人犹难之，故终无难矣。

为无为

以无为的态度去作为，以"无事"的方式去做事，以无味当作有味。大生于小，以少应多，用恩德去报答怨恨。解决困难的事要从容易的地方着手，做大事情要从细小的地方入手。天下的难事，一定从简易开始；天下的大事，必定由细小开始。所以，圣人永远不认为自己在做大事情，因此才能成就大事。轻易应诺别人的要求，一定很少遵守信约；把事情看得太容易，遇到的困难就一定多。因此，圣人都把它看得艰难，才永远没有困难。

◎ 原文注释

〔1〕为无为：以"无为"的态度去作为。这是说要顺乎自然，虽为之却像无所为，毫不做作。〔2〕事无事：前一个"事"，动词，"做事、从事"的意思。无事，不创新事，含有"不搅扰、不干涉"的意思。事无事，以"无事"的方式去做事，即要顺应自然。〔3〕味无味：前一个"味"，动词，玩味。无味，寡淡无味。味无味，把恬淡无味当作味。意思也是顺应自然，恬淡处世。"为无为，事无事，味无味"，是老子的人生观和处事治世的哲学。〔4〕大：动词，使……增大。〔5〕多：动词，使……增多。〔6〕报怨以德：即以德报怨，用恩德去报答别人的仇怨。〔7〕图：处理、解决。〔8〕于：从。〔9〕成：动词，"成就"的意思。〔10〕寡信：信，守信用。寡信，很少守信用。

◎ 拓展阅读

六贼魔

指色、香、声、味、触、情。在内功修炼过程中，六贼魔通过眼、耳、鼻、舌、身、意六种感官，会导致修道者出现幻景而入魔，所以称为六贼。这是因为色为眼之贼，香为鼻之贼，声为耳之贼，味为舌之贼，触为身之贼，情为念之贼。《钟吕传道集·论魔难》中描述的六贼魔为：满目花芳，满耳笙簧，舌求甘味，鼻好异香，情思舒畅，意气洋洋。

其安易持，其未兆^[1] 易谋。其脆易泮^[2]，其微易散。为之于其未有^[3]，治之于其未乱。合抱之木，生于毫末^[4]；九层之台，起于累土^[5]；千里之行，始于足下。为者败之，执者失之。是以圣人无为故无败，无执故无失。民之从事，常于几成而败之。慎终如始，则无败事。是以圣人欲不欲^[6]，不贵难得之货；学不学^[7]，复^[8] 众人之所过，以辅^[9] 万物之自然，而不敢为^[10]。

事物在稳定时，就容易把握，事物还没有出现变化时，就容易应付。事物在脆弱时，容易分化；事物还在微小时，就容易打散。要在事情还没有发生变化时就要作好准备，要在混乱还没有产生时就把它治理好。合抱的大树，是从细小的萌芽生长起来的；九层的高台，是用一筐筐土堆积而成的；千里的远行，是从脚下第一步开始的。强要去做，就必然会遭到失败；抓住不放，就必会遭受损失。有道的圣人无所作为，所以就没有失败，不抓着不放，所以就没有损失。人们做事情，总是在快要成功的时候失败。在事情要完成的时候也能像事情开始时那样谨慎，就不会有失败的事情了。有"道"的圣人所向往的事，是别人所不向往的。他们不看重那些稀罕的财物，学习别人所不学的，改正众人的错误，顺应万物的发展，并不敢有所妄为。

◎ **原文注释**

〔1〕未兆：没有迹象时、没有征兆时。

〔2〕泮：散，分解。

〔3〕为之于其未有：为，做，处理。未有，没有发生、没有出现。在事情还没有发生时就把它做好。

〔4〕毫末：指细小的萌芽。

〔5〕累土：一筐筐的土。

〔6〕欲不欲：前一个"欲"，动词，向往、欲想。不欲，（别人所）不向往的。欲不欲，即向往别人所不向往的。

〔7〕学不学：前一个"学"是动词，学习。学不学，就是说圣人的学习就是不学什么。

〔8〕复："改正错误"的意思。

〔9〕以辅：用……去辅助。

〔10〕不敢为：不敢妄为。

◎ 拓展阅读

六通

一说指在修炼过程中所必须具备的六个方面的知识。《云笈七论》卷五六《元气论》指出，为养生而修炼的人要先诚其外，后慎其内，内外寂静，此谓善入无为，此外，还要能通天文、通地理、通人事、通时机、通术数。一说指目、耳、鼻六孔。《道枢·入药镜上》中说："夫三毒、十恶、八邪皆起于心，曰目、曰耳、曰鼻，谓之六通。神常从之。"

古之善为道者[1]，非以[2]明民[3]，将以愚之[4]。民之难治，以其智多[5]。故以智治国，国之贼[6]；不以智治国，国之福[7]。知此两者，亦稽式[8]。常知稽式，是谓玄德，玄德深矣，远矣，与物反矣[9]，乃至大顺[10]。

古代善于用道的人，他们不使人民狡猾多智，而是用"道"使人民真朴自然。人民之所以难统治，就是因为他们有太多的机巧心智。所以用智慧去治理国家，是国家的祸害；不用智慧去治理国家，是国家的幸福。认识这两者之间的差别，就是治国的法则。把握住这个法则，就是深远的"德"，这深远的"德"是那样的深、那样的远，与万物同归于"道"，与万物共返自然之境。

◎ 原文注释

〔1〕古之善为道者：为，执行。道，指遵循自然的无为政治。

〔2〕以：用。

〔3〕明民：使人民明智、聪明。明，在这里作动词用。

〔4〕愚之：使之愚，使人民真朴自然。

〔5〕智多：有智慧。

〔6〕贼：祸害。

〔7〕福：好处，幸福。

〔8〕稽式：法则、法式。

〔9〕与物反矣：与万物同归于"道"。

〔10〕大顺：自然。

◎ 拓展阅读

六门

一指六种炼形法门。见《性命圭旨·贞集》记载："炼形之法，总有六门。其一曰玉液炼形，其二曰金液炼形，其三曰太阴炼形，其四曰太阳炼形，其五曰内观炼形。若此者总非虚无大道，终不能与太虚同体，惟此一诀，乃曰真空炼形。"另指眼、耳、鼻等器官，共六窍，故称六门。《诸真圣胎神用诀》："若金坑宝贝坚实，六门不开，邪气不入，一身无病。"

江海之所以能为百谷王者

江海之所以能为百谷 [1] 王 [2] 者，以其善下 [3] 之，故能为百谷王。是以圣人欲上民，必以言下之；欲先民 [4]，必以身后 [5] 之。是以圣人处上而民不重 [6]，处前而民不害 [7]。是以天下乐推 [8] 而不厌。以 [9] 其不争，故天下莫 [10] 能与之争。

江河大海位置低下，才能成为河流汇聚的地方。所以，圣人想要统治人民，必须用言词对人民表示谦下；想要领导人民，必须把自己（的利益）放在人民的利益之后。圣人虽然处于人民之上，但人民不感到有负担；虽说在人民面前，人民却不感到有什么妨碍。所以，天下万物都推戴他而不感到有负担，因为他不与人争，所以天下万物才没有谁能够与他争。

◎ 原文注释

〔1〕百谷：指百川，即众多的河流。

〔2〕王：指河流所归往的地方。

〔3〕下：处在低下的位置。

〔4〕欲先民：想站在人民的前头，即成为他们的领袖。

〔5〕后：动词，把……放在后面。

〔6〕重：压迫、负担。

〔7〕害：妨害、为害。

〔8〕推：推崇、爱戴。

〔9〕以：正因为。

〔10〕莫：没有谁。

◎ 拓展阅读

三一

在道教的内丹学中，"三"指天、地、人，又指精、气、神，还指上、中、下三丹田。"一"指三而归一，"三一同元"。葛洪《抱朴子内篇·地真》说道："道起于一，其贵无偶，各居一处，以象天、地、人，故曰三一也。天得一以清，地得一以宁，人得一以生，神得一以灵。"《钟吕传道集·论大道》记述："上、中、下列为三才，天、地、人共得一道。"内丹学借以比喻人与自然、大道之间的相互感应，并认为人通过修炼可与大道同体而不朽。

○ 品画鉴宝 溪山秋意图·明·孙枝
中国明朝画家孙枝，又号华林居士，其画法出自文征明。画
中石树葱茏，意境深远，颇富洒然出尘的情致，是其画作之
中的精品。

天下皆谓我道大

天下皆谓我道大，似不肖[1]。夫唯大，故似不肖。若肖，久矣其细也夫！我有三宝，恃[2]而保之。一曰慈，二曰俭，三曰不敢为天下先[3]。慈，故能勇[4]；俭，故能广[5]；不敢为天下先，故能成器[6]长[7]。今舍慈且勇[8]；舍俭且广；舍后且先。死矣！夫慈，以[9]战则胜，以守则固。天将救之，以慈卫之。

天下的人都说我求的道博大，好像它并不像一般东西。其实它不像任何东西，所以才广大。正因为它的广大，所以不像任何具体的东西。我掌握并保存着三件宝贝。第一件叫做慈爱，第二件叫做节俭，第三件叫做不敢处在天下人的前边。因为有慈爱，所以才能勇敢；因为节俭，所以才能富裕；因为不敢处在天下人的前边，所以才能做万物的首长。现在，舍弃慈爱只讲勇敢，舍弃节俭只讲富裕，舍弃退让只讲争先，是走向灭亡。慈爱，用于战争就能胜利，用于守卫就能稳固天道。如果要救人，就用慈爱来保护他。

◎ 原文注释

〔1〕肖（xiào）：像，与……相似。〔2〕恃：通"持"，保有、持有。〔3〕为天下先：走在人的前面。〔4〕慈，故能勇：慈爱、宽容，所以才能勇敢。〔5〕广：宽广，在此指富裕。〔6〕器：指物。〔7〕长：首长。〔8〕且勇：且，"取、求"的意思。〔9〕以：用，指使用慈爱。

◎ 拓展阅读

北斗真君

又称北斗星君、北斗七元星君。据《太上玄灵北斗本命延生真经》卷一、《太上玄灵北斗本命延生经注》卷上记载，北斗七元星君为：北斗阳明贪狼星君，北斗阴精巨门星君，北斗真人禄存星君，北斗玄冥文曲星君，北斗丹元廉贞星君，北斗北极武曲星君，北斗天关破军星君。北斗真君的信仰来源于古人对北斗七星的崇拜，道经中将它们命名为贪狼、巨门、禄存、文曲、廉贞、武曲、破军。

善为士[1]者，不武[2]；善战者，不怒[3]；善胜敌者，不与[4]；善用人者，为之下[5]。是谓不争之德，是谓用人之力，是谓配天[6]，古之极[7]。

一个善于做将帅的人，是不会逞勇斗武的；一个善于作战的人，是不会轻易被人激怒而去拼命的；一个善于战胜敌人的人，不会与敌人正面争斗；一个善于用人的人，对人的态度是很谦虚的。这叫做不与人争的德行，这叫做利用别人的力量，这叫做符合自然的规律，也是自古以来最高的准则。

◎ 原文注释

〔1〕士：这里武士，实指将帅。〔2〕不武：不逞勇武。〔3〕不怒：不发怒。〔4〕不与：不与敌人正面交锋、厮杀。〔5〕为之下：对人态度谦下。〔6〕配天：符合自然的道理。〔7〕极：准则。

◎ 拓展阅读

三忘

指耳、目、鼻不执于外物而内视返听的内炼功夫。据《玉清金笥青华秘文金宝内炼丹诀》描述："大抵忘于目，则神归于鼎而烛于内，盖绵绵若存之时，目垂而下顾也。忘于耳，则神归于鼎而闻于内，盖绵绵若存之时，耳内听于下也。忘于鼻，则神归于鼎而吸于内，盖真息既定之时，气归元海之理：合而言之，俱忘而俱归于鼎而合于内矣。"

○ 品画鉴宝　斧车·东汉

善为士者不武

○ 品画鉴宝　出警图·明　此图用笔精工，人物马匹无不生动传神。

用兵有言[1]："吾不敢为主[2]，而为客[3]；吾不敢进寸，而退尺。"是谓行无行[4]，攘无臂[5]，扔无敌[6]，执无兵[7]。祸莫大于轻敌，轻敌几丧吾宝[8]。故抗兵相若[9]，哀[10]者胜矣。

用兵打仗的军事家这样说："我不敢主动进攻，而是采取守势；不敢前进一寸，而宁可后退一尺。"这就是说，布阵要像没有布阵一样，挥胳臂像没有胳膊可举一样，迎击敌人像没有敌人可攻击一样，手执兵器，却像没有拿武器一样。最大的祸患莫过于低估了敌人的力量，因为低估敌人的力量，就会丧失三件法宝。因此，两军相对，兵力相当时，悲哀的一方可以获胜。

◎ 原文注释

[1] 有言：有这样的说法。

[2] 为主：主，战争时的主动进攻、攻势。

[3] 为客：客，指战争时的被迫自卫。为客，即采取守势。

[4] 行无行：第一个"行"，动词，"排行、摆阵势"的意思。第二个"行"，名词，行列、阵势。行无行：摆阵势，就像没有阵势那样。

[5] 攘无臂：攘(rǎng)，举起手臂。攘无臂，要挥举手臂，却像没有手臂可举一样。

[6] 扔无敌：扔，"对抗"的意思。扔无敌，指虽然面对着敌人，却像没有敌人可以攻击一样。

[7] 执无兵：执，拿、持。兵，指兵器。虽然有兵器，却像没有兵器可拿一样。

[8] 宝：指"慈"、"俭"、"不敢为天下先"三宝。

[9] 抗兵相若：抗，相对抗。兵，指军队。相若，相当。抗兵相若：两军相对，力量相当。

[10] 哀：悲哀、悲愤。

◎ 拓展阅读

三宝

指修道之人内炼的三个要素。魏伯阳《参同契》中有言："耳、目、口三宝，固塞勿发通。"张三丰《道言浅近说》记载："精、气、神，为内三宝；耳、目、口，为外三宝。常使内三宝不逐物而游，外三宝不透中而扰、呼吸绵绵，深入丹田，使呼吸为夫妇，神气为子母。子母夫妇，聚而不离，故心不外驰，意不外想，神不外游，精不妄动。常薰蒸于四肢，此金丹大道之正宗也。"

吾言甚易知

吾言甚易知，甚易行。天下莫能知，莫能行。言有宗[1]，事有君[2]。夫唯无知[3]，是以不我知[4]。知我者希[5]，则[6]我者贵[7]。是以圣人被[8]褐[9]怀[10]玉。

我的话非常容易明白，非常容易实行，但天下却没有人能知晓，没有人能实行它。说话要有宗旨，做事要有根据。由于人们无知，所以他们不了解我。了解我的人稀少，效法我的人就很难得。所以，圣人外面穿着粗布衣服，怀里却揣着美玉。

◎ **原文注释**

〔1〕言有宗：言论有宗旨。

〔2〕君：主，意即根本、根据。

〔3〕无知：不知道、不了解。

〔4〕不我知：宾语"我"前置，不了解我，不知道我。

〔5〕希：希少。

〔6〕则：法则，这里作动词用，意即取法，以……为准则。

〔7〕贵：难得，可贵。

〔8〕被：通"披"，"穿着"的意思。

〔9〕褐：粗布衣服。

〔10〕怀：动词，揣着。

◎ **拓展阅读**

华山"模糊"石刻

华山南侧崖壁上镌有一大片模糊不清的文字，因其难以辨认，便称之为"模糊"石刻。据说石刻来历有三种。一是记述赵匡胤与陈抟老祖赌棋输华山事，道士们刻完后，觉得有损大宋天子的尊严，便将刻字砸毁，使其变得模糊；二是记述"回心石"的由来，因风雨剥蚀造成模糊；三是丹经残文，丹经是道家炼丹的经文。三种说法更增加了模糊石刻的神秘色彩。

知不知[1]，尚[2]矣；不知知[3]，病[4]也。圣人不病，以其病病[5]。夫唯病病，是以不病。

知道自己有不知道的，是一种很高尚的境界。不知道却自以为知道，这是错误。圣人没有这种错误，因为他把"不知知"当成一种错误。正因为他将错误当成错误，所以，才不犯这种错误。

◎ 原文注释

〔1〕知不知：知道却自以为不知道。

〔2〕尚：通"上"，"高上"的意思。

〔3〕不知知：不知道却自以为知道。

〔4〕病：毛病、缺点。

〔5〕病病：把这种毛病当作病。前一个"病"是动词，"以……为病""把……当作病"的意思。后一个"病"，名词，指的是上面说的"不知知"的毛病。

◎ 拓展阅读

鬼书

是指被雷电击死者身上或附近出现的图文。《云笈七签》卷七曰："……鬼书，杂体细昧，非人所能解也。""鬼书者，宋嘉元中，京口有人震死，臂上有篆，似八分书也。"道教认为雷电掌生杀之权，凡恶人毒虫，常遭天谴雷击，"必有天书以彰其咎，或现於锅底，或书于屋壁，或书于其形体，皆非后世市里字形，实乃天书云篆，或与留文、蝌蚪、鸟迹、古文相近。"

○ 品画鉴宝　圆形镶云纹扣饰·西汉

民不畏威

民不畏[1] 威[2]，则大威[3] 至[4] 矣。无狎[5] 其所居[6]，无厌[7] 其所生。夫唯不厌，是以不厌[8]。是以，圣人自知不自见[9]，自爱[10] 不自贵。故去彼取此。

人民不害怕统治者的威压时，更大的祸乱就要发生了。所以，统治者不要逼得人民不得安居，不要压迫人民谋生的道路。只有不压迫人民，人民才不会厌恶统治者。所以，有道的圣人有自知之明而不自我表现，自爱自重而不自显高贵。所以他们远离自现，而采取自爱。

◎ 原文注释

〔1〕畏：害怕。

〔2〕威：指威压、威力。

〔3〕威：指祸乱。

〔4〕至：到、发生。

〔5〕狎：通"狭"，逼迫、迫使。

〔6〕所居：所住的地方。

〔7〕厌：压迫。

〔8〕夫唯不厌，是以不厌：前一个"厌"是压迫的意思，前一句针对统治者而言；后一个"厌"是"厌恶"的意思，后一句针对人民而言。

〔9〕见：通"现"，表现、显露。

〔10〕爱：自爱、尊重。

◎ 拓展阅读

玉宸

一指天宫。唐严休复《唐昌观玉蕊花折有仙人游恨然成二绝》之一："终日斋心祷玉宸，魂销目断未逢真。" 清刘献廷《题文昌宫柏》诗："玉宸丹阙九天上，翠叶金枝郁相向。"另指帝王的宫殿。宋黄庭坚《吴君送水仙花并二大本》诗："何时持上玉宸殿，乞与宫梅定等差。" 明李东阳《弘治庚戌三月十五日殿试读卷东阁次都宪屠公韵》："状元忠孝何人是，遥见炉香上玉宸。"

○ 品画鉴宝　市井图·元　这是14世纪的一幅彩色水墨画的局部。画中的说书者、演木偶戏的人正在竭尽所能地娱乐市民。

勇于敢则杀

勇于敢则杀[1]，勇于不敢[2]则活。此两者，或[3]利或害。天之所恶[4]，孰知其故[5]？天之道[6]，不争而善胜，不言而善应[7]，不召而自来，绰然[8]而善谋。天网[9]恢恢[10]，疏而不失。

勇于坚强，就会被消灭；勇于柔弱，就可以保全自己。这两种勇气，有的有利，有的有害。上天所厌恶的，谁知道是什么原因呢？自然的规律，是不争斗而善于获胜，不说话而善于回应，不需召唤而自动到来，慢慢吞吞而善于谋划。天网广大无边无际，但天下却没有什么可以漏掉。

◎ 原文注释

〔1〕勇于敢则杀：勇于敢做，则有杀身之祸。〔2〕不敢：不敢做，这里指的是虚静温柔的态度。〔3〕或：有的。〔4〕恶：厌恶。〔5〕故：缘故。〔6〕天之道：指自然的规律。〔7〕应：回答、响应。〔8〕绰然：宽缓。〔9〕天网：指自然的范围。〔10〕恢恢：广大、宽大。

◎ 拓展阅读

灵宝三图

是指灵宝始青变化图、碧落空歌图、大浮黎土图，这是象征天、地、人演化生成的三大神符。根据《灵宝无量度人上品妙经符图》一书的说法，三图都是天真皇人绘制。其始青变化图，为天真皇人在始青天中，体验宇宙分判、天地初生之景象。此图是阴阳交媾的象征，也是修真养生的瑰宝。图中变化多端、潇洒自如的线条，生动流畅、自由奔放的气势，散发着生命与精神的活力。

民不畏死，奈何[1]以死惧之[2]？若使民常[3]畏死，而为奇[4]者，吾得执[5]而杀之，孰敢？恒有司杀者[6]杀。夫代[7]司杀者杀，是代大匠[8]斫[9]。夫代大匠斫者，希[10]有不伤其手矣。

当人民不害怕死的时候，统治者再以死来吓唬他们，又有什么用呢？如果使人民真的很害怕死，那么对于捣乱作恶的人，我们可以抓来杀掉，还有谁敢为非作歹？专管杀人的去执行杀人的任务。那些硬要代替上天和自然去执行杀人任务的，就好像是代替木匠去砍木头一样。代替木匠砍木头，很少有不伤自己手的。

◎ 原文注释

[1] 奈何：怎么样。[2] 惧之：使之惧，使他害怕。[3] 常：常，经常。[4] 奇：奇诡，邪恶。[5] 执：抓住。[6] 司杀者：专门管理杀人的人。[7] 代：代替。[8] 大匠：工匠的首领。[9] 斫：用斧头砍木头。[10] 希：同"稀"，很少。

◎ 拓展阅读

陈抟老祖

即陈抟（？～989年），北宋初道士。字图南，号扶摇子，赐号希夷先生。亳州真源（今安徽亳州）人。早年熟读经史百家之言，兼通医理、佛学，明晓天文地理。后唐长兴年间，举进士不第，隐居武当山九室岩二十余年（一说仅三、五年），专习胎息服气、辟谷导引的内养静功。其道教丹道思想主张性命双修，养生内炼，澄思息虑，调气入静，顺其自然。所传有"五龙盘体睡修功"，后又有《睡功图》传于世。

○ 品画鉴宝　人物图·宋　此图中，士人安坐榻上，左手持纸卷，右手执笔，驻目凝思，神情专注。榻前小几上置放砚、墨，一位童子正在旁斟酒。榻后屏风悬挂着主人画像。整幅图布局精巧，描画细微，足见画者才思高妙。

民之饥

民之饥，以其上[1]食[2]税之多，是以饥。民之难治，以其上之有为[3]，是以难治。民之轻死[4]，以其上求生之厚[5]，是以轻死。夫唯无以生为者[6]，是[7]贤[8]于贵生[9]。

人民之所以饥饿，是因为统治者收的税太多了，使他们出现饥荒。人民之所以难于统治，是因为统治者强作妄为，因此难以统治。人民之所以不怕死，是因为统治者过分追求奢侈享受，老百姓因此冒死反抗。所以，只有不把生命看得过分重的人，才比一般的人要高明。

◎ 原文注释

〔1〕上：指统治者。

〔2〕食：动词，吃。

〔3〕有为：有所作为。

〔4〕轻死：轻，作动词用，"看轻、不重视"的意思。轻死，看轻死亡，即不怕死。

〔5〕求生之厚：求生，意即养生。厚，奢厚。

〔6〕无以生为者：不把保命养生看得过分重的人。

〔7〕是：指示代词，这。

〔8〕贤：胜过，超过，比……好。

〔9〕贵生：贵，以……为贵，即"看重"的意思。

◎ 拓展阅读

泥丸宫

即丹田宫。居九宫之中央。靠近泥丸宫的四宫，称为四方，远离泥丸宫的边缘区域的四宫，称为四隅。道家对泥丸宫的称谓颇多，有天脑、黄庭、昆仑、天谷等几十种。所以，《紫清指玄集》写道："头有九宫，上应九天，中间一宫，谓之泥丸，亦曰黄庭、又曰昆仑、又名天谷，其名颇多。"九宫各有神君居住，各自所司，并同听命于泥丸君。

人之生也柔弱

人之生也柔弱 [1]，其死也坚强 [2]。草木之生也柔脆 [3]，其死也枯槁 [4]。故坚强者死之徒 [5]，柔弱者生之徒。是以兵 [6] 强则灭 [7]，木强则折 [8]。故坚强处下 [9]，柔弱处上 [10]。

人有生命时，身体是柔软的，死后就变得僵硬了。万物草木生长的时候是柔脆的，死了则变得干枯。因此，坚强的东西是属于死亡一类的，柔弱的东西属于具有生命力一类的。打仗逞强就不能获胜，树木强壮就会遭到砍伐。这说明凡是强大的，就处在下降的位置；凡是柔弱的，就处在上升的地位。

◎ 原文注释

〔1〕人之生也柔弱：生，生存、生活。柔弱，指人的身体、筋骨、肌肉的柔软。〔2〕坚强：指人身体肌肉的僵硬。〔3〕柔脆：指草木形质的柔软脆弱。〔4〕枯槁：槁，"干枯"的意思。〔5〕徒：类型。〔6〕兵：武器、军队。〔7〕灭：灭亡。〔8〕木强则折：树木强大了就会遭到砍伐。〔9〕下：下降，下位。〔10〕上：上升，上位。

◎ 拓展阅读

道枢

道教炼养类书名。宋曾慥编纂。四十二卷，108 篇。书名含有道术精要之意，源于《庄子·齐物论》"彼是莫得其偶，谓之道枢"一句。书中举凡教旨、阴符、黄庭、太极、坐忘等，均编辑为专篇，并列诸家学说。每篇题下列四言韵语四句，提示该篇大旨及传授渊源。其中所收道教学者、丹家均注其真名。此书于道教炼养之道，即有理论阐述，又有实用方法，是研究道教气功、导引、丹道等炼养内修之术的重要著作。

天之道^[1]，其犹张弓^[2]与？高者抑之^[3]，下^[4]者举之；有余者损之^[5]，不足^[6]者补之。天之道，损有余而补不足^[7]；人之道则不然^[8]，损不足以奉有余。孰能有余以奉天下，唯有道者。是以圣人为而不恃，功成而不处^[9]，其不欲见^[10]贤。

自然的法则，就像弓拉开了弦一样。弦位高了就把它压低一些，弦位低了就把它抬高一点，弦长，就加以减少，不足的则加以补充。自然的规则，是减少有余的，用来补充不足的。人类社会的法则，不是这样，它是剥夺不足的，用来供奉有余的。谁能够把有余的拿来供给天下人呢？只有圣人才能为天下而为，却不为自我而为。他们顺其自然，不居功自傲，也不愿意表现自己的才智。

◎ 原文注释

〔1〕天之道：天指自然。道，指规则、规律。

〔2〕张弓：开弓上弦。

〔3〕高者抑之：高，指弦位高。

〔4〕下：弦位低了。

〔5〕有余者损之：有余，指弦的长度有余。

〔6〕不足：指弦的长度短了。

〔7〕天之道，损有余而补不足：自然的法则，是减少多余的，用来补给不足的。

〔8〕人之道则不然：人之道，指人类社会的现实规则。

〔9〕处：占有，享有。

〔10〕见：同"现"，表现。

◎ 拓展阅读

握固

道教养生修炼中常用的一种手势。语出《老子》"骨弱筋柔而握固"一句。方法为以余四指握大拇指成拳，仿胎儿之状，男左女右。《道枢·众妙篇》云："握固者何也？吾以左右拇指掐其三指之文，或以四指总握其拇，用左右手以拄腰腹之间者也。"这种手势有促使心气归一、辟除邪毒之气的作用。《寿世青编·十二段动功》中记载："两手当屈，两大指抵食指根，余四指捻定大指，是为两手握固。"

天下莫柔弱于水

天下莫柔弱于水[1]，而攻坚强者莫之能胜[2]，以其无以易之[3]。弱之胜强，柔之胜刚，天下[4]莫不知，莫能行。是以圣人云："受国之诟[5]，是谓社稷[6]主[7]；受[8]国不祥[9]，是为天下王。"正言若反[10]。

天下没有比水更柔弱的东西了，可是攻击坚硬的东西，没有什么能胜过水的，因为没有任何东西能够代替水。弱能胜强、柔能胜刚，天下人没有不懂这个道理的，但是没有人能够照此实行。所以，圣人说："承当国家的屈辱，这才能叫做国家的君主；承担国家的灾难，这才配做天下的君王。"这些正面的话听起来却像是反面的话一样。

◎ 原文注释

〔1〕天下莫柔弱于水：指天下的事物没有比水更柔弱的东西了。

〔2〕攻坚强者莫之能胜：攻，攻击，进攻。莫之能胜，没有能够超过它的。

〔3〕无以易之：以，用。易，交换、代替。没有可以用来代替它（指水）的。

〔4〕天下：指天下的人。

〔5〕受国之诟：受，承受、承担。诟，屈辱。国，帛书本作"邦"。受国之诟，承担国家的屈辱。一说诟作"责怨"讲。

〔6〕社稷：国家、天下。

〔7〕主：君主、君王。

〔8〕受：承担。

〔9〕不祥：灾祸、灾难。

〔10〕正言若反：正话听起来像反话一样。

◎ 拓展阅读

辟谷

古代养生术语。又称却谷、断谷、绝谷、绝粒、休粮等。是先秦方家和后世道教的一种炼养方法，即不食五谷。马王堆汉墓出土帛书中即有"却谷食气"篇。一派道教炼养家认为，人体中有所谓"三虫"（又称三尸、三彭）作祟为害，而三虫靠谷气为生，如果断其谷气，三虫即不能生存。辟谷只是不吃谷粮肉类，仍需服用某些植物之属与水。辟谷一术据说可保人的安康长生，所以在汉唐时颇为盛行。

○ 品画鉴宝 青山绮皓图·明·恽向 擅画山水的明代画家恽向以骨力圆劲、浓墨润湿而自成一派。在他的这幅《青山绮皓图》中，近处松杉挺立，枝叶茂盛，对岸则露出山峦一角，有数间屋舍临水而筑，但却又不见任何人影，远处则苍山卓立，颇见肃穆。绮皓，即汉朝隐士『商山四皓』之一的绮里季。

117

和大怨必有余怨

和[1]大怨，必有余[2]怨，安[3]可以为善？是以，圣人执左契[4]，而不以责[5]于人。故有德司契[6]，无德司彻[7]。夫天道无亲[8]，常与[9]善人。

和解深重的怨恨，一定会有余留的怨恨，这能算得上是好办法吗？所以，有"道"的圣人，有如拿着借债的契据存根，却不向人索取偿还。有"德"的人就像掌握借据的人，没有"德"的人就像掌管税收的人，只是一味地要求别人交税。天道对万物都没有偏爱，总是帮助有德的人。

◎ 原文注释

〔1〕和：调和、调解。

〔2〕余：余留、剩下。

〔3〕安：疑问代词，哪里、怎么。

〔4〕执左契：执，持有、拿着、掌握。契，即契券，古代借贷金钱、粮米等财物都用契券。

〔5〕责：索取偿还，即债权人以自己持有的左契向负债人索取所欠的财物。

〔6〕有德司契：有德，指有"德"的人。司，掌管、主管。司契，指掌管契据的人。有德司契，即有"德"的人就像持有借据的人（那样从容大度）。

〔7〕无德司彻：彻，周代规定农民按收成交租的税收制度。司彻，指管租税的人。无"德"的人就像主管租税的人（那样追索计较）。

〔8〕天道无亲：天道，指自然的规律。无亲，没有亲疏之别，没有偏爱。

〔9〕与：帮助。

◎ 拓展阅读

云笈七签

道教著作。北宋张君房辑。一百二十二卷。天禧三年（1019年），张君房编成《大宋天宫宝藏》后，又撮其精要，诸如经教宗旨、仙真位籍、斋戒科仪、炼气养神、丹法方药、诗词传记等，辑成本书。道教称书箱为"云笈"，道书分为三洞四辅，总称"七签"，故名"云笈七签"。《四库全书总目提要》对此书评价极高："类例既明，指归略毕，纲条科格，无不兼赅。《道藏》菁华，亦大略具于是矣。"

小^[1] 国寡^[2] 民，使有什伯之器^[3] 而不用；使民重死^[4] 而不远徙^[5]。虽有舟舆^[6]，无所乘之^[7]；虽有甲兵^[8]，无所陈之^[9]。使民复结绳而用之^[10]。甘其食，美其服，安其居，乐其俗。邻国相望，鸡犬之声相闻，民至老死，不相往来。

最理想的国家地域要小，人民要少。即使有各种各样的器具，也不使用；使人民重视死亡，不朝远处迁移。虽然有船只车辆，也没有使用的必要；虽然有武器装备，也没有地方陈列，使人民回到结绳记事的时代。如果吃得香甜，穿得舒服，住得安适，人们便会自我满足于朴素宁静的生活。他们和邻国之间可以互相看得见，鸡鸣狗叫的声音彼此都听得见，但他们直到老死也不相互来往。

◎ 原文注释

〔1〕小：动词，使……小。

〔2〕寡：动词，使……少。

〔3〕什伯之器：各式各样的器具。

〔4〕重死：重，看重、重视。

〔5〕不远徙：徙，迁移、搬家。

〔6〕舟舆：舟，船。舆，车。

〔7〕无所乘之：没有用车船的必要。

〔8〕甲兵：甲，铠甲。兵，兵器。甲兵，指武器装备。

〔9〕无所陈之：陈，陈列，一说同"阵"，作动词用，意思是"摆列阵势"。无所陈之，没有用得着陈列武器装备的地方。

〔10〕结绳而用之：用结绳的办法来记事。

◎ 拓展阅读

真诰

道教洞玄部经书，为南朝道士陶弘景所著。陶弘景，字通明，自号华阳隐居，谥号贞白先生，丹阳秣陵（今江苏南京）人，是道教重要派别上清派的承传者。《真诰》中记载了许多传道之事，充满了神秘、虚幻色彩。书中对修道养生的重要途径——存思法，作了较详细的阐述。《真诰》体现出了上清经法的特点，也表明了陶弘景上清派的立场。此外，还介绍了一些修仙之地，较详尽地描述了修仙之地的来历、地理位置、众神仙迹等。

小国寡民

○ 品画鉴宝　瑶池仙庆图·元·张渥

信言不美^[1]，美言不信^[2]。善者^[3]不辩^[4]，辩者不善。知者不博^[5]，博者不知。圣人不积^[6]，既以为人，己愈有^[7]；既以与^[8]人，己愈多。天之道，利而不害^[9]；人之道，为而不争^[10]。

誠實的話講起來並不漂亮，漂亮的話語並不真實。善良的人不巧辩，巧辩的人不善良。真正懂的人並不卖弄，卖弄的人不是真懂。有德的人不私自保留什么，他总是尽全力帮助别人，自己反而更富有；他尽可能给与别人，自己反而更丰富。自然的法则，是永远为人民服务，不加害于它们；有德之人的准则，就是尽量去帮助别人，不和他人争名夺利。

◎ 原文注释

〔1〕信言不美：信言，诚实的话，真话。美，漂亮、华丽。诚实的言谈是不漂亮的。

〔2〕美言不信：华丽的言谈是不诚实的。

〔3〕善者：善良的人。

〔4〕辩：能说会道，有口才。

〔5〕知者不博：博，懂得多。知者不博的意思就是"真正懂的人并不卖弄"。

〔6〕积：指私自保留、积藏。

〔7〕既以为人，己愈有：尽全力帮助别人，自己反而更加充足。有，富有。

〔8〕与：给予。

〔9〕利而不害：利物而不害物。

〔10〕为而不争：帮助人而不与人争夺。

◎ 拓展阅读

道教灵验记

唐杜光庭集。现存十五卷。其自序称二十卷，《文献通考》也录有二十卷，因此推知今本已佚五卷。《云笈七签》卷一一七至卷一二二，节录其书六卷一百十八条，可作校考。全书叙述历史、人物、宫观、经像、天师等灵验感应事迹，以劝戒世人为善去恶。书中保存了较多的汉魏至隋唐的道教史料，对研究道教史事及宫观、符箓、斋醮等都有参考价值。

信言不美

通玄经

第一篇·道原

《道原》即道家学源的核心学术范畴。本章老子对道的本体，及与自然万物的联系进行了论述。他认为自然、社会中存在着道的本义，互相联系、互相作用，推动着万物的发展变化。

老子曰："有物混成，先天地生，惟象无形，窈窈冥冥，寂寥淡漠，不闻其声，吾强为之名，字之曰'道'。"夫道者，高不可极，深不可测，苞裹[1]天地，禀受无形，原流泏泏[2]，冲而不盈[3]，浊以静之徐清，施[4]之无穷，无所朝夕，表之不盈一握，约而能张，幽而能明，柔而能刚，含阴吐阳[5]，而章三光；山以之高，渊以之深，兽以之走，鸟以之飞，麟以之游，凤以之翔，星历以之行；以亡取存[6]，以卑取尊，以退取先。古者三皇，得道之统[7]，立于中央，神与化游[8]，以抚四方。是故能天运地墆[9]，轮转而无废，水流而不止，与物终始。风兴云蒸，雷声雨降，并应无穷，已雕已琢，还复于朴。无为为之而合乎生死，无为言之而通乎德，恬愉无矜而得乎和，有万不同而便乎生。和阴阳，节四时，调五行，润乎草木，浸乎金石，禽兽硕大，毫毛润泽，鸟卵不败，兽胎不殰[10]，父无丧子之忧，兄无哭弟之哀，童子不孤，妇人不孀，虹蜺不见，盗贼不行，含德之所致也。天常之道，生物而不有，成化而不宰，万物恃之而生，莫之知德，恃之而死，莫之能怨，收藏畜积而不加富，布施禀受，而不益贫；忽兮况兮，不可为象兮，怳兮忽兮，用不诎兮，窈兮冥兮，应化无形兮，遂兮通兮，不虚动兮，与刚柔卷舒兮，与阴阳俯仰兮。

老子说："有一个先于天地而生的物体，它没有形状，幽暗深远，淡漠寂静，也不发出声音，我勉强给它起了个名字，称作'道'。"高深的道，不可以测量，它包天覆地却没有形象，如同汩汩的流水，清空静寂而不满盈。浊流慢慢清澈起来，普施万物没有穷尽。它不分昼夜地博施于物，从外面看它是一个物体，却没有实形，虽受约束却能展开，貌似幽晦然而又光明，性似柔弱然而却能刚强，含阴吐阳，彰显着日、月、星辰的光华。山陵因它而显得高，渊涧因它而显得深，百兽因它而奔跑，百鸟因它而飞翔，虬龙因它而遨游，凤凰因它而高扬，星宿因它而运行，节候因它而定。它用消失与亡去取得存在与有，用卑下自贱去取得高贵尊崇，用退让居后去占尽先机。远古的伏羲、女娲、神农掌握了治理天下的纲领，他们立于天地四方的中央，精神与造化自然同在，所以才能治理天下四方。因此，天体运转不废，大地蓄积不废，水的流转不废，是完全符合"道"的。风兴云蒸、雷声轰轰、大雨滂沱，自然万象无穷的反应，使一切外在的雕琢总归于天然无饰的本来状态。不妄为的行为合乎生死之道，不妄言的言论则体现了德，恬淡愉悦不矜持的精神现象体现了和谐万物的心态，天地万物不同其类而各得其生存之性。阴阳和谐，四季鲜明，五行秩序井然，草木植物得以滋润，金石矿物受到浸润，禽兽动物体形硕大、毛皮鲜洁，鸟的卵不会败坏，兽的胎儿不会夭折，父亲没有失去亲子之忧虑，兄长没有失去胞弟的哀苦，不再有孤单的儿童，不再有孀居的妇人，象征灾异的虹蜺不再出现，偷盗与抢劫者不再出现，这是治理天下的人运用"道"的结果。创造化育的永恒之道，生养万物而不为己有，成就万物而不作主宰。万物因它而生长，而不知道感激；万物因它而死亡，而不能去抱怨。聚敛收藏蓄积，而不会增加富有；循其自然散布施舍，而不会更加贫困。若有若无一团模糊的道，不可求其形象，但其用处之大不可穷尽。它幽暗深远啊，应变万化没有形象，畅通顺达啊，应和万化没有虚作，刚柔并具而舒卷自如啊，阴与阳一体而能因循时节俯下仰起。

◎ 原文注释

〔1〕苞裹：苞，通包。《荀子·非十二子》："天地之苞万物。"

〔2〕洷（chù）：水流的样子。

〔3〕冲而不盈：冲，空虚，《老子·四章》："道冲，而用之或不盈。"不盈，不满、未穷。冲而不盈，意谓"虚空不满"。

〔4〕施：散布。《周易·乾卦》："云行雨施。"

〔5〕含阴吐阳：阴阳，是中国哲学中的一对范畴，具有对立统一的意味。含阴吐阳，意味着道含纳阴阳两种矛盾的对立统一体。

〔6〕以亡取存：亡，失去。《韩非子·说林上》："醉寐而亡其裘。"以亡取存，犹言以消失取存在。

〔7〕统：纲领、纲要。《荀子·非十二子》："略法先王而不知其统。"

〔8〕神与化游：化，造化，原指创造化育，也指天地、自然。杜甫《望岳》："造化钟神秀，阴阳割昏晓。"神与化游，意谓精神合于天地自然之变化。

〔9〕地埒（dié）：埒，囤积、贮蓄。地埒，犹言地能积蓄。

〔10〕殰（dú）：指动物未出生而死，即胎死。

◎ 拓展阅读

五道

指灵魂转世重生的"五道轮回"。道教认为众生之灵魂识神不生不灭，并会一直追随其业缘而轮转于五道。关于五道，据《太上老君虚无自然本起经》云："一道者，神上天，为天神；二道者，神入骨肉，形为人神；三道者，神入禽兽，为禽兽神；四道者，神入薜荔，薜荔者，饿鬼也；五道者，神入泥黎，泥黎者，地狱也。"《道门经法相承此序》云："五道：一天道，二人道，三地狱道，四饿鬼道，五禽兽道。"

○ 品画鉴宝　老子骑牛图·明·张路　明朝画家张路，字天驰，号平山，河南开封人。他的这幅《老子骑牛图》笔墨雄奇，笔势狂放，人物结构准确而又稳妥，尤其是面部刻画非常传神，整个人物形象生动而富有情致。此图不设背景，描绘了老子坐于青牛之上，手持《道德经》卷，正然抬眼注视着一只飞动的蝙蝠。

老子曰："大丈夫恬然无思[1]，惔然无虑，以天为盖，以地为车，以四时为马，以阴阳为御[2]，行乎无路，游乎无怠，出乎无门。以天为盖则无所不履也，以地为车则无所不载也，四时为马则无所不使也，阴阳御之则无所不备也。是故疾而不摇[3]，远而不劳，四支[4]不动，聪明不损，而照见天下者，执道之要，观无穷之地也。故天下之事不可为也，因其自然而推之，万物之变不可救也，秉其要而归之。是以圣人内修其本，而不外饰其末，厉其精神，偃其知见，故漠然无为而无不为也，无治而无不治也。所谓无为者，不先物为也；无治者，不易自然也；无不治者，因物之相然也。执道以御民，事来而循之，物动而因之；万物之化[5]无不应也，百事之变无不耦[6]也。故道者，虚无、平易、清静、柔弱、纯粹素朴，此五者，道之形象也。虚无者道之舍也，平易者道之素也，清静者道之鉴也，柔弱者道之用也，反者道之常也，柔者道之刚也，弱者道之强也，纯粹素朴者道之干也。虚者中无载也[7]，平者心无累也，嗜欲不载，虚之至也，无所好憎，平之至也，一而不变[8]，静之至也，不与物杂，粹之至也，不忧不乐，德之至也。夫至人[9]之治也，弃其聪明，灭其文章[10]，依道废智，与民同出乎公。约其所守，寡其所求，去其诱慕，除其贵欲，捐其思虑。约其所守即察，寡其所求即得，故以中制外，百事不废，中能得之则外能牧之。中之得也，五藏宁，思虑平，筋骨劲强，耳目聪明。大道坦坦，去身不远，求之远者，往而复返。"

老子说："有作为而气节非凡的男子恬淡坦然，无所忧虑，他们以天为盖，以地为车，以四季时节为马，以阴阳为治，行进于无路之路，出入于无门之门，远游无穷而没有疲倦。将天当作盖，则覆盖天下；将地当作车，则承载万物；将四季时节当作马，则任意驱使时辰；将阴阳作为治政之纲，则具备治世方略。所以，运动疾速而稳定，行路遥远而悠闲，四肢可以不动，耳目可以不劳，身体无所劳损却能察明天下。只要掌握了道的精髓，就可去应对广阔无垠的大地。天下的事不可妄为、不可强为，要因循它的本然之性去做；万物的变化不可改变、不可视而不见，要把握它的要领，使其回归本来。因此，有道德智慧的人都注重本质的修行锻炼，而除去外在枝末的粉饰做作，收敛外在的才智炫耀，以砥砺内在的精神境界。他们漠然无为而无所不为，无治而无所不治。什么叫无为呢？无为就是不要违背事物的自然本性；什么叫无治呢？无治就是不要以主观去替代自然而任意治理；什么叫无不治呢？无不治就是根据事物实质，遵循事物规律而施行治理，就没有什么得不到治理。要把握道去治理百姓，处理已经发生的事物时要遵循道，观察处于萌芽状态的事物时要依照道。天下万物的生长变化没有不与道相应的，世上百事的变迁衍化没有不与道相合的。因此，我们说的虚无、平易、清静、柔弱、纯粹素朴，都是道所呈现的形象。虚无是道的居所，平易是道朴实无华的面貌，清静是道鉴照物我的明镜，柔弱是道作用事物的功用，相反相成是道的永恒规则，柔软之中涵蕴着道的刚强，弱小内含着道的强大，纯洁朴实无华饰是道的主干、中心。虚，中心空灵没有俗念的牵系负载；平，心中淡泊没有世俗欲求的烦恼牵累。胸中不存留过分的欲念，可以到达虚的境界；思虑中涤除好恶是非的情志，可以到达平的境界；知行专一始终不变，可以达到静的境界；纯洁操守不与驳杂混和，可以到达粹的境界；保持心态平衡不为成败得失而忧乐，可以到达德的境界。道德高尚而富有大智慧之人治理天下，是捐弃他的聪明、消除他的华饰，依从道的原则而废去虚妄的智术，与民众同德而共趋于天下大道。这就要规约民众的操守，减损民众的欲求，摒除民众羡慕而受其诱惑的东西，消除民众追崇物欲的意念，使民众放弃身心的思虑。规约民众的操守可以明确监察的尺度，减损民众的欲求以使他们得到适度的东西。因此，由内在精神的管理去实现外在事务的治理则事事能治，掌握与控制了内在的精神，就能够驾御外在的行为。获得内在的精神，就会五脏安宁、思虑平息、筋骨强壮、耳目聪明。宽广平直的大道，近在身边，去远处追求它的，最终还是会追寻回来。"

◎ 原文注释

〔1〕大丈夫：指富含志节、气概而有所作为的男子。《孟子·滕文公下》："富贵不能淫，贫贱不能移，威武不能屈，此之谓大丈夫。"

〔2〕御：治理与统一。贾谊《过秦论》："振长策而御宇内。"

〔3〕疾而不摇：疾，快、急速。《三国志·魏书·武帝纪》："疾雷不及掩耳。"疾而不摇，意谓"急速而稳定"。

〔4〕支：通"肢"，此处指人的四肢。枚乘《七发》："四支委随。"

〔5〕万物之化：化，创造、变化与生长。

〔6〕耦：原意为"二人并肩而耕"。此处意谓"耦合、吻合"。

〔7〕中无载也：中，内里，此处犹言中心。载，负载、承受。中无载也，意谓"中心空灵而无俗累牵系"。

〔8〕一而不变：一，专一。《荀子·劝学》："用心一也。"一而不变，意谓"始终一贯"。

〔9〕至人：旧时指思想道德臻于极高境界的人。《庄子·天下》："不离于其，谓之至人。"

〔10〕文章：犹言文采。《楚辞·九章·桔颂》："青黄杂揉，文章烂兮。"此处泛指"外在的修饰"。

◎ 拓展阅读

靖斋

即长斋，是道教的一种仪式。《云笈七签》卷三七"十二斋"称："十一者，靖斋。如千日、百日、三日、七日，修真之用。" 另据《三天内解经》云："学道莫先乎斋，外则不染尘垢，内则五藏清虚，降真致神，与道合居。能修长斋者，则道合真，不犯禁戒也。"长斋千日，百日者大多为山居隐修道士。《太极真人敷灵宝斋戒威仪诸经要诀》称："若非山学道士……少可十日、九日、七日、三日、一日行道矣。"

○ 品画鉴宝　俯瞰激湍·明·王世昌　此图描绘了清闲雅士在空山之中探幽寻奇的情景。画中山气涌动，涧流腾沸，一人俯览流泉，一人指点云烟，画出了一派深秋薄暮景色。

老子曰："圣人忘乎治人，而在乎自理。贵忘乎势位，而在乎自得，自得即天下得我矣；乐忘乎富贵，而在乎和，知大己而小天下，几于道矣。故曰：至虚极也，守静笃也，万物并作，吾以观复。夫道者，陶冶万物，终始无形，寂然不动，大通混冥[1]，深闳[2]广大不可为外，折毫剖芒不可为内，无环堵之宇，而生有无之总名[3]也。真人[4]体之以虚无、平易、清静、柔弱、纯粹素朴，不与物杂，至德天地之道，故谓之真人。真人者，知大己而小天下，贵治身而贱治人，不以物滑和[5]，不以欲乱情，隐其名姓，有道则隐，无道则见，为无为，事无事，知不知也，怀天道[6]，包天心[7]，嘘吸阴阳，吐故纳新，与阴俱闭，与阳俱开，与刚柔卷舒，与阴阳俯仰，与天同心，与道同体；无所乐，无所苦，无所喜，无所怒，万物玄同，无非无是。夫形伤乎寒暑燥湿之虐者，形究而神杜[8]，神伤于喜怒思虑之患者，神尽而形有余。故真人用心复性[9]，依神相扶，而得终始，是以其寝不梦，觉而不忧[10]。"

老子说："有道德而智慧超群的人忘了治人的事，他们往往首先关注治身。一个人贵在忘掉权势地位，以把握自身，把握自身示范于人则天下没有不认同的。拥有了快乐而忘却富贵，虽贫贱却保持和谐之乐，认识到一己之身的大，那么天下就小了，其思想境界也已迫近道的领域。所以说：如果用虚空静寂的功夫，做到极笃的境地，那么，我就可从万物的创化循环中观察到它往复的规则。道，养育陶铸了万物，起点与终端都不露形迹，静寂无声而不动，它在无限的广度与深度上联通混沌未辟的世界，宽广深远不可测量其外在边缘，至微至小不可求其内在中心的位置，于一个四方上下没有墙垣的无际空间中，孕生了一个总汇所有之名的名——有、无。修真得道的人以虚无、平易、清静、柔弱、纯粹素朴的精神去体悟，其中不掺杂任何杂念，其将道德品行的修炼升入合于天地大道的境地，所以叫他真人。修真得道之人，知道一己之身大而以天下为小，因此注重治身而轻贱治人，不因物情物欲而扰乱己身的和谐，不因过度的欲念弄乱自己的情志，不彰显、炫耀自己的名姓，世有治道则隐身埋名，世无治道则修行见用，把无所作为当作有为，以无所事事为做事，以无所知晓为知晓。胸怀'自然而无为'的天道，包孕独立而不倚的天心，嘘阴吸阳而吐故纳新，因阴之闭塞而闭塞，随阳之开扬而开扬，混合刚柔而与阴阳共俯仰，与昊天一心，与大道一体，没有愉悦、苦楚，没有欢喜、愤怒，万事万物玄妙地同一，没有是非。那形体损坏于寒、暑、燥、湿之气的虐待，显露到了极点就会闭塞神思，喜、怒、思、虑过度之患将损坏神识，神识尽逝徒留下多余的

外形。所以，修道体真的真人以精神的强大力量去复问其自然的质性，去归复本真，依托精神的辅助扶持而获得始终一贯的历程。只有这样，熟睡中才会没有梦魇，睡醒而起也没有忧虑。”

◎ 原文注释

〔1〕大通混冥：大，修饰“通”，指范围与程度的广、深。混冥，通“混沌”，指大千世界开辟前的未生状态。

〔2〕深闳：宽广深远。《韩非子·难言》：“闳大广博。”

〔3〕总名：总，总括、汇集。《荀子·不苟》：“总天下之要，治海内之众。”总名，意即总汇所有名之名。

〔4〕真人：道家称“修真得道”之人的尊名，见《庄子·天下》：“关尹老聃乎，古之博大真人哉！”后世封建帝王封德行高尚之道家、道教人士为真人。

〔5〕滑（gǔ）和：滑，通“汨”，弄乱、扰乱。

〔6〕天道：中国哲学术语。最初是指日月星辰等天体运行过程，后又用以推算吉凶祸福，也就是说它包含有天文学知识及有关上帝、天命等迷信观念两方面因素。到了老庄道家学派，“天道”才有了“天道无为而自然”的唯物主义解释，有了朴素的客体性的哲学阐释。

〔7〕天心：心，古人以为心是思维器官，所以将思想的器官、状态、情感与心联系，心因此与心思、心意相通。天心，犹天意。

〔8〕形究而神杜：形，此处意谓“显露、表现”。

〔9〕复性：性，中国哲学概念，与情相对，指人的自然质性，具有先天性的特征。复性，即克服情欲，任自然而归返于先天的本性。

〔10〕觉而不忧：觉，睡醒。柳宗元《始得西山宴游记》：“觉而起。”觉而不忧，意即“睡醒之后没有任何忧虑”。

◎ 拓展阅读

法曲献仙音

根据《乐书》记载：“法曲兴于唐，其声始出清商部，比正律差四律，有铙、钹、钟、磬之音。《献仙音》其一也。”《乐章集》、《清真集》并入“小石调”，《白石道人歌曲》入“大石调”。周、姜两家断句大体相同，这里以姜词为准。九十二字，前片三仄韵，后片六仄韵。前片结尾是以一去声字领下五言两句，后片结尾是以一去声字领下四言一句、六言一句，周、姜全同。

○ 品画鉴宝 孔子行教像 画中，孔子头扎偏巾，双目前视，须发飘逸，身体稍稍前倾，双手作揖，谦卑有礼，显示出了圣人的雍容大度。

孔子问道。老子曰："正汝形，一汝视，天和 [1] 将至；摄汝知，正汝度，神将来舍，德将为汝容，道将为汝居。瞳兮，若新生之犊 [2]，而无求其故，形若枯木，心若死灰，真其实知 [3] 而不以曲故自持，恢恢无心可谋，明白四达 [4]，能无知乎？"

老子曰："夫事生者应变而动，变生于时，知时者无常之行。故道可道，非常道；名可名，非常名。书者言之所生也，言出于智，智者不知，非常道也；名可名，非藏书者也。多闻数穷 [5]，不如守中，绝学无忧 [6]，绝圣弃知 [7]，民利百倍。人生而静，天之性也，感物而动，性之欲也，物至而应，智之动也；智与物接，而好憎生焉；好憎成形，而智出于外，不能反已，而天理灭矣。是故圣人不以人易天，外与物化而内不失情，故通于道者，反于清静，穷于物者，终于无为。以恬养智 [8]，以漠合神 [9]，即乎无门 [10]。循天者与道游也，随人者与俗交也；故圣人不以事滑天，不以欲乱情，不谋而当，不言而信，不虑而得，不为而成。是以处上而民不重，居前而人不害，天下归之，奸邪畏之，以其无争于万物也，故莫敢与之争。"

孔子向老子问道。老子说："端正你的形体，专一你的视线，自然和谐之气即将到达；收敛你的智见，端正你的行为，真正的精神即将出现，美德将为你妆容，大道将为你居有。这就好像初生的牛犊眼中流露着的纯真目光，无欲无求，形体如同枯死失去感觉的草木，心灵如同熄灭而难以燃烧的灰烬。将以感觉、经验、实践获得的实在知识作为真知，而不要作主观外在的歪曲，所以能胸襟阔大、视野开阔，无心可谋，一旦明白了道大、天大、地大、人亦大的'四大'之理，你能说你不了解道吗？"

老子说："事物的发生变化乃是应变而变的活动，而变化蕴行于时机之中，知道时机者就会适时而动，而不会墨守成规。所以说可以用语言文字表述的道，就不是永恒而普遍的道；可以用语言文字表述的名，也不是永恒而普遍的名。文字从语言中产生，语言从智慧中产生，拥有智慧而不知道智慧、语言、文字的递生关系，也就不能拥有永恒而普遍的道。可以用语言文字表述的名，并非藏在文字、典籍之中。探究过多过深反而失算，不如保持不偏不倚、无过而无不及的状态，废绝学业，任其自然自足而无忧无虑，放弃聪明智巧，人民就会从中得到许多好处。人生而好静，这是自然天性的禀赋，感触事物而情动于中，是本性中欲的作用，事物发生变化而人作出反应，是智力的作用，主体的智与客体的物相互作用而必然生发喜好、憎恶的情感。喜好、憎恶情感生成，而智也由内出外不能返回，不久，体现着自然法则的天理就消逝了。因为上述的缘故，圣人不会以主观的人智去替

孔子问道

代客观的天理，其形外合于万物创化而内心不泯灭其情志。所以通达天道境界的人终究达致清灵静寂，探究事物、执著事物的人则归于无所作为而又有为的无为。以安神的心态去滋养智慧，以终始静谧无声的状态去契合造化，去体悟万物自然的法则，应变万物不需墨守的成式。遵循自然，即与道一体而共游，追随人事，即与俗一体而共交。因此，圣人不会以俗世之事干扰弄乱自然之天，不会以欲念冲荡扰乱情志，无需谋划而能适当，无需言语而能取信，无需殚思竭虑而能获得，无需执意作为而能成就。因此，圣人君临人之上，人不以为重负，前居他人之前，他人不以为害，天下百姓归服，奸人邪佞畏惧，因为他与万事万物无争，天下就无人敢与他争。"

◎ 原文注释

〔1〕天和：谓自然的和气。《庄子·知北游》："若正汝形，一汝视，天和将至。"

〔2〕瞳兮若新生之犊：瞳，懵懵懂懂，瞪着眼睛看的样子。

〔3〕真其实知：实知，使用耳目等感官获得的知识。真其实知，意即"以实践、经验、感觉而获得的知识为真正的知识"。

〔4〕明白四达：四，老子曰："道大，天大，地大，人亦大，域中有四大，而人居其一焉。"四达，达于四。明白四达，意谓"晓明四大之理"。

〔5〕多闻数穷：数，算计。多闻数穷，意谓"探究过深过多反而失算"。

〔6〕绝学无忧：绝，断绝、放弃。

〔7〕绝圣弃知：圣，用智。绝圣弃知，即"放弃聪明智巧"。

〔8〕以恬养智：恬，心神安适。

〔9〕以漠合神：漠，静谧无声的状态。

〔10〕即乎无门：无门，无方。无方即"无常、无固定方式"。

◎ 拓展阅读

龟鹤齐龄

龟，爬行动物，背腹皆有硬甲，头、尾和四肢通常能缩入甲内，善游泳，常葡匐陆上。性迟钝，能耐饥渴，寿命很长，俗称"龟寿"。《龟经》记载："龟一千二百岁，可卜天地终结。"鹤，仙鹤。相传龟鹤都有千年之寿，常用来比喻长寿。《抱朴子·对俗》曰："知龟鹤之遐寿，故效其道（导）引以增年。"郭璞《游仙诗》云："借问蜉蝣辈，宁知龟鹤年！"道教常用龟鹤图案为装束。

老子曰："夫人从欲失性[1]，动未尝正也，以治国则乱，以治身则秽，故不闻道者，无以反其性，不通物者[2]，不能清静。原人之性无邪秽，久湛于物即易，易而忘其本即合于其若性[3]。水之性欲清，沙石秽之；人之性欲平，嗜欲害之，唯圣人能遗物反己。是故圣人不以智役物，不以欲滑和，其为乐不忻忻，其于忧不惋惋，是以高而不危，安而不倾。故听善言便计，虽愚者知说[4]之，称圣德高行，虽不肖者知慕之；说之者众而用之者寡，慕之者多而行之者少，所以然者？挈于物而系于俗。故曰：我无为而民自化，我无事而民自富，我好静而民自正，我无欲而民自朴。清静者德之至也，柔弱者道之用也，虚无恬愉者万物之祖也，三者行则沦于无形。无形者，一之谓也。一者，无心[5]合于天下也。布德不溉，用之不勤，视之不见，听之不闻，无形而有形生焉，无声而五音鸣焉，无味而五味形焉，无色而五色成焉，故有生于无，实生于虚。音之数不过五，五音之变不可胜听也，味之数不过五，五味之变不可胜尝也，色之数不过五，五色之变不可胜观也。音者宫立而五音形矣，味者甘立而五味定矣，色者白立而五色成矣，道者一立而万物生矣[6]。故一之理，施于四海，一之嘏[7]，察于天地；其全也敦兮其若朴，其散也浑兮[8]其若浊，浊而徐清，冲而徐盈，澹然若大海[9]，氾兮若浮云[10]，若无若有，若亡若存。"

老子说："人如果根据自己的欲望行事就会失去自然的天性，从而无法与自然的法则吻合，如果这样来治理国家，国家就会混乱，修行己身也会使己身丑陋。这是因为不体悟、不理解道的人，不能归返自然本性；不把握、不通达事物实质的人，无法达到虚寂清灵的境界。追溯人的最初本性是没有邪恶丑陋的，但长期浸润、沉溺于物的诱惑就会渐渐生长简慢惰志的情性，就会忘却本然的天性，却认为这似乎就是本性。水的本性追求清澈，沙砾碎石使它污浊，人的本性旨在平和适当，过度的欲求就损害它，只有道德高尚的圣人才能放弃外物的诱惑而归返内在的本心。所以，圣人不凭藉智术去驾驭万物，不用过度的欲望去扰乱自己安宁平和的心。他也不会因高兴而忘形；他也不会因忧虑而懊恼，因此居于高位而不会发生危险，安逸而不会招致倾覆之祸。所以采纳好的建议与适宜的策划，虽愚笨的人也知道悦而从之；称德行高尚，不贤德的人也知道羡慕。然而，喜悦的人多而使用的人少，羡慕的人多而践行的人少，为什么会产生这样的情况？是因为拘系于物与世俗而已。所以说我没有妄为而自然无为，民众将自我化育，我听任自然而民众将自会富足，我无欲宁静民风自然淳正，我清静守俭民情自然朴实。清静是道德的最高境界，柔弱守雌是大道的真正功用，虚空无有而淡然愉悦

是万物发生的初始，清静、柔弱与虚无恬愉相辅而行，即步入无形。无形就是'一'。一是没有中央而混合于天下四方的，它没有意识却与天下万物共在，布施德惠发挥其自然之性而无需洗涤，让万物遵循自己自然的本性却见不到它的劳苦。因其无形而看它不见，听它不到，因其无形而万物生长，因其无声而让五音鸣响，因其无味而使五味形成，因其无色而使五色生成，所以说具体的有产生于抽象的无，万物的实有产生于虚空的无形。音声之数不过五阶，但五音生成的变化却听不胜听，滋味之数不过五种，但五味生成的变化却尝不胜尝，色彩之数也不过五类，但五色生成却目不暇接。音声生成，在于宫位之音定而五音阶形成，滋味生成，在于甘甜之味定而五味之辨形成，色彩生成，在于白色之色定而五色不同形成，大道生成，在于无形之一立而万物有形生成。所以，无形之一的理普施于四海，无形之一的福泽普照于天地之间。大道普施万物而不求回报，其天性敦厚笃实像未琢的玉；分施于万物而蕴存于万物之中，其生性浑然未可剖分，若隐若现而又晦迹于万物之中，并最终能在万物中彰显。它虚空于万物而终能充盈于万物之中，淡泊超然若大海回波，姿态飘逸回复自然若长天的浮云，说无似有而说有似无，说消逝而仿佛存在，说存在而仿佛消逝。"

○ 品画鉴宝 琴士图·明·唐寅 在这幅画中，一位白袍披巾的高士拂琴饮茗，神情飘逸。他身前列鼎彝，身后置书画，两童子侍立于旁。通幅高雅脱俗，书卷气息扑面而来，是唐寅晚年佳作。

◎ 原文注释

〔1〕从欲失性：听从欲望而失却自然的本性。从，顺从、听从。

〔2〕不通物者：物，事物的内容与实质。如言之有物，空洞无物。不通物者，指未能通达事物的实质的人。

〔3〕即合于其若性：若，仿佛、好像、如。王勃《送杜少府之任蜀州》："海内存知己，天涯若比邻。"若性，意谓如性，仿佛是本性。

〔4〕说：通"悦"，喜欢、高兴。《战国策·魏策》："秦王不说。"

〔5〕心：与"物"相对，指人的意识。王夫之《读四书大全说》："言心言性，言天言理，惧必在气上说，若无气处则惧无也。"此处泛指意识或意识活动。

〔6〕一立而万物生矣：老子说"道生一，一生二，二生三，三生万物"。一为有名之始，也为有形之始，故说"一立而万物生矣"。

〔7〕祜（gǔ）：福。

〔8〕其散也浑兮：散，散合。《易·说卦》："风以散之。"浑，未分剖的。

〔9〕澹然若大海：澹，波浪起伏或流水迂回的样子。

〔10〕氾兮若浮云：氾，由主流分出之后又汇合的河水。浮云，形容姿态飘逸。氾兮若浮云，意谓道的出而复入，飘逸而自然。

◎ 拓展阅读

宝卷

一种说唱文学形式，由唐代寺院中的"俗讲"演变而来。内容有佛经故事、劝事文、神道故事和民间故事，以佛经故事最多。宝卷分为佛教的和非佛教的两类，基本都是宣传因果报应和修道渡世，具有浓厚的宗教色彩。今存《香山宝卷》，一般认为是宋普明和尚所作。形式上以七言和十言韵文为主，间以散文。明清以来，取材民间故事的宝卷日渐流行，其中的《梁山伯宝卷》、《药名宝卷》等200余种最为知名。

万物之总

老子曰："万物之总，皆阅一孔[1]；百事之根，皆出一门。故圣人一度循轨，不变其故，不易其常，放准循绳，曲因其直，直因其常。夫喜怒者道之邪也，忧悲者德之失也，好憎者心之过也，嗜欲者生之累也。人大怒破阴，大喜坠阳[2]，薄气发喑，惊怖为狂，忧悲焦心，疾乃成积，人能除此五者，即合于神明[3]。神明者，得其内也；得其内者，五藏宁，思虑平，耳目聪明，筋骨劲强，疏达而不悖，坚强而不匮[4]，无所太过，无所不逮。天下莫柔弱于水，水为道也，广不可极，深不可测，长极无穷，远沦无涯，息[5]耗减益过于不訾，上天为雨露，下地为润泽，万物不得不生，百事不得不成，大苞群生而无私好[6]，泽及跂蛲[7]而不求报，富赡天下而不既，德施百姓而不费，行不可得而穷极，微不可得而把握，击之不创，刺之不伤，斩之不断，灼之不熏，绰约流循而不可靡散，利贯金石，强沦天下，有余不足，任天下取与，禀受万物而无所先后，无私无公，与天地洪同[8]，是谓至德。夫水所以能成其至德者，以其绰约润滑也，故曰：天下之至柔，驰骋天下之至坚，无有入于无间。夫无形者，物之太祖；无音者，类之大宗；真人者，通于灵府[9]，与造化者为人，执玄德于心，而化驰如神。是故不道之道芒乎大哉[10]！未发号令而移风易俗，其唯心行也。万物有所生而独守其根，百事有所出而独守其门，故能穷无穷，极无极，照物而不眩，响应而不知。"

老子说："许多事物的演化都归聚于一个路子，许多事情的发生也都根生于一个门径。持有道德的大智慧圣人统一法度遵循准则，不轻易改变常规。制定标准规则，弯曲的据此取直，直正的据此取为常式。人有喜悦与愤怒，是因为道的意识未能扶正；人有忧虑与悲伤，是因为德的情操已经丧失；人有好恶与喜憎，是因为心的志向发生转变。过度地放纵欲求、追逐欲求，无疑是在给生命之旅增加负担。怒气过盛会破坏人体组织的'阴'系统，喜乐过头会损坏人体组织的'阳'系统，气息微弱稀薄则音声喑哑，精神惊惧恐怖则举动疯狂，思绪焦虑烦恼则毁伤心脏。人世的疾病都是积渐生成的，若能祛除喜、怒、薄气、惊怖、忧悲的情绪，人的精神即得其自然本性、吻合自在神明。人自在的精神得于内在的修行、协调，由于内在的修行与协调，人的五脏安宁，思虑平息，耳与目的器官聪颖明利，筋络骨骼有力而强健，为人处事通达而不违背事理，品质坚贞、精神强健而不会匮乏，处理事务不会过度，治理事务也没有不能达成的。天下万物没有谁的柔弱之性可以超过水的，从道的角度看水，它宽广开阔没有边际，渊深无极而不可测量，它长远渺茫而不可穷尽，水流的波纹远游以至天涯，增益耗减而润泽万物，其恩惠施于万物不可估量。它蒸腾上天化作雨露，降临大地而润泽万物，万千物质没有水不能生成，百千事情没有水不能完成，它保全、生养万物而没有偏袒，恩惠施及微不足道的小虫也不求回报。它已使天下富裕而仍不停止，恩惠施于民众而未曾耗费，它远游无边而行踪不可得，虽可以把握却细微不可得，用石块撞击不会有创伤，用利刃刺杀不会有伤痕，用火烧烤不会被熏坏，它婀娜优美的姿态不可以分散，其强劲的流势可以穿透金石而流波天下。它听任天下有余者给予它、不足者取于它，禀受于万物而没有先后之分，无公无私，它与天地博大的精神完全吻合。这就是德的伟大而至高的境界呵。水之所以能具有伟大而至高的道德境

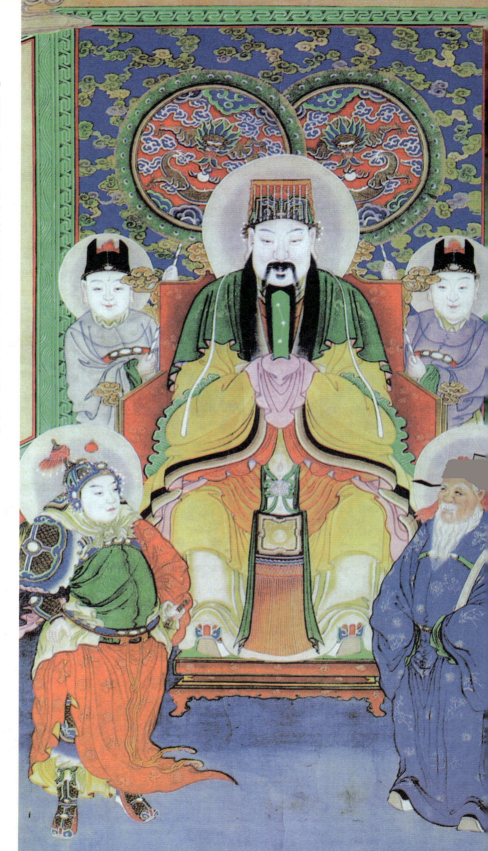

○品画鉴宝 玉皇大帝 全称『昊天金阙无上至尊自然妙有弥罗至真玉皇上帝』，又称『玄穹高上帝』，简称玉帝。传说，他是元始天尊的弟子，是『诸天之主』，『万天之尊』。

144

界，在于它圆润冲和并且绰约多姿的本性。所以说天下最柔弱的东西能够战胜天下最刚强的东西，没有形体的东西能够渗透进没有缝隙的地方。无形，是万物生成的始祖；无音，是万类的大宗。修真体道的真人，可以融通万物于心。精神合于造化，是因为内心中含蕴着玄妙之德，所以其驰行天下仿佛有着神的凭依。缘此，我们知道不可用语言文字表达的道，尽管模糊其形却无所不在。它无需发号施令即可以移风易俗，只是因为有了一种精神在施行。天下万物生成变化均有它不变的根源，人世百事产生衍化均有它永恒的门径，所以，道能穷尽无穷、达到无极，它普照万物而不徒为炫耀，回应万物而不自以为智达。"

◎ 原文注释

〔1〕皆阅一孔：阅，总聚、汇集。陆机《叹逝赋》："川阅水以成川。"孔，通、通道。皆阅一孔，犹言百川归海都归趋一路。

〔2〕大喜坠阳：阳，传统中医理论以脏为阳，腑为阴，气为阳，血为阴，背为阳，腹为阴等。大喜坠阳，意谓过度的快乐会破坏人体阳的组织系统。

〔3〕神明：指人的精神。《楚辞·远游》："保神明之清澄兮。"

〔4〕坚强而不匮：匮，缺乏、不足。《商君书·算地》："国贫则上匮赏。"坚强而不匮，意谓坚贞强固而不会匮乏。

〔5〕息：增长。《韩非子·爱臣》："是以奸臣蕃息，主道衰亡。"

〔6〕大苞群生而无私好：苞，通"葆"，保全、保护。

〔7〕蚑蛲：一种长脚的蜘蛛。蚑，虫名，即蟏蛸，也称"长蚑"。

〔8〕洪同：洪，大。如常言"洪量"。洪同，即大同之义。

〔9〕灵府：古代指心，今意指思维器官。

〔10〕不道之道，芒乎大哉：不可言表的道，模糊其形而无所不在。芒，通"茫"，模糊不清貌。《庄子·天下》："芒乎昧乎，未之尽者。"

◎ 拓展阅读

城隍

起源于古代对水（隍）庸（城）的祭祀，为《周宫》八神之一。"城"原指挖土筑成的高墙，"隍"原指没有水的护城壕。为了保护城内百姓的安全，古人修了高大的城墙、城楼、城门以及壕城、护城河。他们认为与人们的生活、生产安全密切相关的事物，都有神在，于是城和隍被神化为城市的保护神。后来，道教把它纳入自己的神系，称它是剪除凶恶、保国护邦之神，并管领阴间的亡魂。

老子曰："夫道德者，志弱而事强，心虚而应当。志弱者柔毳[1]安静，藏于不取，行于不能，澹然无为，动不失时，故贵必以贱为本，高必以下为基。托小以包火，在中以制外，行柔而刚，力无不胜，敌无不陵[2]，应化揉时[3]，莫能害之[4]。欲刚者必以柔守之，欲强者必以弱保之，积柔即刚，积弱即强，观其所积，以知存亡。强胜不若己者，至于若己者而格[5]，柔胜出于己者，其力不可量，故兵强即灭，木强即折。革强即裂，齿坚于舌而先毙。故柔弱者生之干也，坚强者死之徒[6]，先唱者穷之路[7]，后动者达之原。夫执道以耦变，先亦制后，后亦制先，何即？不失所以制人，人亦不能制也。所谓后者，调[8]其数而合其时；时之变则间不容息，先之则太过，后之则不及，日回月周，时不与人游，故圣人不贵尺之璧而贵寸之阴，时难得而易失。故圣人随时而举事，因资而立功，守清道，拘[9]雌节，因循而应变，常后而不先，柔弱以静，安徐以定，功大靡[10]坚，不能与争也。"

老子说："拥有道德的大智之人，言志微弱而处事力强，心境虚空而回应适当。心志微弱的人，性格柔顺安宁，在不争不取中隐藏，在不会不能中行事，淡泊无为，行动不失时机。所以，尊贵必须以卑贱为根本，高上必须以低下为基础。假托微小以包裹宏大，居于中心以扼制四方，行动外柔而内刚，用力则无所不胜，遇敌则无所不克，审时度势回应造化，天地之间没有什么可以加害于守弱者的。希望刚烈者用柔软去守护，希望强壮者用脆弱去护持，积柔软顺即是刚烈坚硬，积脆弱微小即是强壮宏大，观察审视他所积累的——是刚，是柔？是强，是弱？——就可以知道他是存还是亡。如果使用刚强之性勉强战胜智力不如自己的，那么遭遇智力和自己相同的则行动必然会受到阻碍。把柔弱之道当作取胜之道而战胜高于自己的人，他的威力不可测量，所以，用兵使强就会灭亡，成木壮大就会遭到砍伐，皮革干硬就会发生断裂，牙齿比舌头坚硬就会先行消失。因为，柔弱温软是护持生命的盾牌，坚硬强固是生命死亡的同党。率先倡导而行事者道路阻塞，审时而后发是达成目的的本原。把握大道的耦合变化，率先也可制控后发，后发也可制控率先，无所丧失而把握时机是制约他人的关键所在，他人也因此而不能制约我。所谓后者，是计算与测量自然之理并与时宜相吻合，时机变化转瞬即逝不容间息停顿，先于时则为太过，后于时则为不及，日月流转如梭，时光消失乃不与人浸游。所以，道德高尚的圣人不会把径尺之玉璧当作是宝贵的，而是珍视一寸的光阴，这是因为时光难以获得而容易消失。所以，道德高尚的圣人追随时机去建立事业，凭借已有的条件去博取功德，坚守清静之道，拘守雌弱的节度，遵循时势的变化并随着它的变化而变化，地位低下不争强的位居先位，凭借柔弱之志以归趋清静的境

○ 品画鉴宝　犀角雕蟠螭纹耳流口杯·明

界，借用安徐之法以成就静定的心态，功德伟大而无坚不摧，强刚者不能与弱柔者相争。"

◎ 原文注释

〔1〕柔脆：脆，通"脆"，脆弱。《荀子·议兵》："是事小敌脆则偷可用也。"柔脆，犹言脆弱、柔顺。〔2〕陵：凌驾。〔3〕应化揆时：揆，度量、考察。左思《魏都赋》："揆日晷，考星耀。"揆时，审时。应化揆时，即审时应变。〔4〕莫能害之：莫，指示代词，没有什么、没有谁。〔5〕至于若己者而格：若，像、似。格，阻碍、阻止。〔6〕徒：徒党、同一类人、同类。〔7〕先唱者穷之路：唱，带头、倡导。《史记·陈涉世家》："为天下唱。"穷，与"通"相对，阻塞，引申为走投无路。〔8〕调：计算、测度。〔9〕拘：拘泥、拘束、限制。〔10〕靡：倒下。

◎ 拓展阅读

五雷

即是天雷、地雷、水雷、神雷、社雷。天雷主正天序，运四时，发生万物，保制劫运，诛天魔，荡瘟疫，擒天妖，济生救产，疗大疾苦；地雷主生成万物，滋养五谷，扫灭虫蝗，斩落山精石怪，清扫山岚瘴虐，拔度死魂，祈求晴雨；水雷也称龙雷，主役雷致雨、拯济旱灾，断除蛟龙、毒蛇、恶虿、精怪，兴风起云，水府理事；神雷主杀伐不正祀典神祇，兴妖作过及山魅五通，佛寺、塔殿、屋室、观宇山川精灵；社雷也称妖雷，主杀古器精灵，伏原故气，伐坛破庙，不用奏陈，可便宜行持。

○品画鉴宝　白雪高风图·明·江必名　图中描绘了崇山峻岭、积雪茫茫、松林烟雾、寒气萧森的景象。题为『白雪高风』，有洁身清高之意。此图严谨，意境深远幽奇。

通玄经

第二篇·精诚

精，精通，明了。韩愈《进学解》：『业精于勤。』诚，与『伪』相对，信的意思。《列子·汤问》：『帝感其诚。』精诚，即以人的明智体悟天的诚性，使人物本性切合天地之德。

道与政令

老子曰："天致其高，地致其厚，日月照，列星朗[1]，阴阳和，非有为焉。正其道而物自然。阴阳四时非生万物也，雨露时降非养草木也。神明接[2]，阴阳和，万物生矣。夫道者，藏精于内[3]，栖神于心，静漠恬淡，悦穆[4]胸中，廓[5]然无形，寂然无声。官府[6]若无事，朝廷[7]若无人，无隐士[8]，无逸民[9]，无劳役，无冤刑，天下莫不仰上之德，象主之旨[10]，绝国殊俗莫不重译而至，非家致而人见之也，推其诚心，施之天下而已。故赏善罚暴者正令也，其所以能行者精诚也。令虽明不能独行，必待精诚，故总道以被民而弗从者，精诚弗至也。"

老子说："天极尽它的高度，地极尽它的厚度，日月普照，众星璀璨，阴阳协调和顺，这并不是刻意而为之的。端正万物的道，万物将循其自然而生养。阴、阳二气及四时节气，并非生养万物，雨水甘露不时而降，并非滋养草木，精神交接，阴阳和谐，万物方才孕育生长。大道，将万物的原质、精华收聚于内，于心中置放神明，虚空静寂而恬淡，胸中富蕴和睦愉悦，虚虚空空无形无状，寂寂寞寞无声无音。治事的官府就像没有事可治一样，治理全国的中央政府就像没有官员存在一般，没有隐居不仕的人，没有遁世不出的人，没有加于民众的劳役，没有冤案的刑罚，普天之下没有人不敬仰君上的德政，而是以君上的旨令为自己行事的法式，边远的国家与风俗迥然不同的地区，没有不经过辗转翻译其语言、文字而来朝觐的。这并非君上亲自到他们那里去招致的，而是他们发现了君上的德，是君上将诚心推广给他们，普施于天下的结果。奖赏善行与惩罚暴行，只是端正法令，它之所以能推行，在于精诚。法令尽管明了、正确，但是不能孤立地推行，必须有精诚的精神相辅而行。所以说，汇聚所有的政令措施去治理民众，而民众还没有服从，那是因为治政者精诚的精神还没有形成的缘故。"

◎ 原文注释

〔1〕列星朗：群星璀璨。列，众、各。《荀子·天论》："列星随旋。"

〔2〕神明接：接，接触、交接。

〔3〕藏精于内：精，旧时指元气中精微细致的部分，即所谓生命的本源。藏精于
　　　内，意谓将生命的原质、精华收聚于体内。

〔4〕悦穆：穆，和睦。悦穆，犹言高兴和睦。

〔5〕廓：空寂、空虚。

〔6〕官府：官署，也指官员。此处泛指地方统治体系。

〔7〕朝廷：封建时代中央政府代称，也代指天子。此处取前意。

〔8〕隐士：旧时指隐居不仕的人。《荀子·正论》："天下无隐士，无遗善。"

〔9〕逸民：也写作"佚民"。旧时称遁世隐居的人。

〔10〕象主之旨：象，法式。屈原《九章·抽思》："望三五以为象兮。"旨，帝王
　　　的诏令。象主之旨，意为以主上的旨意为法式。

◎ 拓展阅读

九真戒

也称"九真妙戒"，为亡者所持之道教戒律。系九天帝君亲口宣说，佩奉者升人九
天，轻慢者堕入九地。据《北帝伏魔神咒妙经》卷六记载，此戒内容为：一者敬
让，孝养父母；二者克勤，忠于君王；三者不杀，慈救众生；四者不淫，正身处
物；五者不盗，推义损己；六者不嗔，凶怒凌人；七者不诈，诋贼害善；八者不
骄，傲忽至真；九者不二，奉戒专一。

老子曰："天设日月，列星辰，张四时[1]，调阴阳；日以暴之[2]，夜以息之，风以乾之，雨露以濡之；其生物也，莫见其所养，而万物长，其杀物也，莫见其所丧而万物亡，此谓神明。是故圣人象之，其起福也，不见其所以而福起，其除祸也，不见其所由而祸除，稽之不得，察之不虚，日计不足，岁计有余，寂然无声，一言而大动天下，是以天心动化者也。故精诚内形，气动于天，景星见[3]，黄龙[4]下，凤凰至，醴泉出，嘉谷生，河[5]不满溢，海不波涌；逆天暴物，即日月薄蚀[6]，五星失行，四时相乘[7]，昼冥宵光，山崩川涸，冬雷夏霜。天之与人，有以相通，故国之殂亡[8]也，天文变，世俗乱，虹蜺见，万物有以相连，精气[9]有以相薄，故神明之事，不可以智巧为也，不可以强力致也。大人与天地合德[10]，与日月合明，与鬼神合灵，与四时合信，怀天心，抱地气，执冲含和，不下堂而行四海，变易习俗，民化迁善，若出诸己，能以神化者也。"

老子说："天置日月，列放星辰，设立四时，协调阴阳。白昼有太阳的炙晒，夜晚在月光下休息，燥风将万物吹干，雨露将万物濡湿。天道孕生万物，却没有见过它孕生养育的痕迹，而万物已经长成；天道毁灭万物，没有见到它毁灭摧杀的痕迹，而万物已经灭亡。这就是神明呵。因其玄妙，有道德的圣人以它为法式。他给世间带来福祥，却见不到福祥是怎样来的，而福祥已经降临；他将世间的殃祸消除，还未见到殃祸怎样消除，而殃祸已经离去。稽考不会有什么获得，体察却并非虚假。以日统计是不足的，以年统计则有富余，他寂寞无言则世间无声，他发一言则世间万物应和而动，这就是以天道之心感化世间万物。所以说，如果思想上确立精诚的精神，将感动天，吉祥的星辰就会出现，黄龙将从云中降下，凤凰将翩翩飞来，甘甜美味的泉水将从地下涌出，吉祥的谷物生出，黄河不再满溢泛滥，大海不再波涛汹涌而为患。违反天意暴虐万物，天象将会产生日蚀、月蚀，五大行星将会出现行次失序而产生混乱，四时将会竞相追逐而季节产生混淆，白日冥暗黑夜有光，山陵崩陷川流涸竭，冬季雷声轰鸣夏日严霜覆地。天道与人道有它们相通相感的地方，才会产生这些现象。所以说，一国将要灭亡的时候，天文有变异，世风民俗会变坏，虹与蜺的不祥之兆会出现，万物之间有它们相感相通的地方，神明与物有它们相互迫近的地方。所以，苍天神明的事，不能用人为的智术技巧去做，不能违背自然意志强力去做。因此，德高的大人是与天地合德的，是与日月共明的，是与鬼神同灵的，其重信用讲诚意如同四季应时而到来一样。他胸怀天的意愿、拥抱着地的气息，虚怀若谷而通体和气，身体不离殿堂而精神远行四海，改变风俗，使民众的精神风貌步入善良美好的境界，如同出于它们自己的意愿，这就是能够巧妙运用至诚的精神化育万民的最佳方法。

◎ 原文注释

〔1〕张四时：设置春、夏、秋、冬四时节气。〔2〕暴：晒。《汉书·王吉传》："夏则为大暑之所暴炙。"〔3〕景星见：景星，光明祥和之星。景星见，夜空出现光明祥和之星。〔4〕黄龙：神话传说中鲧死后的化身。〔5〕河：此处特指黄河。《韩非子·有度》："以河为境。"〔6〕日月薄蚀：薄，动词词头，无义。〔7〕四时相乘：乘，追逐。《汉书·陈汤传》："吏士喜，大呼乘之。"四时相乘，即四季奔逐而季节无序。〔8〕殂亡：死亡。诸葛亮《出师表》："先帝创业未半而中道崩殂。"〔9〕精气：中国传统哲学概念，含有物质本原的意味。此处精气分解，精指精神、精灵，气指物质的基本元素。〔10〕大人：古代对德高者的尊称。《荀子·成相》："大人哉舜，南面而立万物备。"此处当指最高的封建统治者。

◎ 拓展阅读

中和集

元代李道纯著，门人蔡志颐编。书名取《礼记》所讲"中和"之义。共六卷，卷一论太极，卷二讲内丹，余四卷杂论性命与内丹之宗旨。书中认为三教异流而同源，三教所尚都是"静定"，佛教"圆觉"即道教"金丹"，而儒家则称"太极"，因而力主三教合一说。又将理学家对"中和"的论述改换为修炼内丹的重要诀法，并特别强调"守中"。这套守中论，被后世道教称为中派。

○ 品画鉴宝　秋林观瀑图·明·沈贞　图中山峦耸立，老树槎桠，溪水从密林间跌宕而出，在前川化为瀑布，穿过云端，飞流直下。画中笔法秀润，描绘精严，境界寂静而幽深，因而颇具意趣。

老子曰："夫人道者，全性保真，不亏其身，遭急迫难，精通乎天，若乃未始出其宗者，何为而不成；死生同域，不可胁凌，又况官天地[1]，府万物[2]，返造化，含至和，而已未尝死生也。精诚形于内，而外喻于人心，此不传之道也。圣人在上，怀道而不言，泽及万民，故不言之教，芒乎大哉！君臣乖心，倍谲见乎天[3]，神气相应征矣，此谓不言之辩，不道之道也。夫召远者使无为焉，亲近者言无事焉，唯夜行者能有之，故却走马以粪[4]，车轨不接于远方之外，是谓坐驰陆沉[5]。夫天道无私就也，无私去也；能者有余，拙者不足；顺之者利，逆之者凶。是故以智治国者难以持国，唯同乎大和而持自然应者，为能有之。"

老子曰，"夫道之与德，若韦之与革[6]，远之即近，近之即疏，稽之不得，察之不虚。是故圣人若镜，不将不迎[7]，应而不藏[8]，万物而不伤。其得之也，乃失之也，其失之也，乃得之也。故通于大和者，暗若酖醉[9]而甘卧以游其中，若未始出其宗，是谓大通，此假不用能成其用也。"

老子说："人之道，要保全本性养存真气，使身体不虚亏，只有这样，遭遇危急迫于厄难之时，他的精神才将与天联通。假如在行事之始即能守持这一宗旨，那么，他做什么就会成就什么。而视生死为同一的态度，使他感受不到威胁与欺凌，更何况以天地为五官、以万物为脏腑而归返自然。蕴含极至和谐精神的人，从未有过死生的意念。精诚之念生成于内部，向外感化人们的内心，这是没有语言没有文字可传的人道。圣人居于上位，胸怀大道，即便沉默不语，恩惠也能润泽万民。所以说不用语言文字的教化，虽然模糊，仿佛不可捉摸，但其功用却是伟大的！君上臣僚不能形成一致的认识，相互欺诈的行为就将暴露在天的面前，这是神与气相互感应显示的征候，称之为无需言辩的辩解、无需表述的道理。招徕远方要有无为的精神，亲抚民众，要有不扰民的无为精神，这只有兼程赶路而精神勃发的夜行者才能具备。因此，要消除追逐名利如跑马一般的心态，要归于清静，视身外名利如粪土，道路不必开发即伸展到边远之外。身体未动而精神远驰，治政没有形体之辛劳，仿佛隐于市朝，无为而无不为。天道公正，它不徇私情而趋就，不抱私怨而离开，能够体悟天道的颖悟者用之有余，不能体悟天道的笨拙者则不足为用。顺应天道的人行事顺利，违逆天道的人则行事凶险。因此，以智术治理国家难以持久，惟有与致和的精神一体而保持自然而然的应和态度，才可称得上体悟天道。"

老子说："道与德的关系如同韦与革的关系，相距远了就是亲近，相距近了就是疏远，稽考求证则无所获得，体察品味却又绝非虚空。因此，圣人为人处事如同镜子，你不前来，我不迎接，应和你的形象又不刻意隐藏。万物不会由此而伤缺，得到的即是失去的，失去的即是得到的。所以说，能达致和谐精神的人，其虽冥冥默默如昏睡不醒的样子，但精神上却已沉醉其中。假如行事之时能守持这一宗旨，那就可以说是彻解彻悟了。这就是借助'不用'的智慧，而能成就他的'用'呵。"

◎ 原文注释

〔1〕官天地：以天地为感官。官，感觉器官，耳、目、口、鼻、身称五官。《庄子·养生主》："官知止而神行。"

〔2〕府万物：以万物为脏腑。府，脏腑。《吕氏春秋·达郁》："五藏六府。"

〔3〕君臣乖心，倍谲见乎天：乖，违背、不协调。乖心，犹今言思想不统一。倍，违背。

〔4〕却走马以粪：却，推辞、不接受、罢。李斯《谏逐客书》："王者不却众庶。"走马，意即跑马，此处指心不能持静如奔逸之马。却走马以粪，意谓"去除追逐名利若跑马的心态，保持虚静，而视身外名利如粪土"。

〔5〕坐驰陆沉：坐驰，犹言神驰，意即"身形不动而神驰于外"。

〔6〕韦之与革：韦，熟皮、加工过的皮子。《韩非子·观行》："西门豹之性急，故佩韦以自缓。"革，去了毛的兽皮。《诗·召南·羔羊》："羔羊之革。"

〔7〕不将不迎：不送来则不迎取。将，送。王安石《上皇帝万言书》："若夫迎新将故之劳。"

〔8〕应而不藏：应和自然而不刻意隐藏。

〔9〕暗若酕醉：暗，蒙昧状。酕，酒味纯粹浓厚。

◎ 拓展阅读

道家三十六重天

道家三十六重天，分为六界。第一界有六重天，分别是太皇黄曾天、太明玉完天、清明何童天、玄胎平育天、元明文举天、七曜摩夷天。第二界有十八重天，依次是虚无越衡天、太极蒙翳天、赤明和阳天、玄明恭华天、耀明宗飘天、竺落皇笳天、虚明堂曜天、观明端靖天、玄明恭庆天、太焕极瑶天、元载孔升天、太安皇崖天、显定极风天、始黄孝芒天、太黄翁重天、无思江由天、上揲阮乐天、无极昙誓天。第三界有四重天，皓庭霄度天、渊通元洞天、翰宠妙成天、秀乐禁上天，第四界是四梵天，无上常融天、玉隆腾胜天、龙变梵度天、平育贾奕天。第五界是三清天，即玉清天、上清天、太清天。最高境界是第六界大罗天。

158

老子曰："昔黄帝[1]之治天下,调日月之行,治阴阳之气,节四时之度,正律历[2]之数,别男女,明上下,使强不掩弱,众不暴寡,民保命而不夭,岁时熟而不凶[3],百官正而无私,上下调而无尤,法令明而不阉,辅佐公而不阿[4],田者让畔,道不拾遗,市不豫贾[5],故于此时,日月星辰不失其行,风雨时节五谷[6]丰昌,凤凰翔于庭,麒麟游于郊。伏羲氏[7]之王天下也,枕石寝绳,杀秋约冬,负方州[8],抱圆天,阴阳所拥沉滞不通者窍理之,逆气戾物伤民厚积者绝止之,其民童蒙不知西东,视眄眄,行踖踖,侗然自得,莫知其所由,浮游泛然[9],不知所本,自养不知所如往。当此之时,禽兽虫蛇无不怀其爪牙、藏其螫毒[10],功揆天地。至黄帝要妙乎太祖之下,然而不章其功、不扬其名,隐真人之道。以从天地之固然,何即?造德上通,而智故消灭也。"

老子说："从前,天下由黄帝来治理,他协调日月的运行,治理阴、阳二气,节制四时长短,端正乐律、历法的规则,分别男女的差异,明确上下的名分。他使强者不欺凌弱者,势众的人不压迫势孤力小的人,民众可保全自然寿命而不致夭折,农作物应时节而成熟没有歉收的灾年,朝廷百官作风廉正不怀私心,上下协调成就治局而未发生过错,法律条令明确而不隐晦。他以天下为公而不一味偏袒、迎合,耕地者之间相互谦让而让出自己的田界,行路者不贪占他人之物,也不拾取路上的遗弃之物,集市上没有以不实高价蒙骗顾客的欺诈行为。所以,在黄帝的时代,日月星辰按照它的规律运转,风雨也依它的节律降临,五谷收成丰硕而昌盛,象征吉祥的凤凰飞临殿庭,预兆吉瑞的麒麟漫游都城的郊地。伏羲氏为天下君王,他把石当作枕,卧睡于绳床,杀秋约冬,背依方州大地,怀抱苍穹圆天,阴、阳二气簇拥,使人沉迷而不能畅通,他疏通而使之洞开,违背自然之气而暴虐、损害万物,伤及民众广泛积蓄者,则严行禁绝以阻止。那时的民众如儿童般幼稚单纯,不知东、西之辨,视物昏昏,行路缓慢安祥,像儿童般茫然无知,心中感到自得却不知缘由,像飞絮自然漂浮却不知根在何处,自生自养却不知将走向何方。在伏羲氏的时代,鸷禽猛兽大虫毒蛇无不收敛起它们的爪牙、藏匿起它们的毒腺,因而其功德可与天地相比。自黄帝得道于太祖,便韬光养晦,有功不以为德,有名不徒自宣扬,于真人之道中求隐以顺从天地的自然。什么方为道德?就是上通天地精神而浮泛的智、虚假的名消失净尽啊。"

◎ 原文注释

〔1〕黄帝：姓姬，一说姓公孙，生于轩辕之丘（今河南新郑县西北），轩辕氏，又号有熊氏。约为4000多年前黄河流域的著名部落首领，传为中华民族的祖先之一。其人有治政，且多创造发明。〔2〕律历：律，指音律。历，指历法。古代将十二音律与历象相联系，因而旧史中多有"律历志"。〔3〕凶：此处指农作物收成不好。《管子·立政》："岁虽凶旱，有所收获。"〔4〕阿：偏袒、迎合。《韩非子·有度》："法不阿贵。"〔5〕市不豫贾：豫贾，贾通"价"；豫贾，即虚定高价以欺骗顾客。《荀子·儒效》："仲尼将为司寇，……鲁之不粥（鬻）牛马者不豫贾。"市不豫贾，意即集市不再有以不实的高价欺骗顾客的诡诈行为。〔6〕五谷：即谷物。《周礼·天官·疾医》："以五味、五谷、五药养其病。"郑玄注："五谷，麻、黍、稷、麦、豆也。"另一说见赵岐《孟子》注："五谷，谓稻、黍、稷、麦、菽也。"〔7〕伏羲氏：传说中上古东夷族的著名部落首领，风姓，生于成纪（今甘肃秦安县北），创制八卦、发明乐，死于陈（今河南淮阳县）。〔8〕方州：古人以为天圆地方，称地为方州。《淮南子·览冥训》："背方州，抱圆天。"〔9〕泛然：漂浮漫游的样子。刘彻《秋风辞》："泛楼船兮济汾河。"〔10〕螫毒：毒虫的毒腺。

◎ 拓展阅读

子平术

俗称八字算命术，又叫四柱预测。五代徐子平把唐朝进士、官至殿中侍御使的大儒李虚中发明的用年、月、日干支算命的方法，进一步改进为用年、月、日、时的干支同时测算的方法，称为"四柱算命法"，并写出了第一本以八字算命的专著——《渊海子平》。徐氏这套算命体系，记录一个人出生年、月、日、时需要十天干和十二地支各出四个字来分别表述，共需八个字。八字算命法后来得到了快速的发展。

○ 品画鉴宝　轩辕问道图·明·石芮　此图描绘了上古黄帝轩辕氏到崆峒山向广成子问道的故事。画中，轩辕氏与广成子对坐论道、场面宏大、构图疏朗。

老子曰："天不定，日月无所载；地不定，草木无所立；身不宁，是非无所形。是故，有真人而后有真智，其所持者不明，何知吾知之非不知与？积惠重货使万民欣欣，人乐其生者，仁[1]也；举大功，显令名，体君臣[2]，正上下，明亲疏，存危国，继绝世，立无后者，义[3]也；闭九窍[4]，藏志意，弃聪明，反无识，芒然仿佯[5]乎尘垢之外，逍遥[6]乎无事之际，含阴吐阳与万物同和者，德也；是故道散而为德，德溢[7]而为仁义，仁义立而道德废矣。"

老子曰："神越者[8]言华，德荡者行伪，至精芒乎中，而言行观乎外[9]，此不免以身役物也。精有愁尽而行无穷极，所守不定而外淫于世俗之风，是故圣人内修道术[10]而不外饰仁义，知九窍四肢之宜而游乎精神之和，此圣人之游也。"

老子说："天不安定，将无法负载日月；地不安定，草木将无法植立；人身不安宁，将无法分辨是非。因此，我们可以说有了修真体道的真人之后才有真正的智。你对你所把握的是什么都不明确，又怎能知道我的态度呢？施政仁爱积蓄财货使万千民众欢欣，人民感受到生的乐趣，这是仁；兴立大功，彰显美名，确立君臣秩序，端正上下关系，明确亲疏，挽救濒于灭亡的国家，兴续已绝世嗣的氏族（王族），这是义；关闭外泄的九窍，收敛外扬的志意，抛弃耳目的聪明，归返

到仿佛无知的状态，模模糊糊游荡于世俗的尘垢之外，优哉游哉于无所事事的边际，含阴吐阳与万物和谐同一，这是德。所以，大道散施即化为具体的德，德一旦过度即化为仁义，仁与义的建立即是大道与德的废弃呵。"

老子说："精神离散不聚的人说话往往言过其实，品德放纵不守的人行为虚假，微妙的精神于心中模糊却以言语行为炫耀于身外，就难免让自己的身体被外物役使。精气有因愁虚而竭尽的时候，但行为则没有止境，操守未能坚定才沉湎于心外的世俗风习。因此，有道圣人于心内默默修炼大道，而不在言语行为上装饰仁与义。他知晓九窍与四肢的物理而优游在精神和谐的境界中，这就是圣人的游。"

◎ 原文注释

〔1〕仁：意谓人与人之间的互亲互爱。《礼记·中庸》："仁者人也，亲亲为大。"
〔2〕体君臣：依靠君臣关系的正确建立为统治提供依据。体，依靠、依据。《管子·君臣》："则君体法而立矣。"〔3〕义：《礼记·中庸》："义者宜也。"韩愈《原道》："行而宜之之谓义。"合宜、符合于一定标准的思想与行为称为义。〔4〕九窍：中医学名词，见《素问·生气通天论》。耳、目、口、鼻合前阴后阳（肛门）称为九窍。〔5〕仿佯：同"彷徉"。游荡无定的样子。《楚辞·远游》："聊仿佯而逍遥兮，永历年而无成。"〔6〕逍遥：优游自得的样子。《庄子·让王》："逍遥于天地之间而心意自得。"〔7〕德溢：溢，过度。《三国志·蜀书·诸葛瞻传》："美声溢誉，有过其实。"德溢，意谓德的过度发展。〔8〕神越者：越，离散。《淮南子·主术训》："精神劳则越。"神越者，即精神离散者。〔9〕言行观乎外：观，显示、炫耀。言行观乎外，意谓于外部显示、炫耀自己的语言行动。〔10〕道术：道家用以指"道"的整体。《庄子·天下》："古之所谓道术者，……无乎不在"，"后世之学者，不幸不见天地之纯，古人之大体，道术将为天下裂。"

◎ 拓展阅读

望气

古代方士的一种占候术。通过观察云气来预测吉凶。《墨子·迎敌祠》："凡望气，有大将气，有小将气，有往气，有来气，有败气，能得明此者，可知成败吉凶。"《汉书·宣帝纪》记载："至后元二年，武帝疾，往来长杨、五柞宫，望气者言长安狱中有天子气，上遣使者分条中都官狱系者，轻重皆杀之。"明都穆《都公谭纂》卷上："友谅中流矢死，两军莫之知，道人望气，语上曰：'友谅死矣。'"

太清道德天尊

道教最高尊神『三清』之一，又称太上老君。他主宰和象征天地形成、万物化生的第三个大世纪，道教称『太初』时期。

老子曰："若夫[1] 圣人之游也，即动乎至虚，游心乎大无[2]，驰于方外[3]，行于无门，听于无声，视于无形，不拘于世，不系于俗。故圣人所以动天下者，真人不过[4]，贤人所以矫世俗者，圣人不观。夫人拘于世俗，必形系而神泄，故不免于累。使[5] 我可拘系者，必其命自有外者矣。人主之思，神不驰于胸中，智不出于四域，怀其仁诚之心，甘雨以时，五谷蕃殖[6]，春生、夏长、秋收、冬藏，月省时考[7]，终岁献贡；养民以公，威厉不诫；法省不烦，教化如神；法宽刑缓，图圄空虚；天下一俗，莫怀奸心，此圣人之恩也。夫上好取而无量，即下贪功而无让[8]，民贫苦而分争生事，力劳而无功，智诈萌生，盗贼滋彰，上下相怨，号令不行，夫水浊者鱼噞[9]，政苛者民乱，上多欲即下多诈，上烦扰即下不定，上多求即下交争，不治其本而救之于末，无以异于凿渠而止水，抱薪而救火。圣人事省而治，求寡而赡，不施而仁，不言而信，不求而得，不为而成，怀自然，保至真，抱道推诚，天下从之如响之应声[10]，影之像形，所修者，本也。"

老子曰："精神越于外、智虑荡于内者，不能治形，神之所用者远，则所遗者近。故不出于户以知天下，不窥于牖以知天道，其出弥远，其知弥少。此言精诚发于内，神气动于天也。"

老子说："至于有道德的圣人，遨游于极远虚空之中，驰心于至高至极之无，神思超然于世俗礼教之外，行走无门之径，聆听无声之声，凝视无形之形，不被世俗拘束，不为俗见系缚。因此，圣人虽然名动天下，但真人不会造访过问，贤人用以矫正世间弊俗的方法，圣人不会观览。人拘系于世间习俗，必然是身体被束缚而导致精气外泄，所以难免身心的苦累。我们一旦被束缚，则性命已处于外在的控制之下了。君主不在胸中驰其神思，智慧不出道、天、地、人四大之域。只要他怀着仁爱精诚的心，甘霖雨露就会按时降临，五谷农作物也会繁殖滋生。春生夏长秋收冬藏应时而作，按月按时去检查，一年终结则民众有贡纳呈献；以公平正义养民，威风整肃之气形成而无需警戒；法令简约而不烦细苛刻，民众教化良善状态如神；法律宽松刑治从缓，监狱牢房空空；普天之下同一民俗，没有一人怀藏作奸犯科的念头。这是圣人恩德的体现。为君上的贪得无厌，为臣下的失谦让之德而取民无度，民众将因贫苦而产生纷争、生发事端，管理者付出劳动而没有功绩，便萌生智诈，世间的盗与贼也会日益增多，上下之间互生怨气，主上的号令不能得到执行，水混浊则鱼就会浮水而吸气，政令苛刻则民众不安并且生乱，君上欲求无度则臣下生出奸诈的对策，君上烦扰天下则民众不能安心，君上多所欲求则臣下会相互争逐不已，治理弊政不能从根本而从枝节处挽救，方法不当同凿渠止水、抱薪救火没有什么不同。圣人治事少而能成就治局，欲求少而能丰裕，不作施惠而能成就仁，不作言语而能成就信，不作乞求而能成就得，没有作为而能有所成就，拥有自然之性，保有至真之境，把握大道推行精诚，普天下的人纷纷跟随，如同回应音声的回声、如同追随形象的影子，圣人所修炼的乃是根本的。"

老子说："精神离散于外，智思忧虑不定于内的人，没有能力达到治局，身形思虑用于远处，则近处便有遗漏。所以，有道德的圣人不出门户可以知天下，不窥视窗外可以明天道。他跑得越远，知道得越少。这就是说从内心发出的精诚之意、神气之动直达于天心。"

○ 原文注释

〔1〕若夫：句首发语词，用以引起下文，有"至于说到……"的意思。《荀子·天论》："若夫志意修……"

〔2〕大无：至高至极之无。大，至高极。

〔3〕方外：犹言世外，指超然于世俗礼教之外。《庄子·大宗师》："彼游方之外者也。"

〔4〕真人不过：过，造访、探望。《史记·田叔列传》："会贤大夫少府赵禹来过卫将军。"真人不过，意谓修真体道的真人不以圣人为造访的对象。

〔5〕使：让、致使。《荀子·性恶》："使天下皆出于治。"

〔6〕蕃殖：繁殖滋生。蕃，繁殖、滋生。《荀子·四时》："五谷蕃息。"

〔7〕月省时考：以月与时节为单位去考察、检查。省，察看、检查。《史记·秦始皇本纪》："皇帝春游，览省四方。"考，考察、考核。陈亮《上孝宗皇帝第一书》："考古今沿革之变。"

〔8〕让：辞让、推让、谦让。李斯《谏逐客书》："泰山不让土壤，故能成其大。"

〔9〕唵（yǎn）：鱼张口吸气的样子。

〔10〕响之应声：对声响作出对应回应的回声。响，回声。《水经注·江水》："空谷传响。"

166

◎ 拓展阅读

景风

一指祥和之风。《尸子》卷上记述："祥风，瑞风也。一名景风，一名惠风。"《列子·汤问》："景风翔，庆云浮。"《法苑珠林》卷七："李巡曰：'景风，太平之风也。'"另指八风之一的"南风"。《史记·律书》："景风居南方。景者，言阳气道竟，故曰景风。"唐李白《过汪氏别业》诗之二："星火五月中，景风从南来。"明杨慎《伊兰赋》曰："开以景风之辰兮，贯乎星回之火节。"

君主的言行

老子曰："冬日之阳，夏日之阴，万物归之而莫之使极，自然至精[1]之感，弗召自来，不去[2]而往，窈窈冥冥，不知所为者而功自成；待目而照见，待言而使命，其于治难矣。皋陶[3]喑而为大理，天下无虐刑[4]，何贵乎言者也；师旷[5]瞽而为太宰[6]，晋国无乱政，何贵乎见者也。不言之令，不视之见，圣人所以为师也。民之化上，不从其言，从其所行，故人君好勇，弗使斗争而国家多难，其渐[7]必有劫杀之乱矣；人君好色，弗使风议[8]而国家昏乱，其积至于淫泆之难矣[9]，故圣人精诚别于内，好憎明于外，出言以副情[10]，发号以明指。是故刑罚不足以移风，杀戮不足以禁奸，唯神化为贵，精至为神，精之所动，若春风之生，秋气之杀。故君子者，其犹射者也，于此毫末，于彼寻丈矣！故理人者，慎所以感之。"

老子说："严冬之日有阳光，炎夏之日有阴凉，自然变化协调才不使它们走向极端。自然中最为精粹的、玄妙的感应，不用人们去召唤，它会自己前来，不用人们使它离开，它会自己离去，深远模糊、不知作为的它却成就了生养万物之功德。凭借眼睛才可去观察，凭借言语才可成命令，这样的方法实在难以达到治局。皋陶沉默却身为执掌刑法的大理，普天下从此没有了残暴的刑法，既然如此，我们为什么要推崇那言语的治；师旷目盲却身为执掌政务的太宰，晋国的政治从此井然有序，既然如此，我们为什么要推崇那凭借眼睛的察察之治。不用言语的命令，不用察视的明见，这就是圣人之所以为人师的缘故。民众接受君上的教化，不是从他的言论中而是他的实践中，所以，君上有好勇品性而且禁绝反对的意见，那么国家将多难，发展下去则必将产生劫夺抢杀的混乱；君上有好色品性而且禁绝劝谏，那么国家必将产生灾难。因此，圣人要在心内有精诚之意并对事物作出鉴别，而将倾向明确的好憎示于体外，发布的言语要与衷情相称，发出的号令要将所指的点明。因此，刑罚不能满足移风易俗的需要，杀戮也不能满足禁绝奸佞的需要，只有那精神的化导最好。精神到了极致境界，则精神的感化，仿佛春风吹生万物，仿佛秋风萧杀万物。所以说，有德君子的行为就像一个射手发箭一般，于起端只差毫末，但到了终点就差了千丈了。因此，治人的人，要谨慎地对待他所感应到的一切。"

◎ 原文注释

〔1〕至精：最高、最后的精粹或精华。精，精粹。

〔2〕去：使……去。

〔3〕皋陶：也写作"咎繇"，传说为东夷族首领，偃姓，是舜时执掌刑法的官，大禹

○ 品画鉴宝　双龙谷纹玉璧·西汉

时被选为继承者，因早死而未能继位。

〔4〕虐刑：残暴之刑。虐，残暴。《汉书·百官公卿表》："亦多虐政，遂以乱亡。"

〔5〕师旷：春秋时曹国乐师，字子野，目盲，善辨音律并擅操琴。

〔6〕太宰：春秋时执掌政务的最高长官。

〔7〕渐：浸润、渐进、发展。《宋史·范仲淹传》："日夜谋虑兴致太平，然更张无渐。"

〔8〕风议：风，通"讽"，用含蓄委婉的语言劝告或暗示。风议，即讽谏，"征言议政"的意思。《史记·优孟传》："赏以谏笑讽谏。"

〔9〕淫泆（yì）：泆，放恣、放纵不约束。淫泆，犹言好色无度而纵欲。

〔10〕副情：相应、相称于情。副，相称、符合、相应。《后汉书·黄琼传》："阳春之曲，和者必寡，盛名之下，其实难副。"

◎ **拓展阅读**

太极拳的起源

南岳国师文进之在他的《太极拳剑推手各势详解》中，记载了太极拳的起源："张三丰生于辽东懿州，身高七尺，能日行千里。洪武初，至蜀大和山修道，二十七年入湖北武当山诵经。一日，有鹊雀急呼于院中，张氏闻之，由窗中窥见树上有雀，其目下视，地下盘有长蛇，其目仰视，二物相斗，历久不止，每当雀上下飞击长蛇时，蛇乃蜿蜒轻身摇首闪避，未被击中，张氏由此悟通太极以静制动、以柔克刚之理。"

大道无为

老子曰："悬法设赏而不能移风易俗者，诚心不抱也。故听其音则知其风，观其乐即知其俗，见其俗即知其化。夫抱真效诚[1]者，感动天地，神逾方外，令行禁止，诚通其道而达其意，虽无一言，天下万民、禽兽、鬼神与之变化。故太上神化[2]，其次使不得为非，其下赏贤而罚暴。大道无为，无为即无有，无有者不居[3]也，不居者即处无形，无形者不动，不动者无言也，无言者即静而无声无形，无声无形者，视之不见，听之不闻，是谓微妙[4]，是谓至神，绵绵若存[5]，是谓天地之根。道无形无声，故圣人强为之形，以一字为名，天地之道。大以小为本，多以少为始，天子以天地为品[6]，以万物为资，功德至大，势名至贵，二德之美与天地配，故不可不轨大道以为天下母。"

老子说："颁布法令、设立赏金还不能改变世风习俗，是因为其心不诚。所以说，听了话音知道其世风，观赏了乐舞知道其习俗，看见了世风习俗即知道其教化的状况。拥有真诚并呈献真诚的人，可以感动天地，其精神超然于世俗礼教之外，令行禁止。如果内可以通达大道而外可以表达意志，尽管没有一句语言，天地之内的民众、禽兽乃至鬼神也都会顺从他的教化而与他一起变化。所以说，以精诚的精神化导民众为最上，其次是设法禁止为非作歹，最后是奖励有德的贤人和惩治丧德的暴徒。大道无为，无为就是无有，无有就是不占有，不占有则没有形态，没有形态则没有动作，没有动作则没有言声，没有言声即冥默静寂，归于没有声形的状态。没有音声与形状，看它看不见，听它听不到，玄妙而不可捉摸，可说是极致的神妙，微弱至极而仿佛存在，可说是天与地的根本与源头。大道没有形态没有音声，所以有道德的圣人勉强给它起了一个名字，这个名字为天地之道。大以小为它的基础，多以少为它的开始，统治天下的天子以博大浑厚的天地为品，以自然界林林总总的万物为资，功业与恩德无可比拟，形势与名望至为尊贵，二德的美可以与天地匹配，所以不可不以之为法度。伟大的道是天下万物的始源。"

○ 品画鉴宝 原始瓷鼎·战国

◎ **原文注释**

〔1〕效诚：献出诚意。《史记·秦始皇本纪》："异日韩王纳地效玺。"

〔2〕太上神化：太上、最上。《大戴礼记·曾子立事》："太上乐善，其次安之，其下亦能自强。"太上神化，意谓以精神化导民俗为最上。

〔3〕不居：即不占有。《老子》："功成不居。"

〔4〕微妙：意谓玄妙而不可捉摸。

〔5〕绵绵若存：微弱至极而仿佛存在。绵绵，薄弱、微弱貌。

〔6〕品：品类、品级。《汉书·匈奴传》："给缯絮食物有品。"

◎ **拓展阅读**

中派

元代道士李道纯所首创的一种内丹功法，即中派功法。它讲究中黄直透，以守中为一贯功夫，不用后升前降。所谓"中黄"，《太一金华宗旨》称："盖以中黄，在人身地天之正中，即易之黄中，释氏所谓缘中，吾宗名曰玄牝之门，乃是生天生地，生人生物之玄窍，修道成真之基。"《道枢》说："脾者，胃也。""中黄直透"就是所谓一窍通百窍通，得其环中以应无穷之意。

老子曰："赈穷补急则名生，起利除害即功成。世无灾害，虽圣无所施其德，上下和睦，虽贤无所立其功。故至人[1]之治，含德抱道，推诚乐施，无穷之智寝说[2]而不言，天下莫知贵其不言者，故道可道，非常道也，名可名，非常名也。著于竹帛[3]，镂于金石[4]，可传于人者，皆其粗[5]也。三皇五帝三王[6]，殊事而同心，异路而同归，末世[7]之学者，不知道之所体，一德之所总要，取成事之迹，跪坐而言之，虽博学多闻，不免于乱。"

老子说："赈济穷困、补救窘急就会有乐善好施的美名，造就利益除却祸害就产生功德成就。假如世间无灾无害，即便圣人在世，也无法施与他的恩德；上下和睦协调，即便贤人在此也没办法建立他的功德。所以，达到最高道德境界的至人之治，将包含道而体现德，推广精诚而乐于施与，不能穷尽的智慧永在但却停止了言论，普天之下没有人能认识到他无言的可贵。所以说，可以用言语阐述的道，不是永恒而普遍的道；可以用言语表述的名，也不是永恒而普遍的名。载于竹简帛书的史册，镌刻于钟鼎石碑的铭文，这些都是可以传于后世的东西，但仅仅获有其表面大概的东西。古时的三皇、五帝与三王，他们治理政事的行迹虽然不一样，然而精神却相同。处于世道衰败之际的学者们没有领悟到，大道的根本所在，是总汇之于一德。他们断章取义探取前王成事行迹，只是坐而论道，尽管学问广博，也将难免产生混乱。"

◎ 原文注释

〔1〕至人：古代用以指思想道德达到最高境界的人。《荀子·天论》："故明于天人之分，可谓至人矣。"

〔2〕寝说：停止言论。寝，止息。王褒《四子讲德论》："秦人寝兵。"

〔3〕竹帛：古代供书写使用的竹简与白绢，此处代指"史书"。

〔4〕金石：刻于钟鼎称金，镌于石碑称石，此处指传名之举。

〔5〕粗：大致、大概。此处意谓得其表面的大概而未能获得实质性的精华。

〔6〕三皇、五帝、三王：三皇，传说中的远古帝王伏羲、女娲、神农。五帝，传说中的上古帝王黄帝、颛顼、帝喾、唐尧、虞舜。三王，即夏禹、商汤、周文王。

〔7〕末世：通常指一个朝代的末朝，含"社会衰败"之意。

○ 品画鉴宝　原始瓷盅式碗·战国

◎ **拓展阅读**

先后三宝论

道家认为，人有三宝：神、气、精。三宝又有先天后天之分。先天三宝指元神、元气、元精。元气又称先天之气，出于肾而作用于全身。古人云：人有气则神旺，神旺则气全；神去则气绝，气绝则神去。后天三宝则指思虑神、呼吸气、交感精。这三者之间相互渗透，又各有特点，与先天三宝彼此联系，所以较难分辨，需要随着气功功夫的加深认真体察。

圣人之德

老子曰："心之精者，可以神化而不可说道。圣人不降席而匡[1]天下，情甚于枭呼[2]。故同言而信，信[3]在言前也，同令而行，诚在令外也。圣人在上，民化如神，情以先之，动于上不应于下者，情令殊也。三月婴儿未知利害，而慈母爱之愈笃[4]者，情也。故言之用者变，变乎小哉，不言之用者变，变乎大哉。信君子[5]之言，忠[6]君子之意，忠信形于内，感动应乎外，贤圣之化也。"

老子说："思维的精致、精妙处，在于可以借精神去领悟消化，却不可以用言语去说明。圣人不离开他的座席便可获得匡救天下的功德，其精诚之情的感召比登越山巅的高呼更强。所以说，同一其言即是讲求信用，信用的意念在言语之先，同一其令即可以令行禁止，但同时也有一个'诚'的精神在政令之外。君主在上位，但居下的民众却被教化得如同出于神意，这就是精诚之情在先的缘故；君主在上发动然而民众不顺应，是精诚之情与政令无法统一的缘故。三个月的婴孩不知道利害而举动，慈悲的母亲不以为怪，反而爱护得更加深厚，这是母爱之情的缘故。所以说，使用言语去改变、去化导，产生的变化是不大的，而不使用言语去改变、去化导，发生的变化将是重大的。信用不欺是君子的言语，忠诚不二是君子的志意，忠信的品性于精神的深处形成，感触而动的反应发生在他的外部，这就是有道德的贤圣之人的教化呵。"

◎ **原文注释**

〔1〕匡：救助，拯救。《左传·成公十八年》："匡乏困。"〔2〕枭呼：登高一呼。枭，山顶。《管子·地员》："其山之枭，多桔符榆。"〔3〕信：诚实、不欺。《论语·学而》："与朋交而不信乎？〔4〕笃：深、甚。《南史·文学传》："盖由时主笃好文章。"〔5〕君子：此处指有德者。《礼记·曲礼》："博闻强识而让，敦善行而不怠，谓之君子。"〔6〕忠：忠诚，待人处事尽心竭力而没有二意。

◎ **拓展阅读**

长春真人

即丘处机。金、元时道士，全真道龙门派创始人。字通密，号长春子，世称长春真人。登州栖霞人（今属山东）。敏而强记，博而高才。十九岁时出家，随学于王重阳。王重阳死后，入点溪穴居，历时6年。后又赴陇州龙门山（今宝鸡市东南），隐居潜修7年，创全真道龙门派。其著述有《大丹直指》，书中用图、诀、诀义等详述9种炼丹的方法。

老子曰："子之死父，臣之死君，非出死以求名也，恩心藏于中而不违其难也。君子之憯怛[1]非正为也，自中出者也亦察其所行。圣人不惭于景[2]，君子慎其独也[3]，舍近期远，塞[4]矣。故圣人在上则民乐其治，在下则民慕其意，志不忘乎欲利人也。"

老子说："做儿子的为父死，做臣子的为君死，这不是借死来博取声名，而是他们的心中有了感恩的念头，因而不能逃避君父的危难。有道德意识的君子的忧虑与悲痛，并不是有意的作派，而是源于他们真诚的心意。所以，我们也可以观察辨别君子、非君子的行为。有德的圣人不会愧对他的身影，有德的君子即使独处时也十分谨慎。体道修真的锻炼，如果舍弃本身之近而往求于身外之远，其结果必然是阻塞不通的。有德的圣人居上治理，民众高兴他的治理，居下修道，民众仰慕他的志意，因为有德的圣人的生命旨趣在于利益他人啊。"

◎ 原文注释

〔1〕憯怛：同"惨怛"，忧伤、悲痛。

〔2〕不惭于景：面对自己而无愧。景，即身影。

〔3〕慎其独也：即慎独，指独处无人也要慎重自己的言行。《礼记·中庸》："莫见乎隐，莫显乎微，故君子慎其独也。"

〔4〕塞：堵塞、阻塞。此处意谓因道路不通、方法不对而行不通。

◎ 拓展阅读

丹鼎派

又称金丹道教。道教中以炼金丹求仙为主的各道派通称为丹鼎派。最早由古代的神仙家、方仙道发展而来。丹鼎派流传至今的早期理论著作《周易参同契》被奉为万古丹经王，对后世炼丹家影响极大。魏晋时，葛洪进一步发展了金丹派神仙道教，并对其作了理论上的总结。南北朝隋唐时期，丹鼎派以炼外丹为主要特征。宋元以后，由外丹转向内丹。丹鼎派推动了我国古代化学冶炼、气功养生学的发展。

○ 品画鉴宝　楼阁山水图·元·孙君泽　此图师法南宋马、夏山水画风，山石的劈皴法，瘦硬如屈铁的松树，远山的勾染，都显示了精谨严整的院体风格。

老子曰："勇士一呼，三军皆辟[1]，其出之诚也；唱而不和，意而不载[2]，中[3]必有不合者也。不下席而匡天下者，求诸己也。故说[4]之所不至者，容貌[5]至焉；容貌所不至者，感忽[6]至焉。感乎心发而成形，精之至者可形接，不可以照期[7]。"

老子说："勇敢的战士发出呼声，三军都为之后退，这是因为呼声中包含着决一死战的诚意。发出倡导却没有响应，形成意念而不能开始，这是因为内心里存在着与诚意相冲突的东西。未曾离开座椅即拯救了天下，是向内反省并寻求自己的结果。所以说，动员、说服那些没有来朝觐的，仿佛已见他的仪态，想象中的仪态未见，则恍惚他已到，从心中感觉出他朝觐的形象，这是精诚之意发挥功用的结果。它可以形象的对接，不可以强求证验。"

◎ 原文注释

〔1〕三军皆辟（bì）：全军躲避、溃退。三军，我国春秋时代诸侯多设中、上、下三军，以中军将领为统帅。辟，躲避、闪开。《史记·张丞相列传》："高祖尝辟吏。"〔2〕意而不载：有意而不能开始。载，开始。《诗·豳风·七月》："春日载阳。"〔3〕中：内里。〔4〕说：劝说、说服。〔5〕容貌：仪容。〔6〕感忽：恍惚。《荀子·议兵》："善用兵者，感忽悠暗，莫知其所从出。"〔7〕照期：照，凭证。照期，意即期待凭证、证验。

◎ 拓展阅读

三十六洞天

三十六洞天：第一霍林洞天、第二蓬玄洞天、第三朱陵洞天、第四仙林洞天、第五玄关洞天、第六司马洞天、第七虚陵洞天、第八灵真洞天、第九山赤水洞天、第十极亢洞天、第十一玄德洞天、第十二天宝洞天、第十三生上洞天、第十四天司洞天、第十五玄真洞天、第十六真化洞天、第十七太乐洞天、第十八大玉洞天、第十九耀宝洞天、第二十宝玄洞天、第二十一秀乐洞天、第二十二玉宝洞天、第二十三阳观洞天、第二十四太元洞天、第二十五华妙洞天、第二十六金庭洞天、第二十七丹霞洞天、第二十八仙都洞天、第二十九青田洞天、第三十朱日洞天、第三十一太生洞天、第三十二良常洞天、第三十三紫玄洞天、第三十四天盖洞天、第三十五白马洞天、第三十六金华洞天。

讲话要有主题

老子曰："言有宗，事有本，失其宗本，伎能[1]虽多，不如寡言害众者。倕[2]而使断其指，以明大巧之不可为也，故匠人智为不以能，以时闭[3]不知闭，故必杜而后开。"

老子说："说话要有主旨，做事要有基础，失去了宗旨和基础，即便技能很多，也比不上寡言少语。名匠倕因技能之名而被截断手指，说明高明的技巧不可追求。所以，工匠运用智慧不能凭借技能，而更应重视时机与条件，因此必须先阻绝其智，然后再应时而开放。"

◎ 原文注释

〔1〕伎能：技艺之术。伎，技艺。

〔2〕倕（chuí）：古代传说中的巧匠名。

〔3〕闭：局镯（jué）。

◎ 拓展阅读

老子八十一化线刻图碑

老子八十一化线刻图碑镶嵌在浮山县梁村混元石梁殿内东、西两壁。据老君洞"太上显化序"铭文载，老子八十一化线刻图刻于明嘉靖四十年（1561年）。该石刻图分别刻在39块青石板上，图文并茂，除个别文字与画面稍有损毁外，其余基本完好。石碑有大小两种：大的三块，每块长90厘米，宽31厘米；小的36块，每块长45厘米，宽31厘米。除首块刻"太上显化序"铭文和最后一块仅刻一图外，其余每大块刻四图，每小块刻两图，共计八十一化图。在这39块刻碑中有8块透明如镜光可鉴物，右4块能映"二峰夕照"，左4块可鉴"塔扇晨曦"，被历代视为奇珍。专家认为，该八十一化线刻图属国内线刻艺术之珍品。

○ 品画鉴宝　蛤蟆仙人像·元·颜辉

老子曰："圣人之从事也，所由异路而同归；存亡定倾若一志，不忘乎欲利人也。故秦楚燕魏 [1] 之歌，异声而皆乐也，九夷八狄 [2] 之哭，异声而皆哀。夫歌者乐之征，哭者哀之效 [3] 也，愔 [4] 于中，发于外，故在所以感之矣。圣人之心，日夜不忘乎欲利人，其泽 [5] 之所及亦远矣。"

圣人的心

老子说："圣人们做事的路径虽然不同，但归宿一致，生存消亡、安定危倾都如同一个意志，不忘记给别人带来好处。因此，秦、楚、燕、魏等国的歌谣，声调不同但都是乐；九夷八狄等边地异族的哭泣，声调不同但都是哀。歌声是欢乐愉悦的表征，那哀泣是痛苦悲伤的证明，寂静于内的深沉之情表现于外部，所以能将感动带到它所在的一切地方。圣人的心，日日夜夜不曾忘却给他人利益，其恩德的润泽所达到的地方也就十分远大了。"

◎ 原文注释

〔1〕秦楚燕魏：我国春秋战国时代诸侯国名。

〔2〕九夷八狄：九夷，古时谓东夷有九种。《后汉书·东夷传》："夷有九种：曰畎夷、于夷、方夷、黄夷、白夷、赤夷、玄夷、风夷、阳夷。"八狄，郭璞《尔雅注》："八狄在北。"九夷八狄，泛指东北部的少数民族部落，此针对华夏而言。

〔3〕效：效验、证明。贾谊《治安策》："故疏者必危，亲者必乱，已然之效也。"

〔4〕愔（yīn）：犹愔愔，深沉、沉默。

〔5〕泽：恩泽、恩惠。

◎ 拓展阅读

心斋

指疏理其心，摒弃智欲，澡雪精神，除却秒累，掊击其智，断绝思虑。为道教斋法的最高层（供斋、节食斋、心斋）。见《云笈七签》卷三十七。语出《庄子·人间世》："唯道虚集。虚者，心斋也。"晋郭象注曰："虚其心则至道集于怀也。"其修炼方法以虚为要，从倾听自己的呼吸入手，全神贯注地将太虚之气与道相结合，以便进入虚无忘我的境界。

○ 品画鉴宝 雪归图·明·戴进　此图描绘寒风中，一位衣衫单薄的人以袖掩面，孤独地向树丛后的房舍狂奔。蜿蜒曲折、粗放有力的线条是本幅画的一大特色。

老子曰:"人无为而治,有为也;即伤无为而治[1]者,为无为;为者不能无为也;不能无为者,不能有为也。人无言而神有言也,即伤无言而神者,载[2]无言则伤有神之神者。"

老子说:"以无为的精神去治理,是有所作为。假若以违背无为的精神去治理,那就是无所作为。有所作为的不是真正的无为精神的实践者,不能有真正无为精神的不能做到真正的有所作为。人无言语而神有言语,违背无言的精神而获得精神的人,无所言语的行为即损害了真正有精神的人。"

◎ **原文注释**

[1] 即伤无为而治:损害无为精神的治理行为。伤,损害。《论衡·问孔》:"追难孔子,何伤于义?"

[2] 载:古汉语用于语首,无义。

○ 品画鉴宝 青龙瓦当·汉

◎ **拓展阅读**

三要

要,指内丹修炼的三大要点,分为外三要"眼、耳、口"和内三要"精、气、神"。道教认为"九窍之邪,在乎三要","夫惟三要,有内三要,有外三要。内之三要者,精气神也。外之三要者,眼耳口也。眼为神之门,耳为精之门,口为气之门。视之不息,则神从眼漏;听之不息,则精从耳漏;言之不息,则气从口漏。逐于外而失于内,心为形役,是九窍之邪,在乎三要者也"。

通玄经

第三篇 · 九守

守为遵守、保守之意。九守，即指多种需要保持的操守。面对世俗诱惑，老子指出，人们应法天顺地，不可违逆自然，要与德为邻，效法大道，体悟本真。

取法于天地

老子曰："天地未形，窈窈冥冥，浑而为一，寂然清澄，重浊[1]为地，精微[2]为天，离而为四时，分而为阴阳，精气为人，粗气为虫，刚柔相推[3]，万物乃生。精神本乎天，骨骸[4]根于地，精神入其门，骨骸反其根，我尚何存？故圣人法天顺地，不拘于俗，不诱于人，以天为父，以地为母，阴阳为纲[5]，四时为纪[6]。天静以清，地定以宁，万物逆之者死，顺之者生，故静漠者神明之宅，虚无者道之所居。夫精神者所受于天也，骨骸者所禀于地也。故曰：道生一[7]，一生二[8]，二生三[9]，三生万物。万物负阴而抱阳，冲气以为和[10]。"

老子说："天地没有形成之前，幽深而昏暗，它浑然一体，静寂而澄清，之后沉重混浊的凝聚下降为地，精细微妙的飘举上升为天，离散而有四季之分，剖开而有阴阳之别，精华之气凝聚为人，粗糙之气结聚为虫，刚柔之性相反相成，于是万物产生。精神来自天，人的形质来源于地，假使精神归于它的路径，形质返回它的根本，我还有什么存在呢？所以，有道德的圣人取法于天顺从于地，不被世俗拘系，不受人欲诱惑，把天当作父亲，把地当作母亲，把阴阳当作纲领，把四时当作法度。昊天静寂而清澈，大地稳定而安宁，万物背逆天地自然的法则就会死亡，顺应天地自然的法则则生存。所以说静谧无声是神明的居所，冲虚空无是大道的居所。那精神的东西，来自天的禀授；那形质的东西，来自地的禀授。所以说，道产生了一，一产生了二，二产生了三，三产生了万物。万物背负阴而怀抱阳，阴、阳二气相互作用才形成了统一和谐的状态。"

◎ 原文注释

[1] 重浊：沉重不清。重，沉重。

[2] 精微：精粹微妙。精，精粹。

[3] 刚柔相推：刚，性质刚硬、刚强。柔，性质柔软、柔顺。刚柔相成，意即性质相反而相成。

[4] 骨骸：人体骨节。此处意指人的有形可触的实体部分。

[5] 纲：事物起决定作用的部分。《北史·源贺传》："为政贵当举纲。"

[6] 纪：法度、准则。《后汉书·邓禹传》："师行有纪。"

[7] 一：此处指从无形的道中所派生出来的混沌之气。

[8] 二：此处指从混沌之气中剖分出来的阴、阳二气。

[9] 三：此处指阴、阳二气对立作用后的新的统一状态，为万物演化产生的基础。

[10] 冲气以为和：阴、阳二气对立矛盾运动完结后的统一和谐状态。

◎ 拓展阅读

盖竹山

道教三十六小洞天之一。位于浙江省临海市南。因满山翠竹，郁郁葱葱，故又名竹
叶山。顶有两峰，其一如腾龙耸立，双岩似龙角，其一若奔狮，两石开裂如狮口。
两峰遥遥相对，人称"龙狮相凑"。"奔狮峰"上有一个石洞，洞前翠竹覆盖，故名
盖竹洞。《云笈七签》卷二十七"洞天福地"记载它为道教"第十九洞天"，名曰"长
耀宝光洞天"。洞内原有道观，后被毁，现仅存石井、石碑等名胜古迹。

人受天地变化而生

老子曰："人受天地变化而生，一月而膏[1]，二月血脉，三月而胚[2]，四月而胎，五月而筋，六月而骨，七月而成形，八月而动，九月而躁，十月而生。形骸已成，五藏乃分，肝主目，肾主耳，脾主舌，肺主鼻，胆主口，外为表，中为里，头圆法天，足方象地。天有四时、五行、九曜[3]、三百六十日，人有四支、五藏、九窍、三百六十节[4]。天有风雨寒暑，人有取与喜怒，胆为云，肺为气，脾为风，肾为雨，肝为雷，人与天地相类而心为之主。耳目者日月也，血气者风雨也，日月失行，薄蚀无光；风雨非时，毁坼[5]生灾，五星失行，州国[6]受其殃。天地之道，至闳[7]以大，尚由[8]节其章光，爱其神明，人之耳目何能久熏[9]而不息？精神何能驰骋而不乏？是故圣人守内而不失外。夫血气者人之华[10]也，五藏者人之精也，血气专乎内而不外越，则胸腹充而嗜欲寡，嗜欲寡则耳目清而听视聪达，听视聪达谓之明。

老子说："人禀受天地造化而生成，一月受其润泽，二月生成血脉，三月、四月生成胚胎，五月生成筋络，六月生成骨骼，七月形体完成，八月于胎中蠕动，九月动作加剧，十月出生问世。体形骨骼形成，五脏也随之分化完成，肝脏掌管眼睛，肾脏掌管耳朵，脾脏掌管舌头，肺脏掌管鼻子，胆掌管嘴。外在的器官为表，内里的器官为里。圆形头颅取法于天象，方形的脚取法于地象。天有四季、五行、九星、三百六十天，人有四肢、五脏、九窍、三百六十骨节。天有风雨暑热之变化，人有取舍喜怒之情态。人的胆仿佛天上的云，人的肺仿佛空中的气，人的脾仿佛空中的

○ 品画鉴宝　冶麓幽栖图·清·陈卓

188

风，人的肾仿佛天上的雨，人的肝仿佛空中的雷，人与天地自然类似，而心是他的主管。人的耳目如日月，人的血气如风雨，太阳、月亮运行失序，就会相互迫近遮掩而导致光芒消逝，刮风降雨不能按时，则将毁灭撕裂世间生灵，五星运行失序，诸侯王国将承受灾殃。天道地道，至为广大，尚且节制它的光色、爱惜它的神明，人的耳目器官怎么能长期承受侵袭而不停止呢？人的精神怎么能一直纵横驰骋而不困乏呢？所以，有道德的圣人守护内里而不丧失外表。血脉精气是人的精华，五脏六腑是人的精粹，血气凝聚于内里而不坠落于外表，那么胸腹将充实而减损癖好，癖好减少，那么眼睛耳朵自然就会清新而耳聪目明，听力视力聪明就叫作"明"。

◎ 原文注释

〔1〕膏：滋润，此处名词用作动词。〔2〕胚：旧时指称妇女怀胎一月，此处指三月。〔3〕九曜：即九星。《素问·天元纪大论》："九星悬朗，七曜周旋。"高士宗《直解》："九星：天蓬、天芮、天冲、天辅、天禽、天心、天柱、天任、天英也。九星悬朗于上，下应九州。"〔4〕节：人的骨节。《素问·生气通天论》："五藏十二节。"〔5〕坼：分裂、裂开。《战国策·赵策》："天崩地坼。"〔6〕州国：州，先秦的州为传说中的行政区划，如"九州"、"十二州"说等。国，春秋时诸侯的封地称国。州国，泛指诸侯封地。〔7〕至闳：闳，宏大、广大。《韩非子·难言》："闳大广博。"至闳，意即至大。〔8〕由：通"犹"，如同、好像。《孟子·公孙丑上》："由弓人而耻为弓。"〔9〕熏：气味侵袭。〔10〕华：精华。

◎ 拓展阅读

清微仙谱

元初道士陈采撰。陈采，建安人，生平不详。此书前有陈采于元世祖至元三十年（1293年）所作的自序，称清微派重要传人黄舜申，"近膺诏命入觐，得旨还山，予始获登先生之门"。由此可知，陈采系黄舜申之弟子。该书首列"清微道宗"、"上清启图"、"灵宝宗旨"、"道德正宗"、"正一渊源"等目，叙述清微派的渊源，末尾又列"会道"一节，叙述清微派的传系。此书是研究清微派教史的重要著作。

○ 品画鉴宝 货郎图·明·吕文英 这幅画以雕栏玉砌、花木映衬的庭院为场景,表现了卖货郎以各种小商品逗诱孩童的快乐情景。

五藏能属于心而无离，则气意胜而行不僻[1]，精神盛而气不散，以听无不闻，以视无不见，以为无不成，患祸无由入，邪气不能袭；故所求多者所得少，所见大者所知少。夫孔窍者，精神之户牖，血气者，五藏之使候[2]，故耳目淫于声色，即五藏动摇而不定，血气滔荡而不休，精神驰骋而不守，祸福之至虽如丘山，无由识之矣，故圣人爱而不越。圣人诚使[3]耳目精明玄达，无所诱慕，意气无使清净而少嗜欲，五藏便宁，精神内守形骸而不越，即观乎往世之外，来事[4]之内，祸福之间可足见也。故其出弥远者，其知弥少。以言精神不可使外淫也。故五色乱目，使目不明，五音乱耳，使耳不聪，五味乱口，使口生创[5]，趣舍滑心[6]，使行飞扬[7]。故嗜欲使人气淫，好憎使人精劳，不疾[8]去之则志气日耗。夫人所以不能终其天年[9]者，以其生生之厚，夫唯无以生为者，即所以得长生，天地运而相通，万物总而为一，能知一即无一之不知也，不能知一即无一之能知也。吾处天下亦为一物，而物亦物也，物之与物，何以相物[10]？欲生不可事也，憎死不可辞也，贱之不可憎也，贵之不可喜也，因其资而宁之，弗敢极也，弗敢极也，即至乐极矣。"

　　五脏能附属于心而不背离，人才会意气充沛并且行为端正。人的精力旺盛而且气能凝聚，则无所不闻，无所不见，做事则无所不成，灾祸没有侵入的渠道，邪气也无法侵入。所以，追求的越多得到的越少，看见的越大认知的越小。人体的七孔九窍是精神的门户窗口。人体的血脉精气则是五脏的哨所，所以说，耳目器官如果一味沉湎于声色之悦，那么五脏将晃动摇摆无法安生，血气也滔滔荡荡不得休息，精神则奔驰不停不能固守，祸患与福祉的降临，尽管似丘陵山岳般显赫，也将无法看见。因此，有道德的圣人爱物但不沉迷于物。圣人假如要达致微妙的境界，那就要不受任何诱惑，使意气不失清明快净，减少嗜欲，使五脏安生、精神内守，形质不坠。如果我们观察于往世之外、将来之事之内，祸患与福祉之间的取鉴是可以充分看到的。所以说，离开得越远，所获得的认知就越少，这就是说内在的精神不可沉溺于外在感官的放纵，因为五彩缤纷会扰乱眼睛并导致失明；众多音调会使耳失聪；众多滋味会使口腔生疮，取舍不定会扰乱心志，致使行为放纵。所以说，嗜欲会使精气的使用失去节制，好憎会使精力的使用劳顿不已，如不尽快祛除嗜欲好憎的习惯情绪，人的心志精气就将日益耗损。人之所以不能享受其自然的寿命，是因为他奉养过度，惟有去除刻意奉养生命的行为，才能获取长生之道。天与地的运转，虽天悬地隔但其中相通，林林总总的万物，虽形态各异也总归于一，能知一（一即道）就知道万物，不能知一（一即道）将不知道万物。我在天地之间是一个物，而

它物也是一个物，我物与它物都是物，试问我物又凭借什么审察它物？渴望追求生存不可有意作为，厌恶死亡不可违逆自然，处于卑贱低下不可生厌憎之情，处于尊贵高上的地位不可生欣喜之情，因循资质而平静地面对现状，不敢心存追逐极至的愿望，这样一来，快乐也就会很快到达极点。"

◎ 原文注释

〔1〕僻：行为不正，邪僻。《韩非子·八说》："弱子有僻行，使之随师。"〔2〕使候：候，守望、放哨。《汉书·匈奴传上》："是时汉边郡烽火候望精明。"使候，即使放哨，使警戒，这里用作名词，即哨所、守望之意。〔3〕诚使：诚，表示假设。诚使，意谓假如要使……〔4〕来事：将来之事。来，将来。《荀子·解蔽》："不慕往，不闵来。"〔5〕创：伤，伤口。《后汉书·华佗传》："四五日创愈。"〔6〕趣舍滑心：趣舍，也写作"趋舍"，趋向或舍弃，进取或退止。《荀子·修身》："趣舍无定，谓之无常。"趣舍滑心，意谓取舍不定而扰乱心志。〔7〕飞扬：放纵。《淮南子·精神训》："趣舍滑心，使行飞扬。"高诱注："飞扬，不从轨度也。"〔8〕疾：快，急速。〔9〕天年：指人自然寿命的限度。《史记·范雎蔡泽列传》："终其天年，而不夭伤。"〔10〕何以相物：凭什么去审察物。相，审察。《韩非子·说林下》："伯乐教其所憎者相千里之马，教其所爱者相驽马。"

◎ 拓展阅读

掖县道士谷

位于山东掖县城东5公里的大基山中。谷呈近三角的瓢形，长约1.5公里，宽0.8公里。谷内群峰环抱，怪石突兀，其西南角有一个豁口，自成天然门户。走进山谷之中，清泉四涌，溪流纵横，林木蓊郁，花果飘香。谷中崖壁间有历代摩崖石刻二十五处，其中传为北魏书法家郑道昭所书者十处，其字体风格与文峰山石刻极为相同。金元时，为道家所居，有太清宫、先天观等建筑，现均已被毁。

老子曰："所谓圣人者，因时而安其位，当世[1]而乐其业。夫哀乐者德之邪，好憎者心之累，喜怒者道之过；故其生也天行[2]，其死也物化[3]，静即与阴合德，动即与阳同波。故心者形之主也，神者心之宝也，形劳而不休即蹶[4]；精用而不已则竭，是以圣人遵之不敢越也。以无应有，必究其理，以虚受实，必穷其节，恬愉虚静，以终其命，无所疏[5]，无所亲，抱德炀和[6]，以顺于天，与道为际[7]，以德为邻，不为福始，不为祸先，死生无变于己，故曰至神。神则以求无不得也，以为无不成也。"

老子说："圣人因时顺势而能安定他的统治地位，随世顺俗而能安乐于他的事业。哀、乐与德相邻，好与憎是心的负担，喜与怒是道的过失。所以生存是自然天行的意志，死亡也和物质的变化一样，宁静与阴的德行吻合，躁动与阳共行。所以说，心是形体的主宰与支配，神则是心的宝物，形体劳顿而不休息就会衰竭，精气耗用而不能止息就会涸竭，有道德的圣人因此方才遵守精神虚寂的法则，不敢放纵。以虚空的无对实在的有作出反应，必然穷究其理，用空虚的精神接受实在的事物，必然穷究它的关节。但是用一种恬淡愉悦空虚寂静的精神，走向生命的终结，没有什么可疏远的，没有什么可亲近的。胸中蕴含着大德，融和锻造成和谐万物的精神，以顺应天的法则。与大道交合为一点，与大德合为近邻，不因福而争始，不因祸而争先，生与死也不能改变于我，所以称作"最高之神"。具备了这种精神，用以追求万物则无所得，用以作天下事则无所不成。"

◎ 原文注释

[1] 当世：随顺世俗。《汉书·韩安国传》："安国为人多大略，知足以当世取舍，而出于忠厚。"王光谦补注曰："明于趋避，所言所行当世俗意也"。

○ 品画鉴宝　女孝经图·北宋　本图中人物的面貌与动作细腻逼真，设色温雅，水平极高。

○ 品画鉴宝　携琴访友图·明·戴进　此图寥寥数笔，画出远山江岸，画中人物、草亭、松林俱佳，作画者落笔纵放老辣，风驰电掣，极富书法韵味。

〔2〕天行：不以人的意志为转移的自然运行规律。

〔3〕物化：庄学以为人死如物化，与他物无差别。此处即指人死。秦观《送少章弟赴仁和主簿》："辨才虽物化，参寥犹凤昔。"

〔4〕蹶：竭尽、枯竭。贾谊《论积贮疏》："生之者甚少而靡之者甚多，天下财产何得不蹶？"

〔5〕疏：疏远，不亲近。《汉书·元帝纪》："繇是疏太子而爱淮阳王。"

〔6〕炀和：炀，通"烊"，熔化金属。炀和，意谓浑融和谐之精神。

〔7〕际：会合、交际。《易·坎》："刚柔际也。"此处用作名词，意谓会合点、交际复合点。

194

◎ 拓展阅读

黄冠道士

"道士"的称谓语。《至道太清玉册·冠服制度章》记载："古之衣冠皆黄帝之时衣冠也，自后赵武灵王改为胡服，而中国稍有变者，至隋炀帝东巡使于畋猎，尽为胡服，独道士之衣冠尚存，故曰有黄冠之称。"一说起于隋代李播。据《新唐书·方技传》记述："李淳风父播，仕隋高唐尉，弃官为道士，号黄冠子。"后代于是称道士为"黄冠"。古时黄冠一般指男道士，今一般称为"乾道"。

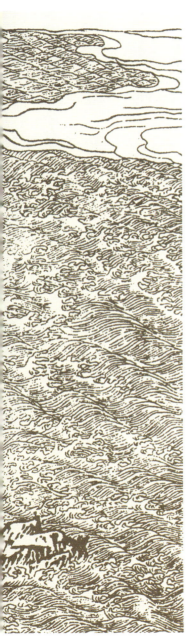

老子曰："轻天下即神无累，细万物即心不惑[1]，齐生死则意不慑[2]，同变化则明不眩[3]。夫至人倚不饶之柱[4]，行无关之途[5]，禀不竭之府[6]，学不死之师，无往而不遂，无之而不通，屈伸俯仰，抱命不惑，而宛转[7]祸福，利害不足以患心。夫为义者可迫以仁，而不可劫[8]以兵，可正以义，不可悬以利；君子死义，不可以富贵留也，为义者不可以死亡恐也，又况于无为者乎？无为者即无累，无累之人，以天下为影柱[9]。上观至人之伦，深原道德之意。下考世俗之行，乃足以羞也；夫无以天下为者，学之建鼓也[10]。"

老子说："将天下看轻，精神就不会受累，将万物看小就不会受到诱惑，将生与死视作同一等事，心意就不会发生恐惧，将变与不变看作同一等事则神明不会迷乱。那具有最高道德境界的人背倚着不弯曲的柱子，行进于没有关卡的旅途，承受着取之不尽的府藏，就学于不会死亡的高师，没有他不能到达的地方，没有他不通晓的事，委屈伸张自如，胸怀天命顺于自然，祸与福、利与害都无法使他发生忧虑。对那些持守义德的人，可以用'仁'德去靠近他，但不能使用兵器胁迫，也可以用'义'去验证，但不可使用利去诱惑。有德的君子可以为义去死，是无法使用富贵挽留的，死亡尚且不能恐吓那些富涵义德精神的人，更何况是对于那些具备无为精神的人呢？无为，就是不被任何东西所牵累，无所牵累的人视天下仿佛木柱的投影。他向上看看那些最具道德境界的至人，从深处探求道德的本原意义，向下看看俗世之人的行径，就足以产生羞愧。若不以天下之事为己任，效法大道而不能得其本意，也就只是击鼓而闭藏其鼓声的作为了。"

〔1〕细万物即心不惑：细，微小。细万物，以万物为微小。细
　　万物即心不惑，意谓视万物为小，则心就不会受到外界
　　迷惑。

〔2〕齐生死则意不慑：齐生死，以生与死为同一。慑，恐惧、
　　害怕。齐生死则意不慑，意谓视生死为同一之事就不会感
　　到恐惧。

〔3〕眩：迷乱，迷惑。

〔4〕不挠之柱：不弯曲的柱子。挠，弯曲。

〔5〕无关之途：关，关口、关卡。无关之途，没有关隘阻塞的
　　路途。

〔6〕禀不竭之府：禀，受、接受。禀不竭之府，接受取之不尽
　　的府藏。

〔7〕宛转：也写作"婉转"。婉曲随顺，委宛曲折。

〔8〕劫：威逼、威胁。《史记·高祖本纪》："因劫众，众不敢
　　不听。"

〔9〕影柱：默希子注"影柱，虚无也。""影柱"，实为柱影，柱
　　影则有其影而无其实，因而可归于虚无。

〔10〕学之建鼓也：学，效法、模仿。建，锁闭、闭藏。建鼓，
　　意即闭藏击鼓之声。

◎ 拓展阅读

黄谷山

道教山名。旧名大玉峰，在今江西省玉山县去县城二里许。据
记载，其山"崇亢耸拔高可数十步，山之半折径而上有泉出古
窦中，布石为井，名曰冰壶。径左有石洞，去洞数步有石若鼓
状，击皆有声，石前近溪，名为大黄潭。溪之滨有功曹山，山
之下有龙洞。相传唐相国阎公立本宅于此。其东有佛院贯休寺，
其西有东岳祠。寺之北为三清山，峰秀若笔立，传吴葛仙公玄
与德兴李尚书某，曾隐居修炼其间"。

○ 品画鉴宝　许由巢父图·明·吴伟　此画取材于许由拒绝尧的禅让而隐居其山的
故事。画中的背景空灵，既表现了空间深远感，又衬托出了前景的主体人物。

守平

老子曰："尊势厚利，人之所贪，比之身则贱，故圣人食足以充虚接气，衣足以盖形御寒，适情辞余，不贪得，不多积。精目不视，静耳不听，闭口不言，委[1]心不虑，弃聪明，反太素[2]，休精神，去知故，无好无憎，是谓大通。除秽去累，莫如未始出其宗，何为而不成？知养生之和者，即不可悬以利；通内外之符[3]者，不可诱[4]以势。无外之外，至大；无内之内，至贵。能知大贵，何往不遂？"

老子说："尊贵的权势和丰厚的利益，是人们所贪求的东西，但这些东西和人身相比较则轻微卑贱，甚至是微不足道的。因此，圣人只求吃饱了去补充虚竭，接续生存之气，只求衣裳能够遮盖形体抵御风寒，凭需要而取物不要多余的，不事贪婪之得，不事过度之积，让眼睛只看清闲的东西，让耳朵只听宁静的东西，闭口不言语，放弃心思不作忧虑。抛弃耳聪目明的智巧，归返于原始的朴素，休息精神，去除知故，无所喜好无所厌憎，这就是最高的通解彻悟。去除邪秽、牵累，不如未生萌芽时持守守平之道，那么还有什么做不成呢？知道养生之道在于和谐的人，不可用利去诱惑；通晓心内体外生命征兆的人，不可以用势去诱惑。没有外在界限的外，最大；没有内在之内的内，最贵。你能认知把握了最大、最贵，又怎能不成功呢？"

◎ 原文注释

[1] 委：抛弃、舍弃。

[2] 太素：古代指形成天地的素质。《列子·天瑞》："太素者，质之始也。"此处意指朴素。

[3] 符：符命、征兆。

[4] 诱：诱惑。

◎ 拓展阅读

斗母

指"北斗星"。我国古代的星象学上称它为"极星"。世传北斗注死，因此人们有了重病，便向北斗去乞命。这是汉代以来的一个风俗。道教中更以斗母作为他们的尊神之一。北京白云观南极殿楼上的斗姆阁，所祀奉的就是斗母。道经中的《太上玄元斗姆大圣元君本命延生经》、《北斗九皇隐讳经》、《北斗治法武威经》等都是道坛上经常持诵的经典。

老子曰："古之为道者，理情性，治心术，养以和，持以适，乐道而忘贱，安德而忘贫。性有不欲，无欲而不得，心有不乐，无乐而不为，无益于性者不以累德，不便于生者不以滑和，不纵身肆意，而制度[1]，可以为天下仪。量腹而食，制形而衣，容身而居，适情而行，余天而不有，委万物而不利，岂为贫富贵贱失其性命哉夫！若然者，可谓能体道矣。"

老子说："古代实践大道的人，协调性情，整治心术，培养和谐的性情，持守心术以适度为准，安乐于道的境界而忘却卑贱，安宁于操守而忘却贫困。本性中没有欲念，没有欲念便无所不得，心绪中没有愉悦，没有愉悦则无所不乐。不做不能增益于性情的事，因为它使德负累；不做不便于生命的事，因为它将扰乱生的和谐。做到谨慎从事不放纵行为法度，便可以作天下的楷模了。根据自己的食量而饮食，根据自己的体形来作衣，居屋不求奢华容身即可，行事不求放纵适情就行，知足而不占有以天下为有余，能放弃万物之利，又怎么会因为贫富贵贱而失去自然的性命呢！如果能够做到这些，就可以说是能够体悟大道了。"

◎ 原文注释

〔1〕制度：规模、法度。

◎ 拓展阅读

全真教

也称全真道或全真派。道教教派。金初创立。因创始人王重阳在山东宁海（今山东牟平）自题所居庵为全真堂，凡入道者皆称全真道士而得名。全真道以《道德经》、《般若波罗蜜多心经》、《孝经》为主要经典，认为清静无为乃修道之本，并主张除情去欲，心地清静，以求返朴存真，识心见性。该派注重修炼"性命"，入派修道者必须出家，并须忍耻含垢，苦己利人，戒杀戒色，节食少眠。

○ 品画鉴宝　上清灵宝天尊　道教最高尊神『三清』之一，又称『太上道君』。灵宝天尊居三十六天之上的禹余天上清境。道教认为『灵宝出法，随世度人』。他主宰和象征混沌始判，阴阳分明的第二个大世纪，道教称『洪元』时期。

守清

老子曰："人受气于天者，耳目之于声色也，鼻口之于芳臭也，肌肤之于寒温也，其情一也；或[1]以死，或以生，或为君子，或为小人，所以为制者异。神者智之渊也，神清则智明；智者心之府也，智公则心平。人莫鉴于流潦而鉴[2]于澄水，以其清且静也。故神清意平，乃能形物之情，故用之者必假于不用者。夫鉴明者则尘垢不污也，神清者嗜欲不误[3]也，故心有所至，则神慨然在之；反之于虚，则消躁藏息矣，此圣人之游也。故治天下者，必达性命之情而后可也。"

老子说："人禀承天之气而生成，就好像耳与目是与声色相应的，鼻与口是应之于芳香气味的，身体肌肤是能够感受到气候寒暖的，它们受用于外物的道理是一致的。有的人死了，有的人活着，有的人成为有德的君子，有的人成为无德的小人，所有差异，在于禀受外物所受制约不一样。神明是智慧的渊薮，神明清晰则智慧明快；智慧是以灵台为居所的，智慧公正无私则心境平静。人不在流动的水中照影而在静止不动的水中照影，是因为它又清又静，所以说神明清则心意平，物情也因此才能显示，所以神明的使用必须借助神明的不用（即'守清'，保持神明清淡）。明净的镜子，尘垢将无法污染它，那清淡的神明，嗜欲也将无法蒙蔽它，心意欲念所到的地方，神明也将伴随，心意欲念归返于虚空，则神明消其躁动而归于止息，这就是圣人的精神之游。所以说，治理天下的人必须先通达生命之道，然后才可以去治理天下。"

◎ 原文注释

[1] 或：不定人称代词，有的人。司马迁《报任安书》："人固有一死，或重于泰山，或轻于鸿毛。"

[2] 鉴：照影。《庄子·德充符》："人莫鉴于流水，而鉴于止水。"

[3] 误：使受害。杜甫《奉赠韦左丞丈》："纨绔不饿死，儒冠多误身。"

◎ 拓展阅读

云南云峰山

位于云南腾冲县城西北50多公里的瑞滇乡。远看山形如玉笋挺立，直插天际，因峰腰常常云雾缭绕，故名"云峰山"。云峰山以其"山高谷深，陡峭险峻"而闻名于世。山顶建有玉皇阁、三清阁、吕祖殿，山腰建有关帝庙，山脚建有万福寺、接引寺等，均为明代万历、崇祯年间所建。其中，犹以山顶的玉皇阁、三清阁、吕祖殿建筑最为别致奇险，一向被誉为"空中帝阙"、"空中仙都"。

守真

老子曰："夫所谓圣人者，适情而已，量腹而食，度形而衣，节乎己而贪污之心无由生也。故能有天下者，必无以天下为也；能有名誉者，必不以越行[1]求之，诚[2]达性命之情，仁义因附也。若夫神无所掩[3]，心无所载，通洞条达，淡然无事，势利不能诱，声色不能淫，辩者不能说，智者不能动，勇者不能恐，此真人之游也。夫生生者不生，化化者不化，不达此道者，虽知统天地，明照日月，辩解连环，辞润金石，犹无益于治天下也，故圣人不失所守。"

老子说："圣人处理事情的时候适情适度，吃东西时以自己的饭量大小为准，穿衣则根据自己的身形需要而已，节制从自己作起，贪污的念头也就没有产生的途径。因此，能拥有天下的人，必定是不追求天下的人；能享有名誉的人，必定是不以超常行为去追求的人。果真悟解了生命的道理，那么仁义之德就将随之而生。至于说一个人的神明不被任何东西遮蔽，心灵也不曾承载任何负累，通明豁达，恬淡无事，权势利益不能诱惑，音声彩色不能使之邪恶，能言善辩不能说服，智谋机巧不能动心，强悍使勇不能恐吓，那就是真人的境界与品行了。刻意求生的不能生，一心求化的不能化，不能把握这个道理，尽管已统领天下，明慧如日月，辩才解连环，言辞润金石，对天下的治理也没有好处。所以，有道德的圣人坚持他的操守。"

◎ 原文注释

[1] 越行：超越常度的行为。越，超出、越度。柳宗元《断刑论下》："必使为善者不越月逾时而得其赏。"

[2] 诚：表示假设，犹言果真。王安石《上皇帝万言书》："诚贤能也，然后随其德之大小、才之高下而官使之。"

[3] 掩：遮蔽。

◎ 拓展阅读

五通

指道通、神通、依通、报通、妖通五种神异能力。道通，指证道之后，于无心中应物化有，犹如影像、水月、空华之无定体；神通，指静心观照万物，记持宿命，种种分别均随定力；依通，指依凭法术、自在为事，如神仙之有灵异术；报通，指由果报而有的通力，如能预知鬼神事，了知托生之处，并能隐变神龙；妖通，指狐狸、木石等精灵可依附人神。

老子曰："静漠恬淡，所以养生也，和愉虚无，所以据[1]德也，外不乱内即性得其宜，静不动和即德安其位，养生以经世，抱德以终年[2]，可谓能体道矣。若然者，血脉无郁滞，五藏无积气，祸福不能矫滑[3]，非誉不能尘垢，非有其世，孰能济焉，有其才不遇其时，身犹不能脱，又况无道乎？夫目察秋毫之末者，耳不闻雷霆之声，耳调金玉之音[4]者，目不见太山之形，故小有所志[5]，则大有所忘。今万物之来，擢拔[6]吾性，攓取[7]吾精，若泉原也，虽欲勿禀，其可得乎？今盆水若清之经日，乃能见眉睫，浊之不过一挠，即不能见方圆也。人之精神难清而易浊，犹盆水也。"

老子说："静寂恬淡是养生所必须的，平和愉悦而虚无则是成德所必须的。外物不乱内心，性命方可安适，宁静不动和谐，德即可安居其位，修养生命同时又经历世事，拥有大德直至生命终结，这样就可以说是体悟大道了。如果真的证道了，那么血脉将会畅行而不滞塞，五脏六腑不存积滞之气，祸福来临也不会因心志生乱而倔强行事，诽谤声誉也将不会使他遭受污垢，没有时世，谁又能成就治世呢？有才干而不能遭遇其时，自身尚且难免于祸殃，何况时世又缺少对大道的体认呢？那观察细微达到秋毫之末的人，耳朵却无法听见雷霆的巨响；耳朵细辨于金石之音的人，眼睛却无法看见泰山的壮观，所以在精微细小处留意用心，则大处必有其遗忘。现今，万物涌来，拔除我情性，抽取我精气，就像取走泉水之源，虽然不想接受，又怎么可能呢？眼下，要澄清一盆水，须经一天的时间，才可以从这清水之中照见我的眉毛睫毛，然而，要使一盆水混浊，只要用手一拨即不能从这水中照见方圆了。人的精神难以清明而易于混浊，情形就如同这一盆水。"

○ 品画鉴宝　秋林舒啸图·清·颜峄

此图构思奇巧，刻划精微，画风颇类袁江。画中霜叶如丹，青松如染，清
丽多姿，而枝干交错，蛇曲龙蟠，有高士舒啸于林泉之间。

◎ 原文注释

〔1〕据：占据、盘踞、据有。

〔2〕终年：至于生命结束之日。终，竟、尽。

〔3〕矫滑：意谓心志倔强自用而且被扰乱。

〔4〕耳调金玉之音：调，音调。此处用作动词，意谓辨
别音调。金玉之音，指金属与玉石质的乐器所奏发
的音声，此处泛指乐声。耳调金玉之音，意谓耳朵
辨别乐声的能力极为细致。

〔5〕志：心意。《尚书·舜典》："诗言志。"此处用作动
词，意谓用心于某事、某物。

〔6〕擢拔：抽拔去除。擢，抽、拔。《史记·范睢传》：
"擢贾之发以续贾之罪，尚未足。"

〔7〕攓（qiān）取：攓，通"搴"，拔取。司马迁《报
任安书》："有斩将搴旗之功。"攓取，拔除、拔取。

◎ 拓展阅读

天目山

位于浙江省西北部临安市境内，主峰仙人顶海拔1506
米。天目山历史悠久，是儒、道、佛等文化熔于一体的
名山。东汉道教宗师张道陵出生于天目山，并在此修炼
多年，现有遗迹"张公舍"。梁代昭明太子萧统隐居于
天目山太子庵分经读书，留有"洗眼池"、"太子庵"等
景点。唐代李白、宋代苏轼、元代张羽、明代刘基等文
人墨客都曾上天目山游览，并留下优美的诗章。

守法

老子曰："上圣法天，其次尚[1]贤，其下任臣；任臣者危亡之道也，尚贤者痴惑之原也。法天者，治。天地之道也，虚静为主，虚无不受，静无不持，知虚静之道，乃能终始，故圣人以静为治，以动为乱。故曰：勿挠勿撄[2]，万物将自清，勿惊勿骇，万物将自理，是谓天道也。"

老子说："最优秀的圣人取法于天，其次是崇尚有德的贤人，最下则是任用臣僚。任用臣僚去治理国家是危险与衰亡的作法，推崇贤德去治理国家是导致愚蠢与迷乱的根源，取法于天则国家将得到治理。天地的道理，以空虚宁静的精神与态度去管治。空虚就能承纳一切，宁静就能控制一切，把握空虚宁静的精神，才可以有始有终。因此，圣人将宁静看作是治理，将躁动看作是混乱。所以说，不要去干扰，万事万物会自然清平宁静；不要去惊吓，万事万物会自然理顺。这是所谓的自然的法则。"

◎ 原文注释

〔1〕尚：崇尚、推崇。《荀子·王制》："尚贤使能。"
〔2〕撄：扰乱。《庄子·在宥》："昔者黄帝始以仁义撄人之心。"

○ 品画鉴宝　陶鬲·卡约文化

◎ 拓展阅读

张无梦

中国道教名人，北宋著名道士。字灵隐，号"鸿蒙子"。 永嘉开元观道士。生卒年不详。出身于儒生家庭，幼"好清虚，穷《老》《易》"，成年之后即出家为道士，入华山师事陈抟。后"游天台，登赤城，庐于琼台，行赤松导引、安期还丹之法"。十余年间，以修炼内事形于歌咏，积累成百首，题名《还元篇》。张无梦的内丹思想和功法体现于《还元篇》中，以《老》《易》为其根本理论，尤重"抱朴守静，静之复静，以至于一"。其丹法以黄庭（"中黄"）结丹为始。

老子曰:"天子公侯以天下一国为家,以万物为畜[1],怀天下之大,有万物之多,即气实而志骄;大者用兵侵小,小者倨傲凌下,用心奢广,譬犹飘风[2]暴雨,不可长久。是以圣人以道镇之,执一[3]无为,而不损冲气[4],见[5]小守柔,退而勿有,法于江海。江海不为,故功名自化,弗强,故能成其王;为天下牝[6],故能神不死;自爱,故能成其贵。万乘[7]之势以万物为功名,权任至重,不可自轻;自轻则功名不成。夫道,大以小而成,多以少为主。故圣人以道莅[8]天下,柔弱微妙者见小也,俭啬损缺者见少也,见小故能成其大,见少故能成其美。天之道,抑高而举下,损有余补不足,江海处地之不足,故天下归之奉之。圣人卑谦,清静辞让者见下也,虚心无有者见不足也,见下故能致其高,见不足故能成其贤。矜者不立,奢者不长,强梁者死,满足者亡;飘风暴雨不终日,小谷不能须臾盈;飘风暴雨行强梁之气,故不能久而灭;小谷处强梁之地,故不得不夺[9]。是以圣人执雌牝,去奢骄,不敢行强梁之气。执雌牝,故能立其雄牡[10],不敢奢骄,故能长久。"

老子说:"天子与公侯把天下视为自己的家,将万物视为积蓄与储藏的资源。拥有广大的天下,占有众多的万物,就会气焰炽盛而自高自大,势力强大的国家会用军队侵犯势力弱小的国家,势力弱小的国家也会傲慢不恭地对待更小的国家。心过分扩大,就像急骤的风和狂暴的雨,是没办法维持长久的。所以圣人用道来压制过度的追求,他坚守大道无所作为,不去破坏虚空宁静的和谐之气,呈现卑小,守持柔弱,退让而不占有,向江海取法其居于低下而不求作为的处世态度,因此事业与声名自然而然获得改变。不追求强霸,所以能成就王霸事业,居于不争的低下位置,所以能保持永远不败的精神,自己珍重自己,所以能成就尊贵身份。大国君主把治理天下万事万物当作成就功绩名声的手段。权力与责任最重,不能自己轻贱,自轻自贱功绩与声名就无法达成。宏大是从微小积累而成就的,众多是以稀少为根本的,所以圣人以大道统治天下。柔弱的微妙之处,就是将弱小的一面显现出来,弱小是成就强大的原因,稀少是成就完美的原因。天道,将高的按下而将下面的举起,减损多余的而补充不足的,江海处于大地低洼不足的地方,所以天下的河流归依于它。圣人谦虚清静辞让不争的态度,就是呈现其居下的精神;空虚其心而无所占有,就是呈现其不求充足满盈的精神。呈现居下是他到达高处的原因,呈现不求充足完美是成就他贤德名声的原因。自夸的不能成立,过分扩张的不能长久,凶暴强横的死亡,自满自足的灭亡,急骤的风与狂暴的雨无法持续一天,小小的山谷无法维持短暂的满盈，急风暴雨显示的是凶暴与强横的气息，所以它不能长久而致灭亡；小小的山谷处在险恶与凶险的地方，因此它无法不受到侵夺。因此，得道的圣人坚守雌牝的性格与精神，去除骄傲与过分的行为，不敢显示凶暴强横的气息，坚守雌牝柔弱谦下，以树立它雄牡强大刚强的形象。不骄傲与过分，是它能够持续长久的原因。"

◎ 原文注释

〔1〕畜：储藏。贾谊《论积贮疏》："则畜积足而人乐其所矣。"

〔2〕飘风：旋风、暴风。《诗经·大雅·卷阿》："有卷者阿，飘风自南。"毛传："飘风，回风也。"《诗经·小雅·何人斯》："其为飘风。"毛传："飘风，暴起之风。"

〔3〕执一：守道。

〔4〕冲气：冲，空、空虚。《老子》："大盈若冲，其用不穷。"冲气，意谓虚空和谐之气。

〔5〕见（xiàn）：出现、显现。《三国志·吴书·吴主传》："彗星见于东方。"

〔6〕牝：溪谷。殷仲文《南州桓公九井》诗："哀壑叩虚牝。"此处指居低下位的"溪谷"，以示老子"守雌"的思想。

〔7〕万乘：一车四马称作乘。万乘，代指大国诸侯王。

〔8〕莅：自上而下的察视，引申为统治。《老子》："以道莅天下。"

〔9〕夺：使丧失、耽误。《荀子·富国》："罕兴力役，无夺农时。"

〔10〕雄牡：与雌牝对，指雄性鸟兽。

◎ 拓展阅读

六字诀养生法

我国古代流传下来的一种养生方法。六字诀养生法为吐纳法，它的最大特点是：强化人体内部的组织机能，通过呼吸导引，充分诱发和调动脏腑的潜在能力来抵抗疾病的侵袭，防止人们随着年龄的增长而出现过早衰老。古代文献对此有不少论述，如《庄子·刻意》篇。西汉时期《王褒传》一书中，也有"呵嘘呼吸如娇松"的记载。

守弱之二

老子曰："天道，极即反，盈即损，日月是也。故圣人日损，而冲气不敢自满，日进以牝，功德不衰，天道[1]然也。人之情性，皆好高而恶下，好得而恶亡，好利而恶病[2]，好尊而恶卑，好贵而恶贱，众人为之，故不能成；执之，故不能得。是以圣人法天，弗为而成，弗执而得，与人同情而异道，故能长久。故三皇五帝有戒之器[3]，命曰侑卮[4]，其冲即正，其盈即覆。夫物盛则衰，日中则移，月满则亏，乐终而悲，是故聪明广智守以愚，多闻博辩守以俭，武力勇毅守以畏，富贵广大守以狭，德施天下守以让，此五者，先王所以守天下也。服此道者不欲盈，夫唯不盈，是以弊不新成。

老子说："自然法则的天道，到达极致便会向相反的方向发展，满盈就会减损，日月有阴晴圆缺的运行变化就是例证。所以，圣人每日减损追求与欲望，保持虚空之气不求满盈，每日增进雌牝精神，促进道德而不衰败，这就是遵从天道的作用。人们的性情，喜好高贵厌恶卑下，喜好获得厌恶失去，喜好利益厌恶弊病，喜好贵重厌恶轻贱。大家都去追逐，所以不能得到；大家都坚持，所以不能得。因此，圣人把天道当作法，无所作为而能成功，无所坚持而能获得。圣人与人们性情相同而方法相异，这是他能够长久的原因。所以，上古三皇五帝时代的示警告诫器物，命名叫侑卮。它空虚时即平正不倾，它满盈时即歪斜倾覆。万物盛极就会衰败，如太阳升起到中午就会下移，月亮满圆就会亏缺，所以快乐到达极至就会生悲。因为这个道理，聪明多智的人要用拙愚去守护，多闻善辩的人要用寡言少语去守护，性格勇毅而孔武有力的人要用畏惧去守护，财富声名广大的人要用勤俭节约的精神去守护，德惠普施天下的人要用辞让功德的行为去守护。以上五点，就是先王用来守护天下的法宝。信服这道的，不追求满盈，唯有不发生、不出现满盈，弊病才不会出现。"

◎ 原文注释

[1] 天道：即自然无为的法则。《庄子·天道》："天道运而无所积，故万物成。"

[2] 病：毛病、弊病。

[3] 有戒之器：有，词头，无义。柳宗元《封建论》："及有周而甚详。"戒，告诫、警惕。有戒之器，即含有告诫、示诫意义的器物。

[4] 侑卮：卮，古代盛酒器具。侑卮，即欹器。其器注满即倾覆，是古代取以为鉴诫的器皿。

○ 品画鉴宝

醉儒图·清·黄鼎

此图的作者黄鼎，字尊古，号旷亭，晚号净垢老人，江苏常熟人，清代画家。他善画山水，其画笔墨苍劲，超逸非凡。他的这幅《醉儒图》，将风流倜傥的归隐文人活灵活现地刻画了出来，体现了黄鼎的真实功力。画中一儒者赤身伏地而睡，周围是参天的松柏、树丛和坡石，旁置两个酒坛，一函古书，将其不羁性格表现得淋漓尽致。

◎ 拓展阅读

仙道贵生

道教教义内容之一。道教关怀人类生命，所谓『仙道贵生，无量度人』。正因为此，从古及今产生出许许多多专门针对人类身体修养锻炼、探讨人之后天性命长久延续的方术方法，主张人们『重生乐生』，修持养生。在形体修持方面，道教挖掘开辟了许多途径和修养的方法，有动功、静功、以及按摩、服食、丹道等内容，具有丰富的内容和深厚的教义内涵。

213

守朴

老子曰："所谓真人者，性合乎道也。故有而若无，实而若虚，治其内不治其外，明白太素，无为而复朴，体本抱神，以游天地之根[1]，芒然仿佯尘垢之外，逍遥乎无事之业。机械智巧，不载于心，审于无假，不与物迁，见事之化，而守其宗。心意专于内，通达祸福于一；居不知所为，行不知所之，不学而知，弗视而见，弗为而成，弗治而辩[2]，感而应，迫而动，不得已而往，如光之耀，如影之效[3]，以道为循，有待而然，廓然而虚，清静而无，以千生为一化[4]，以万异为一宗。有精而不使，有神而不用；守太浑[5]之朴，立至精[6]之中，其寝不梦，其智不萌，其动无形，其静无体，存而若亡，生而若死，出入无间，役使鬼神，精神之所能登假[7]于道者也。使精神畅达而不失于元[8]，日夜无隙而与物为春，即是合而生时于心者也。故形有靡而神未尝化，以不化应化，千变万转而未始有极。化者复归于无形也，不化者与天地俱生也，故生生者未尝有生，其所生者即生化，化者未尝化，其所化者即化。此真人之游也，纯粹之道也。"

老子说："修真悟道的真人，性与大道是相吻合的。所以有就像没有，实就如同空虚，调治内心而不修治外表，理解把握朴素，无所作为而归于素朴，体悟根本怀持神明，在孕生天地的本原中畅游，恍惚彷徨在俗世的尘垢之外，在无所事事之中无拘无束，心中不存留机巧智慧，明察于本真而不随外物变化改易，坐见世事流变演化而坚守其主旨，意念专一凝聚于内心，视祸福等同，豁达无碍，静居庐屋，漫行路途不知到哪里去。不需学习而能知晓，不需目视而能见到，不需作为而能成就，不需治理而能办成，感觉而响应，促迫而动作，不得已而前往，如同光芒放射照耀，如同身影模仿身形。以大道为准绳，凡事有所待而已，空阔而空虚，清静而无所作为，对生死等视之，视千差万异为统一，富有精气、精神而不使用，守护最高而又未剖分的原始状态。存生于生命物质的精萃之中，熟睡而不做梦，息智而不萌动，动作不见形体，宁静不见形体，存在如同消亡，活着也如同死亡，出入无间而役鬼使神。这就是精神提升登入大道的人。假如精神畅达而且不失去它的原初，日夜不生空隙而与春季之万物生生同在，那么即是合于大道而将机会存活于心。所以说形体虽有所消散而精神从不死亡，以不死的精神回应死亡的形体，即便千变万转也不会到达它的终极。死亡是重新走向无形，不死的精神则与天地共同存在。所以，刻意追求生存的不会有生，他所获得的生只是走向死亡的历程，顺应自然的死亡未尝是死，他所获得的死就是新的创化。这种真人的游动，体现的就是纯粹的大道。"

214

◎ 原文注释

〔1〕天地之根：天地的本原。根，本原。

〔2〕弗治而辩（bàn）：辩，办理。弗治而辩，意谓无需刻意求治即可以办理。

〔3〕如影之效：如身影模仿身形的自然而然。效，模仿。

〔4〕以千生为一化：生，一生、毕生。化，"死亡"的委婉说法。陶潜《自祭文》："余今斯化，可以无恨。"以千生为一化，意谓视千次生与一次死等同。

〔5〕太浑：太，极大、至高。浑，未分剖而浑然一体的。太浑，指物未分的原初状态。

〔6〕至精：至，最。精，指维持或构成生命活动的基本物质。至精，指生命物质的精华与精粹。

〔7〕登假：上升而达到。假，通"格"，至、达到。《庄子·大宗师》："是知之能登假于道也如此。"

〔8〕使精神畅达而不失于元：假如精神畅达而且不丧失它的原初自然状态。使，假使、假如。元，初始。《左传·文公十八年》："元年者何？君之始年也。"

◎ 拓展阅读

玄纲论

唐吴筠撰。分上、中、下三篇，共三十三章。上篇阐释宇宙生成论、道德修养论和社会政治观。作者认为天地万物由于天赋之气不同而千姿百态；与道为一，有同于无，心常宁静，便可解脱生死之累。中篇从微观角度讲解修道的种种具体方法，主张约行取妙、学道有序、心静无为等。下篇用问答体回答了世俗的疑虑，进一步阐发上、中二篇的思想。此书为研究唐代道教思想史的重要文献。

第四篇·符言

本篇名为符言，意为符合人间一切道义的理论。老子在本篇中从道的观点出发，对人的行为、生死、地位、名利等问题进行了比较详尽地论述，虽说充满道家色彩，但对今天人们的为人处事仍有启迪意义。

至高无上的道

老子曰："道至高无上，至深无下，平乎准，直乎绳，圆乎规，方乎矩，包裹天地而无表里，洞同覆盖而无所碍[1]。是故，体道者不怒不喜，其坐无虑，寝而不梦，见物而名，事至而应。欲尸名[2]者必生事，事生即舍公而就私，倍道而任己[3]，见誉而为善，立名而为贤，即治[4]不顺理而事不顺时，治不顺理则多责，事不顺时即无功，妄为要中[5]，功成不足以塞责[6]，事败足以灭身。"

老子说："道是至高无上、极其深邃而没有止境的。它公平得就像测量水平的量具，正直得就像木工取直的墨线，圆而合于圆规，方而合于矩尺。它包裹天地没有内外表里，覆盖万物没有阻碍。所以，参解大道的人不发怒不生喜，静坐无所忧虑，熟睡不会做梦，事物来了即定义命名，事情到了即作出反应。追逐空名的人必定会滋生事端，事端兴起就会舍弃公道而曲就私欲，背离大道而放任自己，为名誉而行善，为立名而作贤，从事治理不能顺从事理，做事不能顺应时宜。治理不能顺从事理就会受到指责，做事不能顺应时宜就无法创造功绩。不依法则行事而只是一味地设法博取上面的信任，这样，事情成了也不足以抵塞罪责，事情败了则足以毁灭自身。"

◎ 原文注释

〔1〕洞同覆盖而无所碍（ài）：洞，深入、透彻。碍，同"碍"。

〔2〕尸名：空有其名而无实。尸，不做事而空占职位。《汉书·朱云传》："今朝廷大臣，上不能匡主，下亡以益民，皆尸位素餐。"

〔3〕倍道而任己：倍，违背。《荀子·天论》："倍道而妄行，则天不能使之吉。"任，放任。倍道而任己，意谓背离大道放任自己。

〔4〕即治：从事治理。即，就。

〔5〕妄为要（yāo）中：要，设法取得他人的信任。《盐铁论·论儒》："百里以饭牛要穆公。"中，盖指朝廷类权力机构。妄为要中，意即不依法则行事而设法取得朝廷信任。

〔6〕塞责：抵塞罪责，弥补所任事的不足。

○ 品画鉴宝　观瀑图·明·张中正

◎ **拓展阅读**

精气

道家术语。"精"作为构成人体的基本物质，分为相互依存的"先天精"与"后天精"。由于生命活动不断的消耗"精"，因而需要不断地从外部补充与内部滋生。"气"是激发人体活动力的特殊物质，它推动着各种生理活动，以维持人体生命的基本功能。气和精二者缺一不可，精是气赖以存在的载体，没有精就没有气；气是精得以运行的动力，没有气，精就不能发挥作用。

追求名利之人

老子曰："无为名尸，无为谋府[1]，无为事任，无为智主；藏于无形，行于无朕；不为福先，不为祸始；始于无形，动于不得已，欲福先无祸，欲利先远害。故无为宁者，失其所宁即危；无为而治者，失其所治则乱。故不欲碌碌[2]如玉，落落[3]如石。其文[4]好者皮必剥，其角美者身必杀，甘泉必竭，直木必伐，华荣之言后为愆[5]，石有玉伤其山，黔首[6]之患固在言前。时之行，动以从，不知道者福为祸。天为盖[7]，地为轸[8]，善用道者终无尽；地为轸，天为盖，善用道者终无害。陈彼五行[9]必有胜，天之所覆无不称。故知不知，上，不知知，病也。"

老子说："不追逐空名，不妄作议论，不勉强做事，不做智巧机诈的主宰。掩藏无形，动作于不敢懈怠之中，不以为是福而抢先，不以为是祸而作始，在无形中启动，于不得已的情势下动作，追求福祥先去除祸殃，追求利益先去除患害。所以说，追求宁静的人，失去他追求宁静的根据就会转化为危险；追求治局的人，失去他追求治局的根据就会转化为衰乱。因此，不必追求玉石的光华，而只是作落落坦荡的石头。斑纹美丽的兽皮因其美丽则必定被剥下来，造型华美的兽角因其华美而招致杀身之祸，甘甜的泉水必定会很快枯竭，挺直的大树必定被砍伐，荣

华典丽的语言下面隐伏着错误，石山有玉因而损伤大山，平民的祸患原本就在言语。时宜可行，动作相随，不通晓大道的人，福即是祸。苍天是伞盖，大地是车舆，善于运用大道的人终究无害。那五行相生相克的运行之律定有胜者，苍天覆盖的万物无一不相为契合。所以说，知道了却认为是不知道，那是最好的；不知道却自诩为知道，这就是毛病了。"

◎ 原文注释

〔1〕谋府：谋，计谋。府，储物处所。谋府，计谋或谋议所从生出的处所。《庄子·应帝王》："无为名尸，无为谋府。"

〔2〕碌碌：石貌。《文心雕龙·总术》："碌碌之石，时似乎玉。"

〔3〕落落：豁达、开朗。柳宗元《柳公行状》："终身坦荡，而细故不人，其达生知足，落落如此。"

〔4〕文：图形、花纹。《论衡·言毒》："蝮蛇多文。"

〔5〕愆：过失、错误。《三国志·蜀书·诸葛亮传》："街亭之役，咎由马谡，而君引愆。"

〔6〕黔首：战国及秦对国民的称谓。《史记·秦始皇本纪》："二十六年……更名民曰黔首。"

〔7〕天为盖：我国古代有"盖天说"，以为天穹圆似张开的伞。天为盖，意即天为伞盖覆盖于上。

〔8〕地为轸：大地为车。轸，车子。《后汉书·黄琼传》："往车虽折，而来轸方遒。"我国古代以地为舆，舆即是车子。《史记·三王世家》："御史奏舆地图。"司马贞索隐："天地有覆载之德，故谓天为盖，谓地为舆。"

〔9〕五行：中国古代思想家以五种（即金、木、水、火、土）常见物质，说明世界万物的起源及其结构关系和运动形式。

◎ 拓展阅读

上清灵宝大法

中国道教灵宝派重要仪式要典之一。书题洞微高士开光救苦真人宁全真授，上清三洞弟子灵宝领教嗣师王契真纂。六十六卷。前有《古序》《玄序》。卷一《开宗明义门》总叙称："灵宝大法，贯通三洞，总备万法，是元始天尊所说，降世行教，化度凡间，为三十六部尊经，总计万八千篇。"此书对研究道教的宗教仪式及修炼思想等都有一定的参考价值。收入《正统道藏》正一部。

老子曰："山生金，石生平，反相剥[1]；木生虫，还相食；人生事，还自贼[2]。夫好事者未尝不中[3]，争利者未尝不穷；善游者溺，善骑者坠，各以所好，反自为祸。得在时，不在争，治在道，不在圣，土处下不争高，故安而不危；水流下，不争疾，故去而不迟[4]。是以圣人无执故无失，无为故无败。一言[5]不可穷也，二言[6]天下宗也，三言[7]诸侯雄也，四言[8]天下双也。贞信则不可穷，道德则天下宗，举贤德诸候雄，恶少爱众天下双。"

老子说："山陵产生金矿，美石孕生玉石，结果山陵和美石却反而受到创伤；树木寄生毛虫，虫却反而吃树；人滋生事端，到头来却是自相残害。好生事端的人没有不被自己所生的事而伤害的，竞争利益的人没有不因这种竞争而走入穷途末路的；擅长游水的人却溺水，擅长骑马的人却坠马，他们都是因为自己所擅长的，而给自己带来灾祸。能否获得在于有没有时机，而不在于争夺；能否治理在于实现大道，而不在于圣人。土壤处于低处不争高，因此安全而无危险；水向下流淌不争快，因此流去而不迟缓。所以，圣人无所固执才没有丧失，无所作为才没有失败。道的作用，奥妙不可穷尽，天地的仪象是天下万物的归宗，三才使诸国侯王称雄，道、天、地、人万事万物众多缤纷。坚贞诚信则不可穷尽，有道施德则天下归宗，举贤用德则诸侯称雄，厌恶少的偏爱多的则天下不一。"

◎ **原文注释**

[1] 剥（pū）：通"扑"，击、打。《诗经·豳风·七月》："八月剥枣，十月获稻。"

[2] 贼：害。《墨子·非儒》："是贼天下之人者也。"

[3] 中（zhōng）：使受害。《汉书·何武传》："显怒，欲以吏事中商。"

[4] 迟：缓慢。

[5] 一言：指"道"。

[6] 二言：指"二仪"，即天地。

[7] 三言：谓"三才"，指天、地、人。

[8] 四言：谓"四大"，指道、天、地、人。

○ 品画鉴宝　秋山行旅图·清·章声　清代画家章声，字子鹤，生卒年不详。他的这幅《秋山行旅图》笔法严谨，结构雄伟，画风与五代时期的荆浩和关仝极为相似。

万物相克原理

◎ 拓展阅读

四正

四个正卦。即《周易》八卦中的坎、离、震、兑。或用以分主四时：坎主冬，离主夏，震主春，兑主秋；或用以分主四方：坎主北，离主南，震主东，兑主西。《魏书·律历志上》记载："推四正卦术曰：因冬至大小余，即坎卦用事日；春分，即震卦用事日；夏至，即离卦用事日；秋分，即兑卦用事日。"《易汉学·卦气图说》记叙："孟氏《卦气图》以坎、离、震、兑为四正卦……四卦主四时。"

老子曰："人有三死，非命亡焉：饮食不节，简贱其身[1]，病共杀之[2]；乐得无已，好求不止，刑共杀之；以寡犯众，以弱凌强，兵共杀之。"

老子曰："其施厚者其报美，其怨大者其祸深，薄施而厚望，畜怨而无患者，未之有也。察其所以往者，即知其所以来矣。"

老子说："人有三种死，不是正常死亡：饮食不节制，轻贱怠慢自己的身体，以致疾病缠身而死；贪得无厌，好求而不能制止，以致刑律加身而死；以寡少冲撞众多，以弱小欺凌强大，以致被兵械围攻而死。"

老子说："施予丰厚的人，能得到丰美的回报，积怨太深的人，会有大的祸殃。微薄的施予指望丰厚的报答，积蓄怨恨而没有隐患，这都是从来没有的事。考察它是怎么发展的，就知道它是怎么来的。"

◎ 原文注释

〔1〕简贱其身：简，怠慢、轻废。《韩非子·五蠹》："服事者简其业。"简贱其身，不能厚养而轻贱自己的身体。

〔2〕病共（gǒng）杀之：共，环绕、围上。《论语·为政》："居其所而众星共之。"

◎ 拓展阅读

焦氏易林

旧题西汉焦延寿作。《焦氏易林》源于《易经》，但却自有迥异独特之处。《焦氏易林》在六十四卦基础上复变六十四，也即一卦变六十四，六十四卦变四千零九十六卦。这样，六十四卦中的一卦变为另一卦称之为"之卦"，然后在"之卦"后配以相应的文辞，即所谓的"四言诗卜辞。"《易林》以理数立言，不重视文辞，然而其笔力之高，笔意之妙，委婉曲致，无所不尽，而藏裹回翔于一字一句之中，宽然有余。

○ 品画鉴宝　秋林高士图·元·盛懋　画中秋林丛树，孤苇寒汀，一人置竿偃卧，罢钓暂休。通幅用笔精辣，色调淡雅，是盛懋的精品之作。

老子曰："原天命，治心术，理好憎，适情性，即治道通矣。原天命即不惑祸福，治心术即不妄喜怒，理好憎即不贪无用，适情性即欲不过节。不惑祸福即动静顺理，不妄喜怒即赏罚不阿[1]，不贪无用即不以欲害性，欲不过节即养生知足，凡此四者，不求于外，不假于人，反己而得矣。"

老子说："探索天命根源，整治用心之术，调整好憎情感，使事情物性适度，就是通晓治道。探原天命就是不迷惑于祸福，整治心术就是不随便喜怒，调理好恶就是不贪无用之物，适度情性就是追求要有节制。不被祸福迷惑，动作与宁静都能顺从道理，不妄作喜怒，奖赏与惩罚则不会偏袒迎合，不贪得无用之物就不会以物欲戕害本性，欲望要有节制，就是奉养生命知足有德，以上四个方面，不向身外寻求，不凭借他人力量，归返到自己身上就可以做到了。"

◎ 原文注释
〔1〕阿：偏袒、迎合。《韩非子·法度》："法不阿贵。"

○ 品画鉴宝　原始瓷豆·西周

◎ 拓展阅读
惠州罗浮山
又名东樵山，是中国十大道教名山之一。位于广东省惠州博罗县的西北部。主峰是飞云峰，海拔1296米。东晋年间，著名道教理论家、炼丹家、医学家葛洪入此山中修道炼丹，采药济世，创建九天观、黄龙观、冲虚观、酥醪观、白鹤观。此外，葛洪在罗浮山撰写的《抱朴子·内篇》一书，既确定了我国的神仙理论体系，又丰富了道教的思想内容，也使罗浮山逐渐成为岭南道教名山。

论施舍与回报

德行与名誉

老子曰："不求可非之行，不憎人之非己，修足誉之德，不求人之誉己。不能使祸无至，信[1] 己之不迎也，不能使福必来，信己之不让也。祸之至非己之所生，故穷而不忧，福之来非己之所成，故通而不矜，是故闲居而乐，无为而治。"

老子说："追求不让人非难的行为，但不憎厌别人对自己的批评；修行使人赞誉的德行，但不寻求别人对自己的称誉。不能避免灾祸，除非确实不是自己主动迎取的；不能带来幸福，除非确实不是自己主动避让的。灾祸来临，但不是自己引起的，因此虽穷困而无需忧愁；幸福降临，但不是自己做成的，所以说，可以不必矜持的享有。因此闲居无事而快乐，无所作为而得到治理。"

◎ 原文注释

[1] 信：确实、的确。刘禹锡《天论》："文信美矣！"

◎ 拓展阅读

帛家道

魏晋时的一个道派，活动于北方及江浙一带。最早见于葛洪的《抱朴子内篇》。根据一些散见资料推测，这个道派可能是太平道被镇压后，一些信徒在河北、洛中一带组织形成的。东晋时，流传到江浙一带，后来与天师道和上清派合流。被列入《神仙传》，据称曾传授于吉《太平经》，似与太平道有一定关联。陈国符在《道藏源流考》中"疑郑君、葛洪皆属帛家道"。

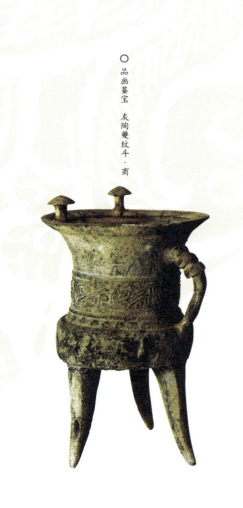

○ 品画鉴宝 灰陶夔纹斗·商

最高的道德标准

老子曰："道者，守其所已有，不求其所以未得；求其所未得即所有者亡，循其所已有即所欲者至。治未固于不乱，而事为治者必危，行未免于无非，而急求名者必锉，故福莫大于无祸，利莫大于不丧。故物或益之而损，损之而益。夫道不可以劝就利者，而可以安神避害，故常无祸不常有福，常无罪不常有功。道曰芒芒昧昧，从天之威，与天同气[1]；无思虑也，无设储也，来者不迎，去者不将，人虽东西南北，独立中央。故处众枉[2]不失其直，与天下并流不离其域。不为善，不避丑[3]，遵天之道；不为始，不专己，循天之理；不豫谋，不弃时，与天为期；不求得，不辞福，从天之则；内无奇福，外无奇祸，故祸福不生，焉有人贼？故至德[4]言同辂，事同福，上下一心，无歧道旁见者，退之于邪，开道之于善，而民向方矣。"

老子说："道守护已经有的，而不求其未能获得的，追求其没有得到的，就是丧失已经有的，沿袭已经有的，那么希望有的就会来到。治理还没有完全稳固，治理者必然危险，行动难免受到非难，求功名太急的人也必然有挫折。所以说，最大的幸福是没有祸殃，最大的利益是没有丧失。事物增益了往往却是损害了，损害了往往就是增益了。大道无法劝阻趋附利益者，但可以安宁精神

229

以远避患害，所以说，大道经常无祸但不经常有福，经常无罪但不经常有功。大道窈冥深邃，威严来自极天，禀气与天相同，无思考无忧虑，无设置无储积，来了不去迎，去了不去送，人虽处于东西南北，大道则独立不倚居处中央。所以，大道处于众多弯曲不直之中却不失去它的正与直，与天下百川共同漂流却从未离开它的领域。不刻意去作善，不畏惧而避恶，遵从上天的法则，不刻意领先，不刚愎自用，顺从上天的理则，不作事先的筹谋，不丢弃已到的时机，同于上天的时期，不妄求所得，不辞让降临的福祉。身内不求特殊的福祥，身外才没有罕见的祸殃，所以祸殃福祥不生，哪里还会有人为的祸害呢？因此，最高的道德就是言语同于心路，奉事与幸福一体，上下同心同德没有分歧，没有正见者返归邪道，则开启善道引导，使民众朝向正直。"

◎ 原文注释

〔1〕气：此处指构成宇宙万物的物质。

〔2〕枉：弯曲。《荀子·王霸》："犹立直木而求其影之枉也。"

〔3〕丑：恶、不善。

〔4〕至德：旧指最高的德行。

◎ 拓展阅读

金华北山

位于浙江省金华市境内北部。为金华山、赤松山等山之合称。道教名山胜地。主峰海拔 1300 余米，面积约 2.5 平方公里。金华山又名长山、常山。其山双龙、冰壶、朝真三洞合称"金华洞"，为道教第三十六小洞天，名曰"金华洞元洞天"。赤松山传为古仙人赤松子引牧羊少年皇初平修道成仙之地，因以名。山上有金华观、赤松亭、"五洞十景"等自然景观及道教古迹。

老子曰："为善即劝[1]，为不善即观[2]；劝即生责，观即生患。故道不可以进而求名，可以退而修身。故圣人不以行求名，不以知见术誉，治随自然[3]，已无所与[4]。为者有不成，求者有不得，人有穷而道无通[5]，有智而无为与无智同功[6]，有能而无事与无能同德，有智若无智，有能若无能，道理达而人才灭矣。人与道不两明，人爱名即不用道，道胜人则名息，道息而名章即危亡。"

老子说："做了好事就鼓励，做了坏事就揭露，鼓励将刺激产生责任，暴露则将留下隐患。所以体悟并把握大道不可以追逐声名，但可以退让以修养身心。因此，圣人不凭借行为博取声名，不凭借知识与见解博取赞誉，治理世事顺随自然，自己则不予参加、亲附。有所作为者有不成功的时候，有所追求者有得不到的时候，人总有穷通的变化，而依据自然法则的大道则没有。富有智慧而无所作为与没有智慧，功效是相同的；富有能力而无所事事与没有能力，德行是相通的。有智仿佛无智，有能仿佛无能，显示了大道的理而人为的才也就消失了。人欲与大道无法同时显明，人爱惜俗世的声名就不能体用大道。大道的精神征服人的俗世欲求，名声也就退出了，大道精神止息而俗世声名显著，则是危险灭亡之道。"

◎ 原文注释

〔1〕劝：鼓励、奖励。《韩非子·难势》："无庆赏之劝。"

〔2〕观：显示。

〔3〕自然：非人为的，天然的。

〔4〕与：结交、亲附。《荀子·王霸》："不欺其与。"

〔5〕人有穷而道无通：穷，与达相对，不得志。通，喻得志。白居易《与元九书》："小通则以诗相戒，小穷则以诗相勉。"人有穷而道无通，意谓人有穷达之别而道无穷通之变，任自然而自然。

〔6〕功：成绩、功效。《荀子·劝学》："驽马十驾，功在不舍。"

◎ 拓展阅读

守庚申

也称"守三尸"、"斩三尸"。指于庚申日通宵静坐不眠，以消灭"三尸"。"三尸"又称"三虫"，其概念源于汉代纬书。《河图纪命符》曰："天地有司过之神，随人所犯轻重，以夺其算纪。恶事大者，夺纪，纪一年也；过小者，夺算，算一日也。"道教以治三尸为成仙之要。一方面，他们给三尸取名，并描述其各种罪行；另一方面，又提出种种治三尸的方法，除了辟谷、服气、符咒、服药等方法外，主要为守庚申。

○ 品画鉴宝　云林同调图·清·禹之鼎／蓝深　画家以传神妙笔，描绘出了人物的形象气质。其中人物衣纹线条变化不一，与人物颇为契合，笔墨则苍劲老辣，不失名家本色。

老子曰："使信士分财，不如定分而探筹[1]，何则[2]？有心者之于平，不如无心者也。使廉士守财，不如闭户而全封，以为有欲者之于廉，不如无欲者也。人举其疵[3]则怨，鉴见其丑则自善，人能接物而不与己[4]，即免于累[5]矣。"

老子说："指示有信义的人去分配财货，不如确定分额以取筹计算分配，为什么呢？这是因为具有思维的人的公平不如没有思维的筹码。安排廉洁的人去看护财货，不如锁上大门全部封起来。这是因为具有欲望者的廉洁不如那没有欲望的门锁与封条。他人指出你的缺点就生发怨恨，自己在镜中看到不美就设法打扮好自己，人如能与他人交往而不夸耀自己，就能避免祸害了。"

◎ 原文注释

[1] 筹：计数的用具。《汉书·五行志》："筹所以纪数。"[2] 何则：为什么？这是因为……[3] 疵：缺点、过失。《文心雕龙·程器》："古之将相，疵咎实多。"[4] 人能接物而不与己：接物，与人交际。《汉书·司马迁传》："教以慎于接物，推贤进士为务。"与，赞许。《汉书·翟方进传》："朝过夕改，君子与之。"人能接物而不与己，意谓与人交往谦退而不夸耀自己。[5] 累：忧患、祸害。《盐铁论·地广》："烽燧一动，有没身之累。"

◎ 拓展阅读

七禁

七禁，指内丹修炼时必须恪守的七条规戒。第一，禁口，即口不骂詈作秽言，以此咒法可以通灵。第二，禁目，即目不观秽污，以此眼睛可以自到真灵。第三，禁耳，即耳不听淫声，以此耳朵能听八方。第四，禁手，即手不亲秽物，以此掐诀可通神。第五，禁足，即脚不踩污秽之物，以此踏罡步斗，可得飞升。第六，禁意，即思想纯洁，以此可感召神灵。第七，禁思欲，即心中不起杂念，以此可存思得神明。

论礼物

老子曰："凡事人者，非以宝币，必以卑辞；币单而欲不厌[1]，卑体免辞[2]论说而交不结；约束誓盟[3]，约定而反先日；是以君子不外饰仁义，而内修道德。修其境内之事，尽其地方之广；劝民守死坚其城廓，上下一心与之守社稷[4]；即为民者不伐无罪，为利者不攻难得；此必全之道，必利之理。"

老子说："凡是想交往奉事他人的人，不是借重珍稀宝贵的礼物，就是利用谦卑的言辞。礼物微薄无法满足欲求，卑躬屈体、言论低调的论说又无法实现交结的目标；约束双方对着冥冥之中的神圣盟誓，约定之后又返回到未有盟誓之时的样子。因此，君子不用仁义来装饰他的外表，而是用道德去修炼他内在的精神。修治你境内的事务，达到你领治的范围顶点，鼓励你的民众抵死坚守他们的防域，上上下下统一意志去保卫国家，为了民众不征讨无罪的国家，为了利益不强攻难以取得地方。这就是必定保全、必定获利的道理。"

◎ 原文注释

[1] 币单而欲不厌：礼物微薄而欲求无法满足。单，薄弱、微少。《后汉书·耿恭传》："耿恭以单兵固守孤城。"厌，满足。《韩非子·说林上》："彼重欲无厌，天下必惧。"

[2] 免辞：丧调、低调。《礼记·檀弓》："公仪仲子之丧，檀弓免焉。"

[3] 誓盟：盟誓。盟，古代诸侯于神前立誓以缔结条约的政治行为。

[4] 社稷：古代天子、诸侯所祭土神处所叫作社，所祭谷神处所叫作稷，社稷并称，指代国家。

◎ 拓展阅读

蒙古科布多栖霞观

元代道教宫观名。在今蒙古国科布多市附近。建于元太祖十五年（1220年）。丘长春题其额"栖霞"，以纪念其故乡栖霞（按：丘处机今山东栖霞县人）。《长春真人西游记》："师曰：'……宜减车从，轻骑以进。'用其言，留门弟子宋道安辈九人，选地为观。人不召而至，壮者效其力，匠者效其技，富者施其财。圣堂方丈，东厨西庑，左右云房，不一月落成，榜曰栖霞观。"

老子曰："圣人不胜[1]其心，众人不胜其欲。君子行正气，小人行邪气。内便于性，外合于义，循[2]理而动，不系于物者，正气也。推于滋味，淫于声色，发于喜怒，不顾后患者，邪气也。邪与正相伤，欲与性相害，不可两立，一起一废，故圣人损欲以从性[3]。目好色，耳好声，鼻好香，口好味，合而说之[4]，不离利害嗜欲也；耳目鼻口，不知所欲，皆心为之制[5]，各得其所由，由此观之，欲不可胜亦明矣。"

老子说："圣人不去欺凌自己的心志，而芸芸众生则无力抵抗自己的欲望。有道的君子行为正气，无道的小人行为奸邪。要求内在的精神修炼有利于性，要求外在的行为标准吻合于义，遵循法则行动，不被外物束缚，是正气。被美食滋味左右，被美声美色羁绊，凭着情绪发作愤怒，不顾后患，是邪气。邪气与正气相互伤害，欲念与本性相互戕害。它们不可能并立，一个兴起同时另一个废止，因此圣人放弃欲念以追随本性。眼睛喜好美色，耳朵喜好美声，鼻子喜好香味，口则喜好美食，总的来说，这都是未能离开利害的嗜欲追逐。耳、目、鼻、口原本不知追求，只是在心的支配下而得其所好。从这点看来，欲念的不可抵御也是很明显的。"

◎ 原文注释

[1] 不胜：无法、不可能。[2] 循：遵守、按照。[3] 性：本性、道德。[4] 合而说之：概括起来。[5] 制：指支配。

◎ 拓展阅读

列仙传

宣扬道教神仙信仰的著作之一。旧题为西汉刘向撰。书中记载了从赤松子（神农时雨师）到玄俗（西汉成帝时仙人）共七十一位仙人的事迹。传记体例仿《列女传》，首为众仙传记，记后各有四言赞语，篇末总赞。《列仙传》认为经过一定的修炼或有了某种机遇，人人都可脱胎换骨、超凡飞升。所以，传中出现的众多神仙有各种不同的层次和身份。

论修身

老子曰:"治身养性者,节寝处,适饮食,和喜怒,便[1]动静,内在己者得,而邪气无由入。饰其外者伤其内,扶[2]其情者害其神,见其文者蔽其真。夫须臾无忘其为贤者,必困其性,百步之中无忘其为容[3]者,必累其形,故羽翼美者伤其骸骨,枝叶茂者害其核荄[4],能两美者天下无之。"

老子说:"调理身体修养性情的人,要节制寝卧,适度饮食,和谐喜怒,安定宁静,内在的精神能够获得,那么邪佞的气就没有了侵入的路径。修饰外在必然伤害内心,放纵性情必然残害精神,呈现外在的华饰必然遮蔽内在的本真。哪一刻也不能忘记他是贤德的人,这样必定困扰了他的天然之性。在短暂行走之中也不能忘记修饰容貌的人,必定有害于他的自然之形。所以说,羽翼美丽的一定伤害它的骨骸,枝叶茂盛的一定伤害它的茎根,能够做到表里内外两全其美的人是没有的。"

○ 品画鉴宝　豪家佚乐图·清·杨晋

◎ 原文注释

〔1〕便：使安宁。《墨子·天志中》："百姓皆得暖衣饱食，便宁无忧。"〔2〕扶：沿着、随着。陶潜《桃花源记》："便扶向路，处处志之。"〔3〕容：修饰面容，打扮。〔4〕荄（gāi）：草根。

◎ 拓展阅读

九疑山

也称九嶷山，又名苍梧山。位于湖南省宁远县城南约三十公里处。山间大小溶洞遍布，洞内钟乳石形成的各种物状，瑰丽奇特，美不胜收，其中最为著名的是舜源峰下的紫霞洞。此洞分内、外两洞，外洞宽广明亮，可容千人；内洞幽深较小，景物迷人。据《云笈七签》卷二十七"洞天福地"所载，紫霞洞为道教"第二十三洞天"，名曰"朝真太虚洞天"，传说曾有道士居于洞内修炼。

天道明察

老子曰："天有明，不忧民之晦也；地有财，不忧民之贫也。至德道者若丘山，嵬然不动，行者以为期，直己而足物，不为人赐，用之者亦不受其德，故安而能久。天地无与也，故无夺也，无德也，故无怨也。善怒者必多怨，善与者必善夺，唯随天地之自然而能胜理。故誉见即毁随之，善见即恶从之，利为害始，福为祸先，不求利即无害，不求福即无祸，身以全为常 [1]，富贵其寄 [2] 也。"

老子说："天道明察，所以根本就不担心芸芸众生的冥暗不明；地有财富，所以也不担心民众百姓贫穷无财。具有最高道德境界的人如同山丘般坚实而岿然，不因俗世的诱惑而心动，行事者把其当作行为准则，以端正自己满足物欲，不刻意赐施于人，运用和受用的人也不以为承受其恩德，所以安宁无扰而能持久。天地无所施予，所以无所剥夺，无所恩德，所以无所怨恨。喜好发怒的人怨恨必然很多，喜好赐予的人也必定喜好剥夺，只有顺应天地自然法则行事才能尽得其理。所以说，荣誉出现之后跟随而来的就是毁谤，善出现之后跟从而来的就是恶。利是害的开端，福是祸的先河，不追求利就没有害，不追求福就没有祸，保全身心才是合适的常规与法则，身外的富与贵都只不过是附寄于身心的东西而已。"

◎ 原文注释

〔1〕身以全为常：保全身体乃是合适的法则。全，保全。《史记·吕后本纪》："夫全社稷，定刘氏之后，君亦不如臣。"常，合适的法则、规律。《荀子·天论》："天行有常。"〔2〕寄：寄居、附寄。《史记·淮阴侯列传》："常从人寄饮食，人多厌之者。"

◎ 拓展阅读

三圆诀要

内炼气法。"一为背宜圆，背圆则不驼不弯，尾闾中正，精神贯顶。二为胸宜圆，胸圆而不挺不陷，则肺部平正，心窝微张，呼吸畅顺，此有助打通任脉。三为坐盘宜圆，蹦跌坐盘圆，则两足腿位平实而易坐稳，身定神闲而易久坐。"或指头顶神气宜圆，绛宫心气宜圆，精穴肾气宜圆，丹经中所谓"圆陀陀，活泼泼"者是也。

老子曰："圣人无屈奇之服[1]，诡异之行，服不杂，行不观，通而不华，穷而不慑[2]，荣而不显，隐而不辱，异而不怪，同用无以名之，是谓大通。"

老子说："圣人不奇装异服，不作怪僻奇特的行为，服饰纯正，行为不炫耀，通达显贵时不浮华，窘穷不显时也不惧怕，荣华而不显耀，隐匿而不自辱，与众不同而不怪诞，无法给同时使用的诸德命名，就称作豁达吧。"

◎ 原文注释

[1] 屈奇：偏邪怪异。屈，弯曲。

[2] 慑：恐惧、害怕。

◎ 拓展阅读

黄石公

秦汉时人，传说后来得道成仙，并被道教纳入神谱。《史记·留侯世家》称其避秦世之乱，隐居东海下邳。当时张良因谋刺秦始皇不果，亡匿下邳。与下邳桥上遇到黄石公。黄石公三试张良后，传授他《太公兵法》，临别时有言："十三年后，在济北谷城山下，黄石公即我矣。"张良后来以黄石公所授兵书助汉高祖刘邦夺得天下，并于十三年后，在济北谷城下找到了黄石，并拾取了它们，建祠贡奉。

修道之人

老子曰："道者直己而待命，时之至不可迎而返也，时之去不可追而授也，故圣人不进而求，不退而让。随时三年[1]，时去我走；去时三年，时在我后，无去无就，中立其所。天道无亲，唯德是与[2]。福之至非己之所求，故不伐其功，祸之来非己之所生，故不悔其行。中心其恬，不累其德，狗吠不惊，自信其情，诚无非分，故通道者不惑，知命者不忧。帝王之崩[3]，藏骸于野，其祭也祀之于明堂[4]，神贵于形也。故神制形而从，形胜神则穷，聪明虽用，必反诸神，谓之大通。"

老子说："修道的人端正精神等待天命，时机到达不必去迎候，它自然会返回，时机离去时不必去追逐，它自然会授予，所以圣人即使不向前也能求取，不退后也能辞让。随顺三年的光阴，时机远去我在后面追，离开三年的光阴，时机存在我居后，没有远离没有追近，居处于应该处于的地方。天道的法则没有特别的亲近，只是与德同在。福祥降临，并非自己追求而来，因此不要去夸耀功德；灾祸来临，并非自己做事而发生，因此不必去懊悔行为。内心恬淡宁静，不会伤害德行，狗叫而不惊诧，确信自己的诚情，这确实不过分。所以说通晓大道的人不会迷惑，知道天命的人不会忧愁。帝王死后，埋藏尸骸于郊野，但祭祀的仪式却在明堂举行，这就是尊重他的神主贵于他的形骸。所以，精神控扼形体就顺利，形体战胜精神则阻塞。耳聪目明的器官功能运用，最后必须归于精神，这就是最好的畅通。"

◎ 原文注释

[1] 随时三年：听任顺从三年的时光。随，听任、顺从。《史记·魏世家》："随安陵氏而亡之。"[2] 与：亲附。[3] 崩：古代指称帝王或王后之死。《出师表》："先帝知臣谨慎，故临崩寄臣以大事也。"[4] 明堂：古代天子宣明政教的处所，凡朝会及祭祀、庆赏、选士、养老、教学等大典，均于其中举行。《木兰辞》："归来见天子，天子坐明堂。"

◎ 拓展阅读

道法会元

道法书文汇编之一。共二百六十八卷，收录很多宋元至明初新符派的道法。大体来说，卷一至卷五五，为清微派道法；卷五六至卷一五四，为神霄派道法；以下各卷，为正一、天心、东华、净明及其他小派之道法。所收各种符法、秘诀、隐书、灵文（包括少数斋仪），多达百种以上。《道法会元》也成为了研究宋、元、明诸派道法的重要资料。

论境界

老子曰："古之存[1]己者，乐德而忘贱，故名不动志；乐道而忘贫，故利不动心。是以谦而能乐，静而能淡。以数腩[2]之寿，忧天下之乱，犹忧河水之涸，泣而益之也。故不忧天下之乱，而乐其身治者，可与言道矣。"

老子说："古时存念反省自己的人，讲究道德的境界而忘却俗世身份的贫贱，他们不因为欲名而动摇心志；不因为欣乐于大道而忘却俗世的不显与困窘，因此，不因为利益而动摇内在的追求。于是，谦和才能快乐，宁静而后淡泊。凭借着筹码就可计算出的寿命，却以之去担忧天下混乱的大事，这仿佛是担忧黄河涸竭，用悲泣的泪水去增益它那样荒庸。所以说，对于那些不担忧天下大乱，而乐于修治其身心的人，才可以论说大道之理。"

○ 品画鉴宝　掐丝珐琅方寿如意纹三足炉·明

◎ 原文注释

〔1〕存：存念、省问。《诗经·郑风·出其东门》："匪我思存。"

〔2〕腩（yōng）：计算用的筹码，多为竹制。

◎ 拓展阅读

骊山老母殿

道教宫观。在陕西省临潼县城南的骊山西绣岭第二峰上。相传，骊山老母曾在此山炼石补天，并于唐玄宗时在此山之下向李筌传授《阴符经》秘义。老母仙逝之后，人们将其葬于骊山之阳　（今陕西蓝田县境内），又于骊山西绣岭第二峰上修建了一座女娲祠作为纪念，后人逐渐改称其为老母殿。此殿坐北面南，建筑分前、后两院，前院有山门、前殿及配房，后院主要有大殿及左右道舍等。

老子曰："人有三怨：爵[1]高者人妒之，官大者主恶之，禄[2]厚者人怨之。夫爵益高者意益下，官益大者心益小，禄益厚者施益博，修此三者怨不作。故贵以贱为本，高以下为基。"

老子说："人有三种发生抱怨的情形：爵位高而被别人嫉妒，官位高而遭君主厌恶，俸禄丰厚而被他人怨恨。因此，爵位越显的人意气应该越是低下，官位越是高的人心志应该越是收敛，俸禄越是丰厚的人施予应当越是广泛。修治这三方面，抱怨将不会发生。所以尊贵是以低贱为根本的，高上是以低下为根基的。"

◎ 原文注释

[1] 爵：古代国家封于臣民的等级称号。《韩非子·定法》："官爵之迁与斩首之功相称也。"旧时有五等爵制，即公、侯、伯、子、男。

[2] 禄：旧时官吏的薪俸。《韩非子·人主》："有功者受重禄。"

◎ 拓展阅读

神室八法

清代全真道龙门派的第十一代宗师悟元子刘一明所创的内练功法。其神室是修道的比喻，内涵"性命双修"之义。刘一明说："修道即所以修神室，神室完全，大道成就，永无渗漏，脱灾免祸，入于安然自在之境矣。"八法即"刚"、"柔"、"诚""信""和""静""虚""灵"，其语言虽平淡无奇，但道理精细微妙，可开发自己的八种潜能，性命双修，不断精进，直至彻悟人生大道。

论视听

老子曰："言者所以通己于人也，闻者所以通人于己也，既暗且聋[1]，人道[2] 不通。故有暗聋之病者，莫知事通。岂[3] 独形骸有暗聋哉？心亦有之塞也，莫知所通，此暗聋之类也。夫道之为宗[4] 也，有形者皆生焉，其为亲也亦戚[5] 矣；飧谷食气[6] 者皆寿焉，其为君也亦惠矣；诸智者学焉，其为师也亦明矣。人皆以无用害有用，故知不博而日不足。以博奕[7] 之日问道，闻见深矣，不闻与不问，犹暗聋之比于人也。"

老子说："言语可以和别人沟通，听闻让别人和自己沟通，既哑又聋，与人交际的途径就不畅通。所以说，患有聋哑疾病的人，无法知晓外界的事情。难道世上只是身体有聋哑疾病吗？心也有它阻塞不通的弊病，不知晓事情的道理在哪里，这与身体上的聋哑疾病是一样的。大道作为万物的根本，有形的万物从中孕生，道为万物而亲近也为万物而悲伤。享用谷物、食气养生的人均知晓长寿之道，道为万物之主是施惠于万物的，世间具有智慧的应学习道，道能成为老师，那是人们都明白的事。人们都拿无用的东西去损害有用的东西，因此见识不广博，时日不够用。利用作局戏与下棋的光阴去求学问道，那么，闻见就会深刻。不广听不求学，其精神的闭塞仿佛是聋哑疾病对于人体。"

◎ 原文注释

[1] 暗：昏暗。此处当指不能言语。[2] 人道：指为人之道，多与天道相对使用。《易经·谦》："天道亏盈而益谦，地道变盈而流谦，鬼神害盈而福谦，人道恶盈而好谦。"[3] 岂：表反问，意谓难道、怎么。《庄子·盗跖》："子之道岂足贵邪？"[4] 宗：根本、主旨。《老子》："言有宗，事有君。"[5] 戚：忧愁、悲伤。[6] 飧谷食气：飧，通"享"。飧谷，犹言受用谷类食物。食气，古代养生法，多出于道家与道教。飧谷，与道家、道教辟谷（即不食谷而导引食气以养生）养生法不同，并且相对立。[7] 博奕：奕，疑为"弈"字之误。弈，下棋。博，局戏。

◎ 拓展阅读

终南山

又名太一山、地肺山、中南山、周南山，
简称南山。是秦岭山脉的一段，西起陕
西武功，东至陕西蓝田。千峰叠翠，景
色幽美，素有"仙都"、"洞天之冠"和
"天下第一福地"的美称。主峰位于周至
县境内，海拔2604米。终南山为道教发
祥地之一。传说楼观台的说经台就是当
年老子讲经之处。魏晋南北朝时期，北
方名道云集楼观，增修殿宇，并在此开
创了楼观道派。

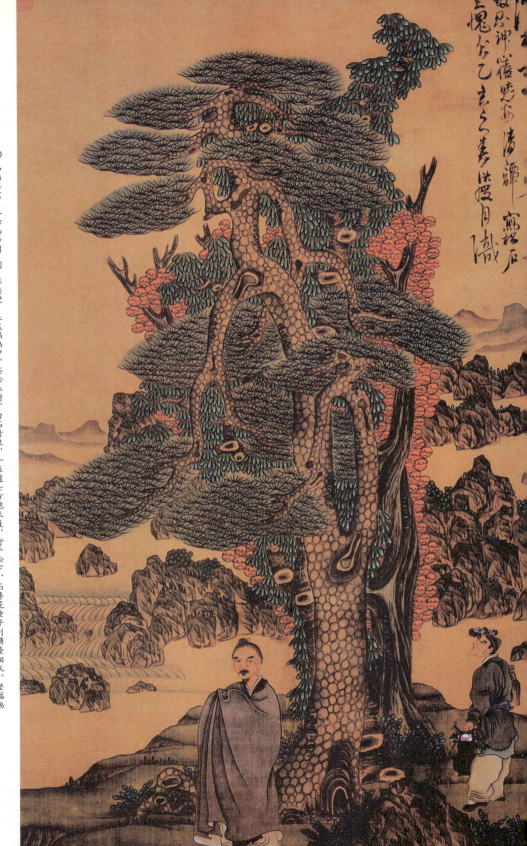

○品画鉴宝 乔松仙寿图·明·陈洪绶 在这幅画中，苍松红树，白石清泉，一位道士方袍朱履，行于松下，而藓花童子则携壶相从。整幅画线条清圆细劲，但又不失疏旷散逸，显示了陈洪绶极高的艺术水平。

老子曰："人之情，心服于德，不服于力，德在与不在来。是以圣人欲贵于人者，先贵人，欲尊于人者，先尊人，欲胜人者，先自胜，欲卑人者，先自卑，故贵贱尊卑，道以制之。夫古之圣王，以其言下人，以其身后人，即天下乐推而不厌，戴而不重[1]，此德重有余而气顺也，故知与之为取，后之为先，即几[2]于道矣。"

老子说："人们的情性，是内心中对德的宾服，而不是对力的屈服，而德在于亲和而不在于强求。因此，圣人为了比他人尊贵，总是先尊贵他人；为了比他人尊显，总是先尊显他人；为了超越他人，总是先自我超越；为了使他人卑下，总是先自我卑下。所以说，高贵与贫贱、尊显与卑下，是在道的制约下发生的。那古代的圣王与人交往时，用他谦下的语言、居后的谦让让人宾服，因此普天之下的人都乐意推举他而不厌弃，拥戴他而没有负重的感觉，这就是德重有余而民众气顺吧。从这里我们可以知道，给予是为了获取，居后是为了领先，这样的话就接近大道的精神了。"

◎ 原文注释

〔1〕戴：拥戴、爱戴。〔2〕几：将近、接近

◎ 拓展阅读

仙岩山

道教名山。位于浙江省瑞安市仙岩镇境内。成名于唐代，兴于宋代。据《云笈七签》卷二十七"洞天福地"所载，仙岩山为道教七十二福地中"第二十八福地"。主要风景名胜有仙岩书院、化成洞、罗隐洞、通玄洞、系虎岩、升仙岩、炼丹台、三皇井、虎溪、天河等二十多处，其间点缀以亭台楼阁、桥堂坊祠及摩崖石刻等人文景观。南宋大理学家、诗人朱熹（自号晦翁）题赞仙岩山有"开天气象"，并夸其"溪山第一"。

人的德行强弱

老子曰："德少[1]而宠多者讥，才下而位高者危，无大功而有厚禄者微[2]，故物或益之而损，或损之而益。众人皆知利利，而不知病病，唯圣人知病之为利、利之为病。故再实之木[3]其根必伤，多藏之家其后必殃，夫大利者反为害，天之道也。"

老子说："德行减弱而宠爱增大必然会受到讥讽，才智低下而官位高显必然隐含危险，不能建立大功而享有丰厚的俸禄就会走向衰败，所以对于事物，或者增益它反而减损了它，或者减损它反而增益了它。大多数人都知道看好益处，而不知道忧虑弊病，只有圣人才知道弊病可以转化为益处，利处也可以转化为弊病。所以说，再次结实的树木，它的根必受创伤，积藏太多的家族，他的后代必受殃祸。具有大益处的反而容易转化为害处，这就是天道。"

◎ 原文注释

〔1〕少：削弱。贾谊《治安策》："欲天下之治安，莫如众建诸侯而少其力。"〔2〕微：衰败、衰弱。《史记·李斯列传》："周室卑微，诸侯相并。"〔3〕再实之木：再次结实的树木。实，果实、种子。《韩非子·五蠹》："草木之实足食也。"木，树。

◎ 拓展阅读

和合四象

气功内丹术语。对于道教内丹术而言，有的人认为四象是指眼、耳、鼻、舌。而田诚阳认为"肺系为金，肝杰为木，肾系为水，心杰为火，脾无为土。金能生水，肾水为后天之精，因而为肺金代表先天元无；木能生火，心火为后天之神，因而以肝木代表先天元神。丹道须将神无二者，会合于中宫脾土之内，使神聚合一，凝结成丹"。他认为四象指肺、肝、肾、心，四者会聚于中宫脾土，谓之"和合四象"。

老子曰："小人从事曰苟得[1]，君子曰苟义。为善者，非求名者也，而名从之，名不与利期[2]，而利归之，所求者同，所极者异[3]，故动有益则损随之。言无常是，行无常宜者，小人也；察于一事，通于一能者，中人也；兼覆[4] 而并有之，技能而才使之者，圣人也。"

老子说："小人为取得得益去做事，君子为合乎义的原则去做事。做善事不是为了追求声名，但声名却随它而来，声名不与利益约期交会，但利益归附于它。君子、小人所期求的相同，但二者所急的则不同，所以说行动有了益处，损害就会随它而来。言论反复无常，行为游移不定，是小人作法；明察于一事，精通于一种技能，是中人的表现；恩泽广大而无遗漏，富有技能而运用才智去使用它，便是圣人的处世原则。"

◎ 原文注释

〔1〕苟得：苟且取得。《礼记·曲礼上》："临财毋苟得。"孔颖达疏："非义而取，谓之苟得。"

〔2〕期：约会。

〔3〕极：急。《荀子·赋篇》："出入甚极，莫知其门。"

〔4〕兼覆：本指天广为覆益万物，后多用以比喻恩泽广大，无所遗漏。《管子·版法解》："桓公谓管子曰：'今子教寡人法天合德，合德长久；合德而兼覆之，则万物受命。'"

◎ 拓展阅读

龙汉

道教称元始天尊的年号之一。又为五劫之始劫。《隋书·经籍志四》记载："道经者，云有元始天尊，生于太元之先，禀自然之气，冲虚凝远，莫知其极。所以说天地沦坏，劫数终尽，略与佛经同。以为天尊之体，常存不灭。每至天地初开，或在玉京之上，或在穷桑之野，授以秘道，谓之开劫度人。然其开劫，非一度矣，故有延康、赤明、龙汉、开皇，是其年号。其间相去经四十一亿万载。"

论生存

老子曰："生所假也，死所归也，故世治即以义卫身，世乱即以身卫义，死之日，行之终也。故君子慎一^[1]用之而已矣。故生所受于天也，命所遭于时也，有其才不遇其世，天也，求之有道，得之在命。君子能为善，不能必得其福，不忍^[2]而为非，而未必免于祸。故君子逢时即进，得之以义，何幸之有？不进即退，让之以礼，何不幸之有？故虽贫贱而犹不悔者，得其所贵也。"

老子说："生存是一种假象，死亡才是真正的归宿。因此，世间有治局就以义来保护自己，世间无治局就殉身来保护义，死的那天，就是行动终结的日子。所以，君子只不过是以戒慎的态度体察大道并使用它罢了。生命是受于天的，命运的穷通却受于时机制约。有治世才干却不能遭遇他的时世，是天命；追求功名要凭仗道，获得功名则在命。君子有能力做到善，却不一定能得到福，狠心而做了错事，也未必能够免除祸乱。所以说，君子遭遇时机前进，凭仗义而获得，有什么幸运可言呢？不能遭遇时机便退后，依据礼而谦让，又有什么不幸可言呢？所以说，尽管处在贫贱之中，但不生懊悔的人，肯定是得到他认为宝贵的东西了。"

◎ 原文注释

〔1〕慎一：一，用以指道。《淮南子·诠言训》："一也者，万物之本也，无敌之道也。"慎一，即"戒慎于道"的意思。

〔2〕不忍：忍，狠心。《韩非子·内储说》："公不忍之，彼将忍公。"不忍，犹言不能狠心。

◎ 拓展阅读

无能子

唐末思想家。姓名、籍贯、生卒年皆不详，只留下"无能子"别号。他少年博学，擅长思辨，后游宦天下，并授徒讲学。因避黄巢起义战火，四处漂泊流浪，生活艰难。光启三年（887年），隐居民间时，著《无能子》一书。在书中，他指责君主专制制度违反自然，提倡道教的服气和坐忘修炼法，并宣扬儒家的宿命论、仁义道德和近似佛教禅宗思想的"无心"。

人的内心

老子曰："人有顺逆之气生于心，心治则气顺，心乱则气逆，心之治乱在于道德，得道则心治，失道则心乱。心治则交让[1]，心乱则交争，让则有德，争则生贼。有德则气顺，贼生则气逆，气顺则自损以奉人，气逆则损人以自奉，二气者可以道而制也。天之道，其犹响[2]之报声也，德积则福生，怨积则祸生。宦败于官茂，孝衰于妻子，患生于忧解[3]，病甚于且愈，故慎终如始，无败事也。"

老子曰："举枉与直[4]，如何不得，举直与枉，勿与遂往，所谓同污而异泥者。"

老子说："人的内心有顺、逆二气，内心调治则顺气，内心紊乱则逆气。内心的调治与紊乱，关键在于道德，获得大道内心就会调治，失去大道内心就会紊乱。人们的内心调治就会相互推让，内心紊乱就会相互争夺，推让就会有德，争夺则会生害。涵养了德就会气顺，孕生了贼（害）就会气逆。气顺就会自我减损以尊奉他人，气逆就会贬损他人以尊奉自己，而气的顺逆是可以用道来控制的。天道自然，仿佛是回声应答响声，积累德行就会产生福祉，积聚怨恨就会产生祸殃。仕宦衰败于仕途太盛，为孝衰残于妻子儿女，灾难孕生于懈怠松弛，疾病凶猛于即将痊愈之际，所以说，谨慎地对待终始，就不会有事情的失败。"

老子又说："推举不正直而赞许正直，这有什么不对呢？推举正直而赞许不正直，千万不要附和。这就是说，都在错误之中，但错误的理由却不一样呵。"

◎ 原文注释

[1] 交让：相互推让而不争。交，互相。《左传·隐公三年》："周郑交恶。"

[2] 响：回声。《易·系辞上》："其受命也如响。"

[3] 忧解（xiè）：解，懈怠、松弛。忧解，意为放松了忧患意识。

[4] 举枉与直：推举不正直而赞许正直，含"以正直激励不正直的鞭策"之意。举，推荐、推举。《左传·襄公三年》："举其偏，不为党。"与，赞许。

◎ 拓展阅读

太符观

在山西省汾阳市区东北15公里上庙村。为金至清代建筑。太符观是道教庙宇，规模宏敞，布局疏朗，场面开阔。此观始建年代不详，金承五年（1200年）在此地建醮坛，刻立碑记，后经明、清修整，方才形成今天这般规模。现存昊天大帝殿为金代原构，其余都是明代遗物。观内还保存有外地迁来的隋代造像碑3块、唐碑、唐幢各一通。

老子曰："圣人同死生，愚人亦同死生，圣人同死生明于分理，愚人同死生不知利害之所在，道悬天，物布地，和在人，人主[1] 不和即天气不下，地气不上，阴阳不调，风雨不时，人民疾饥。"

老子说："圣人视生存与死亡为同一等事，愚人也如此。圣人视生死同一，是建立在明晓事理之上的，愚人视生死同一却不知道其中的利害。大道悬置在天空，万物遍布在大地，协调和谐在于人道。人主不能推行和谐的大道，那么天道之气不下，地道之气不上，阴、阳二气无法协调，风雨也不能按时而至，人民将发生疾病并且挨饿受冻。"

◎ 原文注释

〔1〕人主：君主。

◎ 拓展阅读

延生醮

民间经常性的一种民俗活动，即打延生醮。它最早可以追溯到汉代的北斗崇拜。中国古代认为，南斗主生，北斗主死。要想延长寿命，必须向北斗星君祈求削去死籍。道教一开始就从事各种礼斗活动。三国时，吴国大将吕蒙病重，孙权曾让道士向北斗请命。以后，在道门中形成的各种有关长生延生的经书、醮仪，大多与东、南、西、北、中五方星斗有关，与北斗的关系尤其密切。

○ 品画鉴宝　隐居图·明·陈洪绶

○ 品画鉴宝　松亭试泉图·明·仇英　此图是仇英的上乘之作。画中丛林疏爽，亭宇轩明，溪流莹澈，佳境幽奇。本图用笔在工细之中求力，设色沉厚而又有雅静之韵，可谓精丽艳逸，无惭古人。

老子曰："得万人之兵，不如闻一言之当，得隋侯之珠[1]，不如得事之所由，得和氏之璧[2]，不如得事之所适。天下虽大，好用兵者亡，国虽安，好战者危，故小国寡民，虽有什伯之器[3]而勿用。"

老子说："即使获得一万人的军队，也不如听到一句适当的言论；即使获得隋侯之珠，也不如知道事情发生的缘由；即使获得和氏之璧，也不如获得行事的适宜之机。尽管幅员辽阔，但喜好用兵必然灭亡，尽管国家安定，但喜好战争必然危险。所以说，国土小、民众少的国家，尽管有军队也不要使用。"

◎ 原文注释

[1] 隋侯之珠：古代传说中的明珠。《淮南子·览冥训》："譬如隋侯之珠。"高诱注："隋侯，汉东之国，姬姓诸侯也。隋侯见大蛇伤断，以药傅之。后蛇于江中衔大珠以报之，因曰隋侯之珠，益明月珠也。"

[2] 和氏之璧：传说中的美玉。《史记·廉颇蔺相如列传》："和氏璧，天下所共传宝也。"

[3] 什伯之器：什伯，古代军队编制，十人为什，百人为伯。《淮南子·兵略训》："正行伍，连什伯，明旗鼓，此尉之官也。"此处代指军队。什伯之器，即军队。

◎ 拓展阅读

金台观

位于陕西省宝鸡市北郊陵塬山上。为宝鸡三大道教宫观之一。创建于元末明初，为著名道士张三丰修道处。观内道教古迹与建筑众多，有山门、玉皇阁、吕祖殿、圣母殿、张爷殿、三清殿、慈航殿、八卦亭、圣母洞、三丰洞、药王洞、朝阳洞等。《宝鸡县志》有"飞阁玲珑，朱栏璀璨，每旭日东升，夕阳晚照，则光流天际，彩彻云衢，古今艳称赤城，流霞金阁在望，而天台不得专美"的记载。

圣人反对穷兵黩武

老子曰："能成霸王[1]者，必德胜者也；能胜敌者，必强者也。能强者，必用人力者也；能用人力者，必得人心者；能得人心者也，必自得者也；自得者，必柔弱者也。能胜不如己者，至于若己者而格；柔胜出于若己者，其事不可度。故能以众不胜成大胜者，惟圣人能之。"

老子说："能够成就霸主事业，必然是德的胜利；能够战胜敌人，必然是强大的；能够强大的，必然是使用众人力量的；能够使用众人力量的，必然是获得人心的；能够获得人心的，必然是能够包容天下万物的；能够包容天下万物的，必然是柔弱的。能够战胜不如自己力量的，遇到与自己相等的就会受到阻碍，用柔弱战胜仿佛和自己相等其实是超出我的，他的作为将不可限量。因此，能够用众人无法取胜的办法成就大胜的事业，只有圣人才能够做到。"

◎ **原文注释**

〔1〕霸王：春秋时称霸诸侯的王侯。

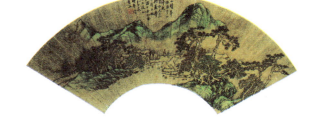

○ 品画鉴宝　南山积翠图·清·廖伦

◎ **拓展阅读**

五岳真形图

即代表五大名山的五个符号。五岳指中国的五大名山。五岳真形图以嵩岳居中，左一为华岳，左二为衡岳，右一为泰岳，右二为恒岳。据《藏经》记载："五岳之神，分掌世间人物，各有所属。如，泰山为五岳祖，主掌人间生死贵贱修短；衡岳主掌星象、分野、水族鱼龙；嵩岳主掌土地、山川、牛羊食嚼；华岳主掌金、银、铜、铁、飞走蠢动；恒岳主掌江河淮济、四足负荷等事。"

通玄经

第五篇·道德

本篇是老子对文子所提问的『道和德』的解释。以道的理念，对做学问、为官从政等方面进行了阐述，也讲述了圣人在德操方面的高尚之处。这些观点始终没有离开老子的道家思想。

文子问道

文子问道。老子曰："学问不精，听道不深。凡听者将以达智也，将以成行也，将以致功名也。不精不明，不深不达。故上学以神听，中学以心听，下学以耳听。以耳听者，学在皮肤[1]；以心听者，学在肌肉[2]；以神听者，学在骨髓[3]。故听之不深，即知之不明，知之不明，即不能尽其精，不能尽其精，即行之不成。凡听之理，虚心清静，损气无盛，无思无虑，目无妄视，耳无苟听，专精积稸，内意盈并[4]，既以得之，必固收之，必长久之。夫道者，原产有始，始于柔弱，成于刚强，始于短寡，成于众长，十围之木始于把，百仞之台始于下，此天之道也。圣人法之，卑者所以自下也，退者所以自后也，俭者所以自小也，损者所以自少也，卑则尊，退则先，俭则广，损则大，此天道所成也。夫道者，德之元，天之根，福之门，万物待之而生，待之而成，待之而宁。夫道，无为无形，内以修身，外以治人，功成事立，与天为邻，无为而无不为，莫知其情，莫知其真[5]，其中有信。天子有道则天下服，长有社稷，公侯有道则人民和睦，不失其国，士庶[6]有道则全其身，保其亲；强大有道不战而克，小弱有道不争而得，举事有道功成得福，君臣有道则忠惠，父子有道则慈孝，士庶有道则相爱；故有道则和，无道则苛。由是观之，道之于人无所不宜也。夫道者，小行之小得福，大行之大得福，尽行之天下服，服则怀[7]之，故帝者天下之适也，王者，天下之往也，不适不往，不可谓帝王。故帝王不得人不能成，得人失道亦不能守。夫失道者，奢泰骄佚[8]，慢倨矜傲，见余自显自明执雄[9]坚强，作难结怨，为兵主，为乱首；小人行之，身受大殃，大人行之，国家灭亡，浅及其身，深及子孙。夫罪莫大于无道，怨莫深于无德，天道然也。"

文子向老子问道。老子说："学问如果不精，就接受不了高深的道。凡是听从大道的，都是为了通达智慧，为了完成行动，为了博取功名。不能精深，就无法明了，不能深入，就无法通达。所以，最高的学问要用神去接受，次之要用心去接受，最下则是用耳朵去接受。用耳朵去听从接受的，学的只是表面的东西；用心去接受的，学习虽已得实质但仍不能得到精神；用神去接受的，方才学到从表面直到内在的所有精华。所以说，接受得不深，就是了解得不透彻；了解得不透彻，就不能完全把握其精华；不能完全把握学问的精华，行动就无法成功。听课接受的理概括起来，在于虚心清静，减弱气息不要使它太盛，不要思绪考虑，眼睛不乱看，耳朵不乱听，让精神专一而积聚，让意念内敛而充实。既然已经获得了精神的专一，就一定要固守，一定要持久。大道的产生有它的开端，其开端在于柔弱，成形在于刚强，它以短缺寡少开始，以众多长大完成。十围粗的大树是

○ 品画鉴宝　竹简形青玉执壶·明

从一把粗开始生长的，百丈高的台是从底层垒起的，这就是天道的法则。圣人取法天道，卑居下位而自我谦逊，自我退后，约束行为而自我小视，减损削弱而自我减少。卑下就能尊贵，退后就能居先，约束就能扩大，减损就能增大，这是天道自然法则所成就的。大道，是德的开端，是天的根源，是福的进口，万物依靠它而生长，依靠它而安定。大道无所作为，没有形状，用于内部则修养身心，用于外部则治理人民，事情完成，与天道自然的法则相比为邻，无所作为而无所不为，不知道它的真实情形，不知道它的本性、本质，但它内部的诚信不欺是可以验证的。天子实践了道，就会使天下顺从，长久拥有社稷；公侯实践了道，就会使人民和睦，不会失掉国家；士人百姓实践了道则能保全自身，抚养亲人。力量强大的人实践了道可以不战而胜，力量弱小的人实践了道可以不争而获，从事工作的人实践了道可以完成工作并获得福祥，君主臣下实践了道则君臣忠惠，父亲儿子实践了道则父慈子孝，士人百姓实践了道则相亲相爱。所以说，实践了道就会和谐太平，放弃了道就会烦扰生乱。由此来看，大道对于人来说是无所不宜的。那无所不在的道，对它进行小的实践将获得小福，对它进行大的实践将获得大福，若完全彻底的实践它，天下将顺从，顺从就要力行安抚。帝，就是天下归附于他；王，就是天下归往于他。天下不归附不归往，不能称为帝王。因此，帝王不得人心不能成就帝王之业，得了人心失去了道也不能保守帝王之业。那背离了道的人，奢侈无度骄纵傲慢，放荡怠忽自以为贤能，见有余即自我显扬，自以为明智而推行强力主张，坚硬强悍而引发灾难，结怨愤恨而发动战争，这就是祸乱的事主。小人如此行动将会遭受大的灾殃，大人如此行动将会使国家灭亡，程度浅的影响其一身，程度深的影响其子孙。人的罪孽没有比背离道更大的了，那怨愤也没有比失去德更深的了。所谓的天道就是这样的。"

○ 品画鉴宝　神宵九宸上帝

道教认为：天有九宵，而神宵为最高。神宵之上，有神宵九宸上帝，即长生大帝、青华大帝、普化天尊、雷祖大帝、太乙天尊、洞渊大帝、六波帝君、可韩真君、采访真君等九位。

◎ 原文注释

〔1〕皮肤：皮毛。指学识浅薄不能深入内里。

〔2〕肌肉：肌理。指学识能得其文质而不能得其精神。

〔3〕骨髓：中医指藏于骨腔内的精髓。此处借以指学识能由表及里而尽得精华。

〔4〕内意盈并：并，通"迸"，喷涌。内意盈并，意即使意念聚内充满而近于喷涌状态。

〔5〕真：本性、本质。《庄子·齐物论》："无益损乎其真。"

〔6〕士庶：士，具有某种品质或技能的人。庶，百姓、平民。

〔7〕怀：安抚。贾谊《论积贮疏》："怀敌附远。"

〔8〕奢泰骄佚：奢侈无度骄纵放荡。泰，过分。佚，放荡。

〔9〕自明执雄：自以为明智而持有强力主张。雄，强有力的。

◎ 拓展阅读

五雷正法

即雷法。雷霆为阴阳之气所生，依《洛书》五行之数，"东三南二北一西四，此大数之祖而中央五焉。"而雷霆行天地之中气，故称五雷。在内功修炼上，五雷分属五脏。五脏之气攒聚为一，方能达于大道，掌握五雷之妙用。此称作攒簇五雷，也即是指雷法内功修炼达到五气朝元的境界。道法认为，诸法之中，威力最大的是雷法。

实践大道之人

老子曰："夫行道者，使人虽勇，刺之不入，虽巧，击之不中。夫刺之不入，击之不中，而犹辱也，未若使人虽勇不敢刺，虽巧不敢击。夫不敢者，非无其意也，未若使人无其意，夫无其意者，未有爱利害之心也，不若使天下丈夫女子莫不欢然皆欲爱利之。若然者，无地而为君[1]，无官而为长[2]，天下莫不愿安利之，故勇于敢则杀，勇于不敢则活。"

老子说："实践大道的人，使人勇敢，却让他刺击不入，让人灵巧，却让他出击不中。刺击不能入、出击不能中，仿佛是耻辱，不如让人虽然勇敢却不敢刺击，虽然灵巧却不敢出击。其实，"不敢"不是"没有勇敢"的意思，而是不如让人没有这勇敢的意识。没有这勇敢意识的，就是那有爱护利益之心的。因此，不如让天下男男女女都充满欢欣去爱护利益。如果这样，那么没有土地也可以为国君，没有官职也可以为首领，天下没有人不愿意安宁而以利处之的。所以有了勇的精神又敢于行事就会衰败，有了敢的精神而不敢妄事作为就能够生存。"

◎ 原文注释

[1] 君：君主。《荀子·非相》："彼后王者，天下之君也。"
[2] 长：首领。《尚书·益稷》："咸建五长。"

◎ 拓展阅读

清微派

道教的一个派别。由符三宗（特别是上清派）分衍、演化而来，尊奉元始天尊。其创始人是唐朝末年的永州零陵人祖舒。另有一说其重要创始人是马丹阳（马钰）。清微派主要以内炼为主，附以符。其符比较接近于神霄雷法。清微派雷法理论，也相类于神霄派。仍主天人合一，内（炼）外（法）结合，而以内炼为基础。强调"诚于中，方能感于天；修于内，方能发于外"。

文子问德。老子曰："畜之养之，遂之[1]长之，兼利无择，与天地合，此之谓德。""何谓仁？"曰："为上不矜其功，为下不羞[2]其病，于大不矜，于小不偷[3]，兼爱[4]无私，久而不衰，此之谓仁也。""何谓义？"曰："为上则辅弱，为下则守节，达不肆意，穷不易操，一度顺理，不私枉挠，此之谓义也。""何谓礼？"曰："为上则恭严[5]，为下则卑敬，退让守柔，为天下雌，立于不敢，设于不能，此之谓礼也。"故修其德则下从令，修其仁则下不争，修其义则下平正，修其礼则下尊敬，四者既修[6]，国家安宁。故物生者道也，长者德也，爱者仁也，正者义也，敬者礼也。不畜不养，不能遂长，不慈不爱，不能成遂，不正不匡，不能久长，不敬不宠，不能贵重。故德者民之所贵也，仁者民之所怀也，义者民之所畏也，礼者民之所敬也，此四者，文之顺也[7]，圣人之所以御万物也。君子无德则下怨，无仁则下争，无义则下暴[8]，无礼则下乱，四经[9]不立，谓之无道。无道不亡者，未之有也。

　　文子向老子问德。老子说："蓄养万物，让万物顺利地生长，相互受利无所选择，与天地法则吻合，这就叫做德。"文子问："什么叫做仁？"老子说："为上不夸耀他的功德，为下不把他的毛病当作丑来遮掩，在大的地方不刚愎自用，小的地方不苟且马虎，不存偏私，互相敬爱，持久而不减弱，这就叫做仁。"文子问："什么叫做义？"老子说："为上能辅助弱者，为下能保持节操，显贵达志时不放肆，穷困不通的时候不改变操守，法度一致顺应理则，不循私曲就，这就叫做义。"文子问："什么叫做礼？"老子说："为上谦恭而尊严，为下卑曲而知敬，退后辞让遵守守雌之道，做天下的柔弱者，生存于默默的谦恭之中，置身于不能的柔弱之中，这就叫做礼。"所以说，君上修养其德，民众就会服从命令，修养其仁，民众就不会争夺，修养其义，民众就会公平正直，修治其礼，民众就知道尊敬。以上四方面修治完毕，国家就会安宁。因为让万物生长的是道，让万物成长的是德，爱护万物的是仁，端正万物的是义，使万物知敬的是礼，所以不积蓄不滋养，不能顺利成长，不慈祥不爱重，不能成功到达，不端正不纠正，不能持久长远，不尊敬不宠爱，不能尊贵显达。所以说，德是民众所宝贵的，仁是民众所怀念的，义是民众所敬畏的，礼是民众所看重的，这四点使万物文明而顺从，圣人用之来驾御万物。君子没有德下面就会抱怨，没有仁下面就会争斗，没有义下面就会侵凌，没有礼下面就会混乱，这四个原则不能建立，就是无道。没有道而不灭亡，是从来没有的事吧。

○ 品画鉴宝　青瓷豆·西周

◎ 原文注释

〔1〕遂：顺利地成长。《韩非子·难二》：“六畜遂，五谷殖。”

〔2〕羞：通“丑”，以为丑。《易·恒》：“不恒其德，或承之羞。”

〔3〕偷：苟且、马虎。《商君书·农战》：“善为国者，仓廪虽满，不偷
　　于农。”

〔4〕兼爱：墨子主张爱无差别等级，提倡平等的、不分亲疏的相爱，称
　　“兼相爱”。

〔5〕恭严：恭，谦逊有礼。严，尊敬。恭严，指谦恭尊严之表。

〔6〕既修：既，已经。《韩非子·外储说》：“三军既成阵，使士视死如归。”
　　既修，已经整治完毕。

〔7〕文：文化，包括典章制度礼乐等。

〔8〕暴：欺凌、损害。《庄子·盗跖》：“自是之后，以强凌弱，以众暴寡。”

〔9〕经：常规、原则。

◎ 拓展阅读

三魂七魄

古人认为人身上有三魂七魄，一说三魂六魄。三魂又叫三精，这种说法
来源于道家，如道书《云笈七签》云：“夫人有三魂，一名胎光，一名爽
灵，一名幽精。”而七魄则是尸狗、伏矢、雀阴、吞贼、非毒、除秽、臭
肺，皆“身中之浊鬼也”。《抱朴子·地真》：“欲得通神，宜水火水形分，
形分则自见其身中之三魂七魄。”《玄怪录》、清袁枚《续子不语》都记载
有三魂七魄的故事。

○ 品画鉴宝　仙人像·明·刘俊　明代宫廷画家刘俊，生卒年不详，工人物、山水、界画。他的这幅《仙人像》用笔劲健，构图严谨，人物衣带方折，形象生动，各具特色。

老子曰:"至德之世,贾便其市,农乐其野,大夫安其职处,士修其道,人民乐其业。是以风雨不毁折,草木不夭死;河出图,洛出书[1]。及世之衰也,赋敛无度,杀戮无止,刑谏士[2],杀贤士,是以山崩川涸,蠕动不息,野无百蔬。故世治则愚者不得独乱,世乱则贤者不能独治。圣人和愉宁静,生也,至德道行,命也,故生遭命而后能行,命得时而后能明[3],必有其世而后有其人。"

老子说:"在最具有道德的时代,商贾安逸于市场的交易,农夫安乐于田野的耕作,官吏安宁于职分的事务,士人修养他们的性命,人民乐于他们所有的工作。因此,风雨不毁坏万物,草木生长顺利,黄河的龙马负出了河图,洛水的神龟负出了洛书。而在道德衰败的时代,赋敛征收没有节度,诛戮刑杀没有止境,给直言进谏的谏士用以刑法,将有道德的贤士杀掉。因此,山岳崩塌,大河涸竭,腹内蠕动不息,郊野没有百谷与蔬果。所以说,世间有治局则蠢蠢欲动的愚人不能独自作乱,世间无治局,勤劳求治的贤人也不能独自成治。圣人和愉宁静,是一种生存状态,而道德能不能大行于世,则是一种命运。所以说,圣人的思想理念要逢那至德行世之时才能实行,而这种命运要获得它的时机才可以造就高明,必须有了这样的时代,然后才有处于这个时代的高明之人。"

◎ 原文注释

〔1〕河出图,洛出书:《易·系辞上》:"河出图,洛出书,圣人则之。"传说伏羲氏时,有龙马从黄河出现,背负"河图"(即《周易》),有神龟从洛水出现,背负"洛书"(即《洪范》)。这一传说含有儒家治世祥瑞的色彩。

〔2〕谏士:臣对君的直言规劝称谏。《周礼·地官·保氏》:"保氏掌谏王恶。"谏士,即进谏之士。

〔3〕明:英明、高明。《商君书·君臣》:"明王之治天下也,缘法而治,按功而赏。"

◎ 拓展阅读

七昧之术

指使五官、手足、意念清静的修炼方法。七昧,即目昧、耳昧、口昧、鼻昧、手昧、足昧、心昧。"目昧不明,耳昧不聪,口昧不爽,鼻昧不通,手昧不固,足昧不正,心昧不真。目不昧则明,耳不昧则聪,口不昧则爽,鼻不昧则通,手不昧则固,足不昧则正,心不昧则真。是知七昧其要在一,一之稍昧,六昧俱塞,则一身不治,近于死也。"

文子问圣智？老子曰："闻而知之，圣也；见而知之，智也。故圣人常闻祸福所生而择其道，智者常见祸福成形而择其行。圣人知天道吉凶 [1]，故知祸福所生；智者先见成形，故知祸福之门 [2]。闻未生圣也，先见成形智也，无闻见者愚迷。"

老子曰："君好义则信时 [3] 而任己，弃数 [4] 而用惠，物博智浅，以浅赡 [5] 博，未之有也，独任其智，失必多矣。好智穷术也，好勇危亡之道也，好与则无定分 [6]，上之分不定，则下之望 [7] 无止，若多敛则与民为仇 [8]，少取而多与，其数无有，故好与，来怨之道 [9] 也。由是视之，财不足任，道术可因 [10]，明矣。"

文子问什么是圣人和智者？老子说："听到了就明白，这就是圣人；看到了就知道，这就是智者。所以圣人能经常在祸福发生时知道它的原因并选择决定他行动的方法，智者能经常在祸福成形时察见它并选择决定他行动的方法。圣人能把握天道法则并预知事物的吉祥与否，因此能知道祸福发生的原因；智者于事物形成之先察见它，因此能知道祸福发生的途径。预知没有发生的事是圣人，预先察见成形的事是智者，不能预知也不能预先察见，则是蠢笨而迷惑不明的愚迷者。"

老子说："君主喜好道义就能够随时世而承担他的责任与事务，就能够抛弃方技而使用恩惠。世间万物广博而人的智力浅窄，用浅窄去供给广博而能成功，恐怕是从来没有的事吧。单独凭借智慧去治理，失误一定很多。推崇智术是逼不得已的办法，推崇勇力是危险灭亡的道路，喜好施予就无法确定名分，君主不能确立名分，那么臣民的期待就无法停止，如果过度征收就会与民众为仇，如果少取而又想多施予，则这个差数就会没有。所以说，君主喜好施予，是他招来怨愤的渠道。由此看来，财货的作用不足以凭借，而大道的作用可以依靠则是明确了的。"

〔1〕吉凶：吉，吉祥。凶，不吉祥。《荀子·天论》："应之以治则吉，应之以乱则凶。"〔2〕门：进出口。《徐霞客游记·楚游》："洞门甚隘。"此处引申为途径。〔3〕信时：随时。信，听凭、随意。〔4〕数：方术、技艺。屈原《卜居》："数有所不逮，神有所不通。"〔5〕赡：供给。《盐铁论·本议》："是以先帝建铁官以赡农用。"〔6〕分：名分、职分。《荀子·正论》："犯分乱理。"〔7〕望：期望、期待。〔8〕仇：仇敌、仇人。〔9〕来怨之道：招来怨愤的途径。来，招来、使……来。道，途径。〔10〕因：依靠、凭借。

◎ 拓展阅读

三炷香

源于道教斋醮仪式中的"三上香"仪轨。"三上香"是向道教三宝道宝、经宝、师宝烧香。在十方香炉中为每一位三宝上香，每上香完毕则读愿文。第一次是供奉道宝，祈祷从地狱放斋主的九世父母及一切亡魂，往生天界。第二次是供奉经宝，原文内容是祈祷从帝王、国王到师、父母、同学、诸士贤等得道。第三次是供奉师宝，祈求一切众生免于灾厄。现在存世的经词与古仪略有差异。

○ 品画鉴宝 原始瓷尊·西周

文子问曰："古之王者，以道莅天下，为之奈何[1]？"

老子曰："执一无为，因天地与之变化。天下，大器[2]也，不可执也，不可为也，为者败之，执者失之。执一者，见小也，见小故不能成其大也，无为者，守静也，守静能为天下正。处大，满而不溢，居高，贵而无骄，处大不溢，盈而不亏，居上不骄，高而不危。盈而不亏，所以长守富也，高而不危，所以长守贵也。富贵不离其身，禄[3]及于孙，古之王道[4]具于此矣。"

老子曰："民有道，所同行；有法，所同守；义不能相固，威不能相必[5]，故立君以一之。君执一[6]即治，无常即乱，君道者，非所以有为也，所以无为也，智者不以德为事，勇者不以力为暴，仁者不以位为惠，可谓一矣。一也者，无适之道也，万物之本也。君数易法[7]，国数易君，人以其位达其好憎，下之任惧不可胜理，故君失一，其乱甚于无君也，君必执一而后能群[8]矣。"

文子问："古时君王用道统治天下，他们是怎么做的呢？"

老子说："把握道的精神而无所作为，依据天地的变化而变化。天下，是重要而宝贵的事物，不可持有，不可作为，有所作为就会败坏它，有所执持就会失去它。掌控它是因为看到小的、不全的，看见的是小而不全就不能成就天下的大。无所作为的人守持宁静，才成为天下端直正派的榜样。处于尊大之位虽满盈而不可外溢，居于高显之职虽华贵而不可骄傲，处大位不外溢，盈满而不会缺损，居上位不骄傲，高显而不会危险。满盈而不缺损，是保持长久富贵的原因；高显而不危险，是保持长久尊贵的原因。富裕显贵不曾离开他，福气还延及他的子孙。古时的王道精神全部都在这里。"

老子说："民众具备了大道精神，就会同心同德共同行动；民众有了法律制度，就会统一法令共同遵守。义的精神无法使他们坚持统一的信念，威的作用无法使他们一定去实行上面的意志，所以有君主使他们统一起来。君主专心一志就能治理，反复无常则会发生混乱，君主政治的道，不是有所作为，而是无所作为。智慧通达的人不以德的名义去作事，勇敢无畏的人不借力的作用去行暴，真正仁爱的人不凭借位的作用去施惠，这就可以说是表里一致而又深切于道了。专一、守一，是无所不在的道，是万物的根本。君主无缘无故地频频改易法令，国家就将不断改变自己的君主。人依仗他的职位，去表达他喜好厌憎的情绪，下面的人将无法回避，因此不得不承受无名的恐惧，其产生的混乱与弊端将无法处理。所以说，君主失去专一、守一的精神给国家带来的混乱，比一个没有君主的国家还要厉害，君主必须专心一志，然后才可以聚合民众使国家统一。"

○ 品画鉴宝 玉清原始天尊 道教最高尊神三清之一，又称『元始天王』、『虚皇道君』。元始天尊居三十六天之上的清微天玉清境。天尊之体常存不灭，至天地初开，授道开劫度人。他主宰和象征宇宙混沌初显、阴阳未判的第一个大世纪，道教称『混元』时期。

276

〔1〕奈何：如何、怎么办。《汉书·项籍传》："雏不逝兮可奈何。"

〔2〕大器：重要而可贵的事情、事物。《荀子·王霸》："国者，天下之大器也，重任也。"

〔3〕禄：此处指福祉、福气。

〔4〕王道：主张以仁义治天下的政治，古称王道。《尚书·洪范》："无偏无党，王道荡荡。"

〔5〕必：一定要实行。《汉书·宣帝纪》："孝宣之治，信赏必罚。"

〔6〕执一：专心一志。此处主要指对于"道"的专一态度。

〔7〕君数易法：数，密、频繁。君数易法，意谓君主更易法度频繁。

〔8〕群：聚集、会合。《荀子·非十二子》："一统类，而群天下之英杰。"

◎ 拓展阅读

破十八狱

指斋期中举行的一系列"破狱"、"召灵"等仪式。它按照救济亡魂的程序，象征性地表现了破狱、炼度、升度等一连串的活动。破狱仪式以灯为象征，从丰都九幽地狱解救亡魂。然后，通过召灵、沐浴、朝真、咒食，将解救出来的亡魂召到坛上，除其阴气尸秽，让他们向太上三礼，并给予他们天上的食品，使他们作好修行的准备。

王道惟一

文子问曰："王道[1]有几？"

老子曰："一而已[2]矣。"

文子曰："古有以道王者，有以兵王者，何其一也？"

曰："以道王者德也，以兵王者亦德也。用兵有五：有义兵，有应兵，有忿兵，有贪兵，有骄兵。诛暴救弱谓之义，敌来加己不得已而用之谓之应，争小故不胜其心谓之忿，利人土地、欲人财货谓之贪，恃[3]其国家之大、矜其人民之众，欲见贤于敌国者谓之骄；义兵王，应兵胜，忿兵败，贪兵死，骄兵灭，此天道也。"

文子问："君王的道有哪几种？"老子说："一种。"文子说："古时有用道而成为君王的，有用兵而成为君王的，怎么说只有一种呢？"老子说："用道成为君王的是因为德，用兵成为君王的也是因为德。用兵的情况有五种：有义兵，有应兵，有忿兵，有贪兵，有骄兵。惩治强暴、拯救弱小的用兵称作义兵，面对侵凌而无奈回应的用兵称作应兵，争夺弱小国家而不能满足自己心愿的用兵称作忿兵，掠夺他人土地与财货的用兵称作贪兵，依仗国家强大、自诩民众众多，想把自己的贤德显耀给敌国的用兵称作骄兵。使用义兵可以成就王业，使用应兵可以得到御敌的胜利，使用忿兵将会导致失败，使用贪兵将会导致死亡，使用骄兵则会使国家灭亡，这就是天道的法则。"

◎ 原文注释

〔1〕王道：指君主治国方法。〔2〕一而已：只有一种。〔3〕恃：依仗。

◎ 拓展阅读

念表文

源出道教中的"言功拜表"仪式。将三日中行道和读经所积功德向天界诸神报告，请求以这些功德救济灵魂，使生者获得幸福。在三日正斋完结之后所行的言功拜表仪式中，将向天神上奏所谓"黄缯朱表"的愿文，集中叙述斋功的目的。其内容主要以报告仪式平安结束、斋功取得成功、祈愿亡魂拔度等为主，类似曲目有《诵念表》、《登台上表》等。

○ 品画鉴宝　砺剑图·明·黄济

道的精神与法则

老子曰："释道而任智者[1]危，弃数而用才者困，故守分循理，失之不忧，得之不喜。成者非所为，得者非所求，入者有受而无取，出者有授而无与，因春而生，因秋而杀，所生不德，所杀不怨，则几于道矣。"

老子说："放弃大道的精神而使用智术会导致危险，放弃天道的法则而使用才智会陷于困窘，因此，守持本分、依照理则去行事，即使失去了不会忧愁，获得了也不会欣喜。成功了的不是有意的作为，获得了的也不是刻意的追求，获得者只是自然而然的接受而不是主动的求取，付出失去者只是自然而然的施授而不是主观的给予。到了春季就生长，到了秋季就凋残，所生长的不感激，所凋残的不抱怨，那么就接近大道的精神了。"

◎ 原文注释

[1] 释道：放弃道术。释，放弃。《韩非子·难势》："释势委法，尧舜户说而人辩之，不能治三家。"

◎ 拓展阅读

女子五禽戏

清代席裕康在《内外功图说辑要》中所介绍的一种练功法。所谓"五禽"，"一曰虎，二曰熊，三曰鹿，四曰猿，五曰鸟。此五者象动物而行，大能防病祛病，兼利手足。学者先须静坐，专意调息，呼吸绵绵，若恍若惚，令气调熟而积，气积运行，周流百脉，方得气盈。再用止五禽舞法，动以强身祛病，动静配合，以符生育消长之理"。此外，还要求炼功闭气时不要使气太过，微微轻放，只需令身体稍许出汗即可。

君王如何得民心

文子问曰："王者得其欢心为之奈何？"

老子曰："若江海即是也。淡兮无味，用之不既[1]，先小而后大。夫欲上人者，必以其言下之，欲先人者，必以其身后之，天下必效其欢爱、进其仁义，而无苛气，居上而民不重，居首而众不害，天下乐推而不厌，虽绝国殊俗，蜎飞蠕动[2]，莫不亲爱，无之而不通，无往而不遂，故为天下贵。"

文子问："君王要得到民众的欢心，该怎么做呢？"

老子说："像江海一般就行了。清淡没有味道，使用起来不会竭尽，先从小处做起并直至宏大。些想要居上位的，必须用他谦下的语言说出他的这种想法；那些想要居于人之先的，行动时应在后面。如此一来，天下的民众就会献出他们的欢爱、进献他们的仁义而没有烦扰的心气，君王高居于上而民众不以为负累，居于前而民众不以为患害，普天之下乐于推戴而没有厌恶之心，尽管是边远的国度、风俗不一的人民以及孑孓等微虫也都能亲爱而没有厌恶，他没有行不通的地方，也没有到达不了的地方，所以能成为天下的尊贵之人。"

◎ 原文注释

[1] 既：尽、完。孙礁《书褒械驿壁》："语未既，有老眈笑于旁。"

[2] 蜎（yuān）飞蠕动：蜎，蚊子的幼虫，即"孑孓"。蠕，虫爬行貌。蜎飞蠕动，虫豸之属飞翔或蠕蠕而行。

◎ 拓展阅读

神霄派

符宗分衍的支派之一。产生于北宋末，流传于南宋至元明。为北宋末道士王文卿所创。"神霄"之名，来源于《灵宝无量度人上品妙经》。该经根据古代天有"九霄"、"九重"之说，指认其中最高一重为"神霄"。神霄派以传习五雷法为事，他们认为行此法可役鬼神，致雷雨，除害免灾。这是神霄派区别于其他道派的主要特点。其理论基础则是天人感应与内外合一说。

论法典

老子曰："执一世之法籍，以非传代之俗，譬犹胶柱调瑟[1]。圣人者，应时权变[2]，见形施宜，世异则事变，时移则俗易，论世[3]立法，随时举事。上古之王，法度不同，非故相返[4]也，时务异也，是故不法其已成之法，而法其所以为法者，与化推移。圣人之法可观也，其所以作法不可以原也，其言可听也，其所以言不可以形。三皇五帝轻天下，细万物，齐死生，同变化；抱道推诚，以镜[5]万物之情，上与道为友，下与化为人。今欲学其道，不得其清明，玄圣守其法籍，行其宪[6]令，必不能以为治矣。"

老子说："拿着一世一代的法令典籍，去非难传世百代的风俗民情，好比胶柱鼓瑟一般，是拘泥于成法而不知变通的。圣人顺应时局变化而因事制宜，根据已有的形势而采用适宜的举措，世道变了，那么作事也要因变而变，时代迁移，那么风俗也要改易，评论判断世局情势而后建立法令，随顺时势而举动事务。上古时代的君王，法令制度不同，并非是有意互相变易更换，只是因为时局事务的相互不同。因此，不必仿效成法，而要效法其之所以成为成法的原因与精神，这样就可以随法的变化而变化。圣人的法令可以观察到，但是他创作法令的原由却不可以追究；他的言论可以接受，但他言论的原因却不可以形容。三皇五帝将天下看轻，将万物看小，将生与死看作同一等事，与变化迁移的万事万物同在，怀抱大道推广诚心，以鉴察万千事物内在的真情，在上与大道为朋友，在下与造化为常人。现今想学习他们的道，却不能获得他们清静高明的玄奥圣法，仅仅遵守他们已成的法令典籍，施行他们已有的律条政令，肯定是无法用来治理的呵。"

◎ 原文注释

〔1〕胶柱调瑟：也写作胶柱鼓瑟。瑟，乐器，瑟上有柱用以调节声调，柱被粘住即无法变换音调。比喻拘泥于成法而不知变通。

〔2〕权变：权宜机变。权，衡量是非轻重以因事制宜。

〔3〕论世：论，评论、判断。

〔4〕返：更换、变换。《吕氏春秋·慎人》："孔子烈然返瑟而弦，子路抗然执干而舞。"高诱注："返，更也，更取瑟而弦歌。"

〔5〕镜：鉴察。《汉书·杜邺传》："速身所行，不自镜见。"

〔6〕宪：法令。《管子·立政》："布宪于国。"

◎ 拓展阅读

登真隐诀

梁陶弘景撰。采摘前代道书中的诸真传诀及各家养生术而成，共三卷。上卷论真符、宝章及头中九宫；中卷记朝拜、摄养、施用、起居之道三十七事，诛却精魔、防遏鬼试之道六事，服御、吐纳、存注、烟霞之道九事，众真授诀三则；下卷叙诵《黄庭经》法以及入静、章符、请官等修身养性、延年却老、治病制鬼之法。这部成仙秘诀属道教中较早的关于修真法诀的综合道书。

文子问政事

文子问政。老子曰："御之以道，养之以德，无示以贤，无加以力；损而执一，无处可利，无见可欲，方而不割[1]，廉而不刿[2]，无矜无伐[3]。御之以道则民附，养之以德则民服，无示以贤则民足，无加以力则民朴。无示以贤者，俭也，无加以力，不敢也，下以聚之，赂[4]以取之，俭以自全，不敢以自安。不下则离散，弗养则背叛，示以贤则民争，加以力则民怨。离散则国势衰，民背叛则上无威，人争则轻为非[5]，下怨其上则位危，四者诚修，正道[6]几矣。"

文子问老子政事。老子说："用道的精神去统治驾驭国家，用德的恩惠去养育万民，不张扬自己的贤德，不对被统治者施加强力，减少欲望守持专一，得不到利益，见不到欲望，方正而不截断，有棱角而不刺伤他物，不矜持，不自我夸耀。用道的精神去统御民众，民众就会归附；用德的恩惠去养育民众，民众就会顺服。不向民众显示自己的贤德，民众就会满足；不向民众加以强力，民风自然朴实无华。不显示自己贤德的人，是自我约束而不放纵；不向民众加以强力的人，是自我警惕而不骄纵。谦下是为了聚合民众，赠送财物是为了取于民众，约束是为了保全自己，自我警惕而不骄纵则是为了自己的安定。不能谦下，民众将会离我而去，不能养育，民众将会叛离我，向民众显示贤德民众将会相互竞争，向民众加以强力，民众就会产生怨恨。民众离散了，国家形势就会衰败；民众背叛了，君上的威望就会消失；民众相争了，就会轻易地作出坏事；下层民众怨恨君上，则国君的王位危险。以上四个方面如果能修炼好了，那么就接近大道的精神了。"

◎ 原文注释

〔1〕方而不割：方正而不截断。方，方正。

〔2〕廉而不刿：廉，指物的侧边。刿，刺伤、划伤。廉而不刿，意谓有棱角而不至于刺伤他物。

〔3〕伐：夸耀。《庄子·山木》："自伐者无功。"

〔4〕赂：赠送财物。《汉书·武帝纪》："朕饰子女以配单于，金币文绣，赂之甚厚。"

〔5〕人争则轻为非：人有相争之情即会轻易为非作歹。轻，轻易、随便。《盐铁论·刑德》："千仞之高，人不轻凌。"

〔6〕正道：指合于统治阶级利益的行为准则。《管子·立政》："正道捐弃而邪事日长。"此处指合于大道精神的行为。

○ 品画鉴宝　人物故事图·明·仇英　这是一幅描绘文人逸事的图画作品。画中的文士高雅奇古，仕女则端庄娟美，建筑器皿工整精细，敷色艳丽又多和色，是仇英对唐宋工笔重彩法的创新和发展。

◎ 拓展阅读

唐明皇游月宫

传说唐开元年间，方士罗公远曾于中秋之夜邀玄宗游月宫，他掷手杖于空中，即化为银色大桥。过大桥，行数十里，到达一处城阙，横匾上题有"广寒清虚之府"几个大字，数百仙女随音乐翩翩舞于广庭中。罗公远对玄宗说："此乃月宫也。"玄宗看得如痴如醉，默记仙女优美舞曲，回到人间后，即命伶官依其声调整理出一首优美动听的曲子，然后配上模仿月宫仙女舞姿的舞蹈，这就是闻名后世的《霓裳羽衣曲》。

老子曰："上言者下用也，下言者上用也，上言者常用[1] 也，下言者权用[2] 也，唯圣人为能知权。言而必信，期而必当[3]，下之高行，直而证父，信而死女，孰[4] 能贵之。故圣人论事之曲直，与之屈伸，无常仪表[5]，祝则名君[6]，溺则捽父[7]，势使然也。夫权者，圣人所以独见，夫先迕而后合者之谓权[8]，先合而后迕者不知权，不知权者，善反丑矣。"

老子说："君上的言论臣下听用，臣下的谏言君上采用，君上的言论臣下经常听用，臣下的谏言君上权宜而用。只有圣人才能够把握权变，他言而有信，给出的期望适合而得当。天下的高尚行为，有因为正直而证明父亲犯罪的，有因为诚信而使女儿死亡的，还有什么比这更可贵呢？所以，圣人判断事情的是非曲直，总是根据事情的具体情况而作出结论，并没有固定而一成不变的法式，心中祈求祝祷则尊称人君，溺水将死则揪住生身的父亲，这是情势迫使才如此做的。那权宜变通的办法，只有圣人以道观之才可单独发现它，那先相抵触碰撞然后能融洽投契的叫作权，那先相投合然后又相抵触的叫作不知权，不能把握运用权变将会使好事变为坏事吧。"

◎ **原文注释**

[1] 常用：无时不用。常，常常、经常。《列子·天瑞》："常生常化者，无时不生，无时不化。" [2] 权用：权，权且、暂且。《南齐书·刘善明传》："凡诸土木之费，且可权停。"权用，意谓暂且之用、权宜之用。 [3] 期而必当：期，期望。当，适合、得当。《吕氏春秋·义赏》："岂非用赏罚当邪？"期而必当，意谓给出的期望、期待适合而得当。 [4] 孰：疑问代词。韩愈《师说》："人非生而知之者，孰能无惑。"此处指代人，相当于"谁"。 [5] 仪表：法式。《管子·形势解》："法度者，万民之仪表也。" [6] 祝则名君：有所祈求祝祷时则尊称为君。祝，祝祷、祝愿。君，旧时对对方的尊称，相当于"您"。《三国志·魏书·武帝纪》："能安之者，其在君乎！" [7] 溺则捽（zuó）父：捽，揪。《国策·楚策一》："吾将深入吴军，若扑一人，若捽一人。"溺则捽父，意谓做儿子的在溺水将死的危险时刻，也会死死地揪住他的亲生父亲。 [8] 迕：违反、抵触。

游仙枕

传说中的枕头名。据五代王仁裕《开元天宝遗事·游仙枕》记载："龟兹国进奉枕

○ 品画鉴宝　退修诗书图·明　孔子周游列国之后返回鲁国，但鲁国不用孔子，孔子也不求仕，一心整理文献典籍，并以诗书礼乐教育弟子。

一枚，其色如玛瑙，温温如玉，制作甚朴素。枕之寝，则十洲、三岛、四海、五湖尽在梦中所见，帝因立名为游仙枕。"宋刘克庄《和季弟韵》："俗中安得游仙枕，世上原须使鬼钱。"元张可久《阅金经·访道士》曲："寻洞天深又深，游仙枕，顿消名利心。"

通玄经

第六篇·上德

老子在本篇中以道的理念，分别对天道、人道的发展变化规律、因果关系进行了论述。这些论述看似高深，其实很容易解读，思想性也很强。

论君主

老子曰："主者，国之心也。心治则百节皆安，心扰则百节皆乱，故其身治者，支[1]体相遗也。其国治者，君臣相忘也。学于常枞[2]，见古[3]而守柔，仰视屋树，退而因川，观影而知持后，故圣人虚无因循，常后而不先，譬如积薪，燎[4]后者处上。鸣铎[5]以声自毁，膏[6]烛以明自煎，虎豹之文来射，猨狄[7]之捷来格；故勇武以强梁死，辩士以智能困。能以智知，而未能以智不知，故勇于一能，察[8]于一辞，可与曲说[9]，未可与广应。"

老子说："君主是国家的心脏，如果将心脏治理好了，那么身体的肢节就会安定，反之，身体的肢节就会紊乱。所以说一个人得到治理，肢体的末节就会被抛弃，一个国家得到治理，它的君主与臣下将彼此忘却。跟随常枞老师学习，见了'古'字知道了遵守柔弱的道理和依据，仰起头看屋前的大树，收回目光看眼前的河流，仔细看看自己的影子而认知了常居后位的道理。因此，圣人虚静空无顺应变化，常处居后位而不争先位，好比堆积柴禾烧火，先用到的是后来摆在上面的。那能发出鸣声的铎因为声音而把自己损坏，那能发出光明的膏烛因为光明而将自己煎烧，虎豹美丽的兽皮招来射杀它们的箭矢，猿猴敏捷的攀登招来与它们格斗的对手，所以说勇武的资质因为强悍而死，而有辩才的人因为智力而困窘。这是因为它们能够用智慧去把握它们知道的事，却不能用更高的智慧去把握它们不知道的事，所以说对于那些在一个方面显示勇武或明察的人，只能承认他们的局限，而不可以承认他们的全面。"

◎ **原文注释**

〔1〕支：人体的四肢。枚乘《七发》："四支委随。"〔2〕常枞：老子之师姓常名枞。〔3〕古：默希子注："柔，古字亦作舌字，亦柔也。"〔4〕燎：放火燃烧草木。〔5〕铎：古代乐器。形如铙、钲而有舌，是大铃的一种，盛行于春秋至汉代。〔6〕膏：油脂、脂肪。《三国志·吴书·周瑜传》："实以薪草，膏油灌之。"〔7〕猨狄：即猿狄，泛指猿猴。〔8〕察：看清楚，明了。《商君书·禁使》："上别飞鸟，下察秋毫。"〔9〕曲说：谓偏于一隅而不够全面的言论。《淮南子·泰族训》："夫彻于一事，察于一辞，审于一枝，可以曲说，而未可广应也。"

◎ 拓展阅读

黄庭观

位于南岳镇西白龙潭旁。观宇依山而建，砖木结构，红墙绿瓦。门首有"高山仰止"四字，入门的左边有石蹬，右边为"憩足仙关"石，出门便是"斗礼坛"、"飞仙石"所在。观内供奉的是我国最早的女道士魏华存。观后有飞仙石，传为魏夫人在礼斗坛白日飞升成仙之地。黄庭观是道教中名望很高的道观，它开创了我国女道士修行的先例。

老子曰："鼓不藏声，故能有声，镜不没形，故能有形；金石有声，不动不鸣，管箫有音，不吹无声；是以圣人内藏，不为物唱[1]，事来而制，物至而应。天行不已[2]，终而复始，故能长久，轮得其所转，故能致远，天行一不差[3]，故无过矣。天气下，地气上，阴阳交通[4]，万物齐同，君子用事[5]，小人消亡，天地之道也。天气不下，地气不上，阴阳不通，万物不昌，小人得势，君子消亡，五谷不植[6]，道德内藏。天之道衰[7]多益寡，地之道损高益下，鬼神之道骄溢与下，人之道多者不与，圣人之道卑而莫能上也。天明日明，而后能照四方，君明臣明，域中乃安；域有四明，乃能长久。明其施明者，明其化也。天道为文[8]，地道为理[9]，一为之和，时为之使，以成万物，命之曰道。大道坦坦[10]，去身不远，修之于身，其德乃真；修之于物，其德不绝。天覆万物，施其德而养之，与而不取，故精神归焉！与而不取者，上德也，是以有德。"

老子说："鼓不隐藏声音，所以能发出响声；镜子不隐没形像，所以能看见形像。金与石有声音，但是不敲击的话不会响；管与箫有乐音，但是不吹奏的话不会出声。因此，圣人藏形内敛，不做世俗之事的倡导者或他人的领头人，事情来了再规约行动，事物到了再作出响应。自然的运转不会停止，结束了又开始，所以能够长久；车轮依它的本性运转，所以能到达远方；自然循道运行，没有差错，所以没有过失。天气向下，地气向上，阴、阳二气彼此相通，万物因此齐同。有德的君子存在，无德的小人消亡，这是天地的道理。天气不能向下，地气不能向上，阴、阳二气无法相互交通，万物就无法昌盛，小人占有形势，君子消亡，五谷不能繁殖生长，道德也将因内藏而隐没。天道损减多的增益少的，地道削减高地而填补凹下之地，鬼神道将自信骄傲的性格推与谦下之人，人道多增加给占有者，圣人之道尽管谦卑居下，然而世上却没有谁能处在他的上面。天道光明太阳明亮，然后又将光明照耀到四方，君道英明臣道贤明，统治的领域就会安宁，统治的境内有了天、日、君、臣四明，统治才能长久。四明散施它们的明，用以阐明它们的教化。天道有它的纹理理则，地道也有它的纹理理路，和谐它们的是一元之气，时运时机使用它们，用以生成万物，并将之命名为道。大道安然无事，离我们不远，用于修养品性，成就的德行真实而不虚妄；用于外物的改造，施予的德惠就会绵绵不绝。天覆盖着世间万物，散布它的德惠而养育万物，是给予而不索取，所以万物的精神归趋于它！给予而不索取，是高尚的德，所以天是有德的。"

◎ 原文注释

[1] 不为物唱：不做事情的倡导者或他人的领头人。物，除自己以外的物或人。江淹《杂体诗·杂述》："物我俱忘怀。"唱，带头、倡导。

[2] 已：停止、完毕。

[3] 差：差错、错误。《荀子·天论》："乱生其差。"

[4] 交通：彼此相通。陶潜《桃花源记》："阡陌交通，鸡犬相闻。"

[5] 用事：有所事、从事。《谷梁传·定公四年》："（蔡昭公）归，乃用事乎汉。"范宁集解曰："用事者，祷汉水神。"

[6] 植：通"殖"，繁殖、生长。《淮南子·主术训》："五谷蕃植。"

[7] 哀：聚集。《陈书·侯安都传》："哀敛无厌。"

[8] 文：纹理。《左传·隐公元年》："仲子生而有文在其手。"

[9] 理：物的纹理，或事的条理。

[10] 坦坦：平直、宽广，引申义为安然。

◎ 拓展阅读

渐法

指在修炼中循序渐进，以使功法层层提高。据《天隐子·渐门》："易有渐卦，道有渐门。人之修真达性，不能顿悟，必渐而进之，安而行之。"李道纯《清庵莹蟾子语录》卷六把内丹修炼也分为渐、顿两种，认为渐教先炼精化气，次炼气化神，然后炼神还虚。在《中和集》卷二中，李道纯又提出渐法三乘，即下乘为安乐之法，中乘乃养命之法，上乘乃延生之法。

高莫高于天也，下莫下于泽也。天高泽下，圣人法之，尊卑有叙，天下定矣。地载万物而长之，与而取之，故骨骸归焉；与而取者，下德也。下德不失德，是以无德。地承天，故定宁，地定宁，万物形，地广厚，万物聚，定宁无不载，广厚无不容，地势深厚，水泉入聚，地道方广，故能久长，圣人法之，德无不容。阴难阳[1]，万物昌；阳复阴，万物湛[2]，物昌无不赡也，物湛无不乐也，物乐无不治也。阴害物，阳自屈[3]，阴进阳退，小人得势，君子避害，天道然也。阳气动，万物缓而吞得其所[4]，是以圣人顺阳道。夫顺物者，物亦顺之，逆物者，物亦逆之，故不失物之情性。洿泽盈[5]，万物节成[6]，洿泽枯，万物莕[7]，故雨泽不行，天下荒亡。阳上而复下，故为万物主，不长有，故能终而复始，终而复始，故能长久，能长久，故为天下母。阳气畜而后能施，阴气积而后能化，未有不畜积而后能化者也，故圣人慎所积。阳灭阴，万物肥，阴灭阳，万物衰，故王公尚阳道则万物昌，尚阴道则天下亡。阳不下阴，则万物不成，君不下臣，德化不行，故君下臣则聪明，不下臣则暗聋。日出于地，万物蕃息[8]，王公居民上，以明道德，日入于地，万物休息，小人居民上，万物逃匿。雷之动也万物启，雨之润也万物解，大人施行，有似于此，阴阳之动有常节，大人之动不极物。雷动地，万物缓，风摇树，草木败，大人去恶就善[9]，民不远徙，故民有去就也，去尤甚，就少愈。风不动，火不出，大人不言，小人无述，火之出也必待薪，大人之言必有信，有信而真，何往不成。河水深，壤在山，丘陵高，下入渊，阳气盛变为阴，阴气盛变为阳，故欲不可盈，乐不可极。忿无恶言，怒无作色，是谓计得。火上炎，水下流，圣人之道，以类相求。圣人偵阳天下和同[10]，偵阴天下溺沉。"

再高也高不过天空，再低也低不过沼泽。天居高处，泽居下处，圣人以之为法度，让社会的尊贵卑贱有它的秩序，天下因此安定而没有争斗。地承载着世间万物并让它们生长，给予了又取回，所以万物的骨骸埋葬于大地之中。给予了又取回，是下德，但是下德不失它的德性，所以无德。地承托着天，因此稳定安宁，万物因此形成。大地广袤深厚，万物因此聚集。稳定安宁就能无所不载，广袤深厚就能无所不容，大地拥有深厚的形势，泉水因而得以在其中聚集，地道大方广阔，所以能够长久，圣人取法地道的精神，德行方才无所不容。阴道畏惧阳道，万物昌盛，阳道降伏阴道，万物欣欣向荣。万物生长昌盛，供给就无所不到，万物欣欣向荣，政治就无所不治。阴损害万物，阳自竭其力，阴道上升阳道下降，无德的小人得势，有德的君子回避侵害，天道就是这样。阳气运动，环境宽和轻松，

297

万物各自获得生长发展的条件，所以说圣人依循阳道。顺应万物的，万物也顺应它；违逆万物的，万物也违逆它。所以说，不能违背万物的情性。低凹的泽地充满了水，万物随着季节而生成，低凹的泽地枯干了，万物应季节开花而不结果实，所以说天上不下雨泽地不积水，天下就将荒芜。阳气居于上却要下行，才能作万物的宗主，不常有，所以能终而复始，结束了又开始，所以能够长久，能长久，才能够成为天下万物的根源。阳气经过蓄积，然后能够布施，阴气经过积聚，然后能够化育，无论是阴还是阳，只有经过蓄积的过程才能够化育万物。因此，圣人便慎重地对待积蓄修养的过程。阳灭阴，万物肥壮，阴毁灭阳，万物衰败，所以王公们推崇阳道万物就会昌盛，推崇阴道天下就会衰亡。阳气不能下行与阴气相通，就无法生成万物，君上不能与臣下沟通，就无法推行道德的化育，所以说，君上能与臣民交往就是聪明，不能与臣民交往就是暗聋。太阳从大地升起，万物繁殖生长，王公们处居臣民之上宣明他们的道德；太阳向大地深处落去，万物休息，小人们处居民众之上万物因此逃避藏匿。春雷鸣响万物苏醒，春雨滋润万物消融，德行高尚的大人行为，就如同这春雷与春雨，阴阳运动有常行的规则，大人的行为不超越物的极限。春雷惊动大地，万物宽松觉醒，秋风吹摇大树，草木凋落衰败，德行高尚的大人离弃恶行而趋就善行，民众就会安居乐业而不向远方迁徙，所以说民众将依据大人的行为决定自己的去留。离开的越来越多，趋附的也就越来越少。风不吹动，火就不会生出；大人不言语，小人就无话可说。火的生出必须等待柴薪，大人的言语必须恪守信用，有了信用就有了真诚，有了真诚则无所不能。黄河的水深，因为两岸土壤在山；丘陵的地势高，因为有了低下的深渊。阳气旺盛达到极点将转化为阴气，阴气强盛达到极点也将转化为阳气，所以说，欲望不能达到充盈状态，快乐也不能步入极至状态。愤怒时没有恶毒言语，没有改变自己的脸色，这样就可以称作善于谋划。火向上燃烧，水向下流淌，圣人之道的追求也是如此。圣人依循阳道的法则治理，天下将和谐无争，圣人依循阴道的法则治理，天下将沉迷湮没。”

◎ 原文注释

〔1〕阴难阳：阴畏惧阳。难，恐惧、畏惧。《荀子·君道》："故君子恭而不难，敬而不巩。"〔2〕万物湛（dān）：湛，喜乐。《诗经·小雅·宾之初筵》："子孙其湛。"〔3〕屈（jué）：竭、尽。贾谊《论积贮疏》："生之有时，用之亡度，则物力必屈。"〔4〕万物缓而各得其所：宽松的环境或条件使万物各自获得它生长与发展的基础。缓，宽、松。〔5〕涛（niǎo）泽盈：涛，低凹地。涛泽盈，意谓低凹的泽地充满了水。〔6〕万物节成：万物依季节顺序生成。〔7〕荂（fū）：《说文解字》段注："华，荂也。华、荂，荣也。"荣，即草木开花。〔8〕蕃息：繁殖生长。蕃，繁殖、滋生。息，增长。《韩非子·爱臣》："是以奸臣蕃息，主道衰亡。"〔9〕去恶就善：离弃不好的而趋向好的。去，离开。《韩非子·外储说》："阳虎去齐走赵。"就，趋向。《荀子·劝学》："金就砺则利。"〔10〕和同：和谐而无争。

◎ 拓展阅读

顿法

指在修炼中，直接炼"高深"功夫，或短期内完成本该分几个阶段进行的功法。顿法及其顿悟，原出佛教禅宗中。如李道纯《清高莹蟾子语录》卷六："顿法是以精、气、神三元药物，下手一时都了。"另据《性命圭旨》记载，在修炼中，修上一关兼下两关者，为顿法。若直接进行炼神还虚的人，功夫到虚极静笃时，精自化气，气自化神，这就是关尹子忘精神而超生的终极旨归。

论感应

老子曰："积薄成厚，积卑成高，君子日汲汲[1]以成辉，小人日快快[2]以至辱，其消息[3]也虽未能见，故见善如不及，宿[4]不善如不祥。苟向善，虽过无怨，苟不向善，虽忠[5]来恶，故怨人不如自怨，勉求诸人，不如求诸己。声自召也，类自求也，名自命也，自官[6]也，无非己者，操锐以刺，操刃以击，何怨于人，故君子慎其微。万物负阴而抱阳，冲气以为和，和居中央，是以木实生于心，草实生于荚[7]，卵胎生于中央，不卵不胎，生而须时。地平则水不流，轻重均则衡不倾，物之生化也，有感以然。"

老子说："积累薄的可以成就厚的，积累卑下的可以成就高上的。君子每日勤勉修行以成就其光辉，小人每日无所事事却最终招来困辱，这中间消长起落的变化无法看见，所以见到好的仿佛自己比不上，安于不好的又仿佛不吉祥。假如能归趋善，即便有过失也不会有抱怨，假如不能归趋善，即便你竭尽全力也会招来厌恶。所以说，抱怨他人不如自我抱怨，向他人求助不如求助于自己。响声是自己招致的，规则是自己要求的，名声是自己命定的，人也是自己使自己为官的，所有这些没有不与自己有关系的。拿着锐器去刺击，拿着利刃去砍击，犯了事又怎么能去怨恨别人呢？所以说君子要谨慎防备微小的事情。万物背阴而向阳，阴、阳二气交流相通而产生新的和谐统一体，和谐位居中央，因此树木的果实生长在中间，草木的果实生长在夹层的中间，动物的卵与胎也生长在中央的部位，不经过卵孵与胎育就不会生产，而生产则要等待特殊的时机。地势平缓水就不会流动，轻重一致衡器就不会倾斜，事物所发生的变化，都是有所感应的结果。"

◎ 原文注释

[1] 汲汲：心情急切的样子。《汉书·扬雄传》："不汲汲于富贵，不戚戚于贫贱。"

[2] 快快：无所用心的高兴样子。

[3] 消息：事物的盛衰之变化。消，消减。息，增长。《易经·丰》："日中则昃，月盈则食，天地盈虚，与时消息。"

[4] 宿：安于某处，或某种状态。《左传·昭公二十九年》："官宿其业。"杜预注："宿，犹安也。"

[5] 忠：尽心竭力。《论语·学而》："为人谋而不忠乎？"

[6] 官：使做官，为官。曹操《论吏士能行令》："故明君不官无功之臣。"

[7] 草实生于荚：实，果实、种子。荚，双层的。草实生于荚，草木的果实生长在双层的荚中。

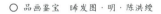
○ 品画鉴宝　晞发图·明·陈洪绶

◎ 拓展阅读

七成九败

据《太上长文大洞灵宝幽玄上品妙经发挥》记述："夫出世之事，有七般成，有九般不成，有七般成者：一者宿有缘份，二者得遇真师，三者便行实心，四者作真法，五者积其大行，六者信忠不退，七者不逢诸魔。如此七事，谓之全修。更有九者不成：一者不信不忠，二者有业魔障。三者劳己苦行，四者意狂心乱，五者不遇至人，六者不逢真理，七者得法不行，八者不持明德，九者不辨邪正。此是下鬼之见也。"

〇 品画鉴宝　人物故事图·明·仇英　本图运用了工笔重彩画法，人物情态描绘得细致精微，山石、树木、楼阁、湖水各具情致。笔致工细，流畅自然、整体色调和谐、清雅，具有雅俗共赏的艺术效果。

老子曰："山致其高而云雨起焉，水致其深而蛟龙生焉，君子致其道而德泽流焉。夫有阴德[1]者必有阳报[2]，有隐行者必有昭名，树黍[3]者不获稷，树怨者无报德。"

老子说："山陵达到它的高度，云与雨就会兴起，河水达到它的深度，蛟龙就会产生，君子达到道的深度，他的德惠恩泽就会流布出来。那积有阴德的人，今世必有酬报，那做善而不张扬的人，名声也必定能显著。种下黍子，不会收获稷，树立怨恨的，不会有德来相报。"

◎ 原文注释

〔1〕阴德：旧谓暗中有德于人的行为，即今天作了好事而不事张扬的行为。《汉书·丙吉传》："臣闻有阴德者，必飨其乐，以及子孙。"

〔2〕阳报：今世即有报答。阳，指人世、现世。报，报答、酬报。《左传·成公三年》："无怨无德，不知所报。"

〔3〕树黍：种植黍子。树，种植。黍，即农作物黍子，碾成的米叫粘黄米。《管子·轻重》："黍者，谷之美者也。"

◎ 拓展阅读

三观

指通过观心、观形、观物以达到物我两忘的境界。见《太上老君说常清静经》："内观其心，心无其心；外观其形。形无其形；远观其物，物无其物。三者既悟，惟见于空。"李道纯注："绝欲之要，必先忘物我。忘物我者，内忘其心，外忘其形，远忘其物。三者既忘，复全天理。是名大，即良止之义也。"白云翁曰："内观欲心，而无欲心；外观色心，而无色心；远观外物，而无外物。如此三无尽，可谓得其道矣。"

通玄经

第七篇·微明

微明：微，幽深。《易经·系辞下》：「君子知微知彰。」微明，与幽明同，泛指可见和不可见的、无形和有形的事物。《易经·系辞上》：「仰以观于天文，俯以察于地理，是故知幽明之故。」王弼注：「幽明者，有形无形之象。」

道的内在与外在

老子曰："道可以弱，可以强，可以柔，可以刚，可以阴，可以阳，可以幽[1]，可以明[2]，可以苞裹天地，可以应待无方[3]。知之浅不知之深，知之外不知之内，知之粗不知之精，知之乃不知，不知乃知之，孰知知之为不知，不知之为知乎！夫道不可闻，闻而非也，道不可见，见而非也，道不可言，言而非也，孰知形之[4]不形者乎！故天下皆知善之为善也，斯[5]不善矣！知[6]者不言，言者不知。"

老子说："道可以软弱，也可以强硬，可以柔和，也可以刚猛，可以阴暗，也可以阳明，可以深藏隐晦，也可以自然彰显，甚至可以将天地包裹起来，它处理事物的时候没有固定方式、固定处所与范围。我们只了解它浅显的，而无法把握它深刻而内在的；我们只了解它外在的，而没有办法把握它的内在；我们只了解它粗陋的，而无法把握它的精华。知道就是不知道，不知道就是知道，怎么知道'知道'是不知道，'不知道'是知道的呢？因为那道是不可以听说的，听说的'道'就不是道，那道是不能看见的，能看见的'道'也不是道，那道是不能表述的，能表述的'道'不是真正的道。怎么知道描绘道就没有道的呢？因为天下的人都知道善是善的时候，这个'善'就不是善了！有智慧的人不说道，说道的人是不明智的。"

◎ 原文注释

[1] 幽：深暗、隐晦。[2] 明：明白、明确。[3] 无方：无固定方式，无固定处所与范围。《孟子·离娄下》："汤执中，立贤无方。"[4] 形之：表现它。形，表现、表露。萧统《文选序》："情动于中而形于言。"[5] 斯：此，这。《楚辞·渔父》："何故至于斯。"[6] 知：通"智"，聪明、智慧。《商君书·更法》："知者见于未萌。"

◎ 拓展阅读

三年

道家指着手内炼的三个年龄段。《延陵先生集新旧服气经》记载："修真品有三：上年、中年、下年。上年者，二十、三十也。中年者，四十、五十也。下年者，六十、七十也。上年者，早悟大道、识达玄微，髓壮骨坚，筋全肉满，从容履道，无不成功。中年者，悟道已晚，筋肉骨髓，各有其半，处在进退，如日中之功。下年者，骨髓筋脉，十有二三，犹可补修，如日暮功矣。"

○ 品画鉴宝　辎车·东汉

言可以表意

　　文子问曰："人可以微言[1]乎？"老子曰："何为不可。唯知言之谓乎！夫知言之谓者，不以言言也。争鱼者濡[2]，逐兽者趋，非乐之也，故至言[3]去言，至为去为，浅知之人，所争者末矣。夫言有宗，事有君，夫唯无知，是以不吾知。"

　　文子问："我们可以用暗喻的语言表达我们的意思吗？"

　　老子说："怎么不可以。但是要了解'言'是什么！知道'言'的人，是不用言去表达'言'的。争鱼的人弄湿自己，追逐兽的人使自己奔跑，这些都不是乐意去做的。所以说深切而中肯的论述没有语言，最好的行为是没有行为。浅薄的人竞争的都是一些不重要的事。言语要有宗旨，做事要有根据，正是因为无知，才不能真正认识自我。"

◎ 原文注释

〔1〕微言：不明说，以暗喻表达。《列子·说符》："白公问孔子曰：人可与微言乎？"

〔2〕濡：浸润，使潮湿。

〔3〕至言：深切而中肯的言论。《汉书·蔡邕传》："臣闻国之将兴，至言数闻。"

◎ 拓展阅读

三部八景

道教分人身为上、中、下三部，认为每部各有八景神真，故名三部八景。《云笈七签》卷八十："上部八景，镇在人身上元宫中，服之八年，八景见形，为已通达幽微之事，洞观自然，坐在立亡。""中部八景神真，镇在人身中元宫中。服之八年，中元八景见形，为已通灵达神，洞观八方，神芝玉浆，五气云牙，身中光明。""下部八景神真，镇在人身下元宫中。服之八年，下元八景见形，为人养精补气，炼髓凝真，身生光泽，八景云舆，载人飞行。"

论法律

文子问曰："为国[1]亦有法乎？"老子曰："今夫挽车者，前呼邪轷，后亦应之。此挽车劝力之歌也[2]，虽郑、卫、胡、楚[3]之音，不若[4]此之义矣。治国有礼，不在文辩，法令滋彰，盗贼多有。"

文子问："治理国家也要使用法律吗？"

老子说："拉车的人，前面呼喊，后面就响应。这其实是拉车的勉励大伙用力的歌，即使是郑、卫、胡、楚的乐音，也无法和它相比。治理国家要具备礼仪制度，而不在于华丽的文辞，因为法律条令越多，大盗窃贼也就越多。"

◎ 原文注释

〔1〕为国：治理国家。为，治理。《商君书·农战》："善为国者，仓廪虽满，不偷于农。"

〔2〕劝力：鼓励他人用力。

〔3〕郑、卫、胡、楚：古国名。郑，姬姓，都新郑。公元前375年，为韩国所灭。卫，姬姓，都楚丘、帝丘等地。公元前254年，为魏国所灭。胡，归姓，居今安徽阜阳。公元前495年，为楚国所灭。楚，芈姓，都郢、陈、寿春等地。公元前223年，为秦国所灭。

〔4〕不若：比不上。《列子·汤问》："曾不若孀妻弱子。"

◎ 拓展阅读

三才相盗

天地、万物、人相递盗取真机。语出《黄帝明符经》："天地，万物之盗；万物，人之盗；人，万物之盗。三盗既宜，三才既安。故曰食其时，百骸治。动其机，万化安。"丹家借以表示盗窃天地生气的丹法。宋张伯端《悟真篇》："三才相盗及其时，道德神仙隐此机。"陈致虚《悟真篇注》："盗者，非世俗之所谓盗，是金丹之法。盗其先天先地一点真阳之始气，以炼还丹。"

道的本身

老子曰："道无正而可以为正，譬如山林而可以为材。材不及山林，山林不及云雨，云雨不及阴阳，阴阳不及和，和不及道。道者，所谓无状之状[1]，无物之象也。无达其意，天地之间，可陶冶[2]而变化也。"

老子说："道本身不是标准但却可以成为标准，这就好比山林本身不是木材但是经过砍伐就可以成为木材一样。木材比不上山林，山林比不上云雨，云雨比不上阴阳，阴阳比不上和谐，和谐比不上道。道，是一种无法陈述、无法描绘的状态，是没有物态的象，因而也就无法表达它的意蕴，它在天地之间化育裁成万物并不断变化。"

◎ 品画鉴宝　人物扇面·清·张问陶

◎ 原文注释

[1] 状：陈述、描绘。《庄子·德充符》："自状其过。"

[2] 陶冶：化育裁成。杜甫《解闷》："陶冶性灵存底物。"

◎ 拓展阅读

本命

即先天元气，又称"命蒂"、"丹基"。为性命未判之时的元初状态。唐崔希范有言："初结胎，看本命。终脱胎，看四正。"王道渊注："祖劫天根，居浑沌之中，乃为结胎之所。下手之初，炼精化气，炼气化神，炼神还虚，与道合真，结为圣胎。初结之时，常于命蒂守之，故曰初结胎，看本命也。"李攀龙注："本命即丹基也，丹基即下手也，下手即受气之初也。"

老子曰："圣人立教施政，必察其终始，见其造恩[1]，故民知书[2] 则德衰，知数则仁衰，知券契而信衰[3]，知机械而实衰。瑟不鸣而二十五弦各以其声应，轴不运于己而三十辐各以其力旋，弦有缓急，然后能成曲，车有劳佚[4]，然后能致远，使有声者，乃无声者也，使有转者，乃无转也。上下异道，易治即乱，位高而道大者从，事大而道小者凶。小德害义，小善害道，小辩害治，苛[5] 悄伤德。大正不险[6]，故民易导，至治优游，故下不贼，至忠复素，故民无伪匿。"

老子说："圣人设立教化推行措施，一定要明察它的终始，要看到它成就于民众的恩惠。要知道，民众把握了法律文书，社会的道德就会衰败，民众把握了技术方法，仁心就会衰亡，民众把握了契约符契，人们之间的信用就会衰败，民众把握了机巧诈伪，人们的诚心就会丧失。瑟本身不会鸣响，但它的二十五根弦都能以各自的声音和应；车轴本身不运动，但它的三十根辐都能以各自的力量旋转。瑟弦有缓慢有急促，然后才能形成曲子；车辐有劳作有安闲，然后才能到达远方。因此，导致发出声音的，正是那没有声音的；导致作出旋转的，正是那自己不转的。君上与臣下不能一致，轻视治理，国家就要混乱，处居高位又拥有大道则治理顺畅，面对大事却只有小道才能凶横。施小恩小惠会伤害义，行小善会伤害道，用小辩会伤害治，苛刻繁细并且严厉会伤害德。纯粹的正派不怀有险恶，所以民众才易于接受引导，最高的治理是悠游无争，所以臣下才没有伤害之心，彻底的忠诚归于朴素，所以民众才没有虚假与隐匿。"

◎ 原文注释

[1] 造恩：成就恩德。造，成就。

[2] 书：文书，主要指办案的文书。《汉书·刑法志》："昼断狱，夜理书。"

[3] 券契：券，契约、凭证。古代刻木为券，各执一半，相合为信。《管子·轻重》："使无券契之责。"契，符契、契约。古代符契，刻字之后，剖为两半，双方收存以为凭证。《韩非子·主道》："符契之所合，赏罚之所生也。"

[4] 佚：通"逸"，安逸、安闲。

[5] 苛：苛刻、繁细。

[6] 险：险恶、阴险。《韩非子·说疑》："内险以贼其外。"

311

四化

指人在一生中体质演变的四个阶段。据《列子·天瑞篇》记载："人自生至终，大化有四：婴孩也，少壮也，老耄也，死亡也。其在婴孩，气专志一，和之至也，物不伤焉，德莫加焉。其在少壮，则血气飘溢，欲虑充起，物所攻焉，德故衰焉。其在老耄，则欲虑柔焉，体将休焉，物莫先焉。虽未及婴孩之全，方于少壮，间矣。其在死亡也，则之于息焉，反其极矣。"

论犯罪

老子曰："相坐[1]之法立，则百姓怨，减爵之令张，则功臣叛，故察于刀笔之迹[2]者，不知治乱之本，习于行阵[3]之事者，不知庙战之权。圣人先福于重关[4]之内，虑患于冥冥之外，愚者惑于小利而忘大害，故事有利于小而害于大，得于此而忘于彼。故仁莫大于爱人，智莫大于知人，爱人即无怨刑，知人即无乱政。"

老子说："设立一人犯罪而牵连他人定罪的法令，百姓就会抱怨；公布减免爵位的条令，有功的大臣就会反叛。所以明察于案牍文书吏的推究手法之人，不会知道治理乱事的根本，那些谙熟于行伍战阵的人，也不会知道决胜于帷幄的谋略。圣人能透过重重关闭的门看见福，能在暗昧不清的情形下考虑到祸，而愚蠢的人却被蝇头小利迷惑而忘记大害，所以这世上有逐小利而失大利的事情发生，也有于此处获得却忘记了另外一处的。所以说，最大的仁是爱人，最高的智是知人，爱人就不会发生使人抱怨的刑狱，知人就不会发生混乱的政治局面。"

◎ 原文注释

〔1〕相坐：相，互相、相互。坐，定罪。仲长统《昌言·损益》："犯法不坐。"相坐，意即连坐，指一人犯罪而与之有关系的人也受牵连定罪。

〔2〕察于刀笔之迹：明察于案牍文书吏的推究手段。刀笔，指代办理案牍文书的小吏。《国策·秦策五》："司空马曰：'臣少为秦刀笔。'"迹，推究、深究。贾谊《治安策》："臣窃迹前事，大抵强者先反。"

〔3〕行（háng）阵：行，古代军制，二十五人为一行。《左传·隐公十一年》："郑伯使卒出豭，行出犬鸡，以诅射颍考叔者。"阵，军队布置的阵势。《后汉书·礼仪志中》："兵官皆肆孙、吴兵法六十四阵。"行阵，意谓布列军阵，泛指习于军事。

〔4〕关：门闩。《左传·襄公二十三年》："臧纥斩鹿门之关以出。"

◎ 拓展阅读

全神

即全心全意，神返全真。《寿世传真》："神者，心之运用，宜包治心全神。"《中和集》卷三："全神可以返虚。欲全其神，先要意诚。意诚身心合而返虚也。"《道法会元》卷一零九："全神者有四，心意精神之谓。虽言四，而皆同一。今人论其心，不论其意，言其性，不识其命。形乃藏神之宅也。若乃摄气归根，自然精神内守，见超凡入圣之根也。"

○品画鉴宝 仙山楼阁图·明·仇英 此图墨色轻淡融合，色调明快，颇具雅逸之致。画面青山白云，翠竹苍松，水阁临流，景致无限。构图平衡、用线细劲、皴法灵动是本图的一大特点。

老子曰："江河之大，溢不过三日，飘风暴雨，日中 [1] 不出须臾止。德无所积而不忧者，亡其及 [2] 也，夫忧者所以昌也，喜者所以亡也。故善者，以弱为强，转祸为福，道冲而用之又不满也。"

老子说："江河爆发洪水不出三天就会落下，狂风骤雨不出中午就会立即停止。不能积累德又不能对此感到忧虑的人，他的灭亡之日也马上就要到了，能忧虑无德的正是他昌盛的原因，无德而沾沾自喜正是他灭亡的原因。所以说善于处事就能以弱为强，转祸事为福祥，大道虚怀若谷，永远不会溢满。"

◎ 原文注释

〔1〕日中：中午。《史记·司马穰苴列传》："与庄贾约，旦日日中，会于军门。"

〔2〕及：到、至。《荀子·王制》："自古及今，未尝闻也。"

◎ 拓展阅读

七返九还

道教认为，天地有五行，人体有五脏，两者相配，即是水为肾，火为心，木为肝，金为肺，土为脾。与五行生成之数相配，即天一生水，地二生火，天三生木，地四生金，天五生土，地六成水，天七成火，地八成木，天九成金，地十成土。肾得一与六，心得二与七，肝得三与八，肺得四与九，脾得五与十。此中七与九是两个成数，也是两个阳数，代表人身之阳气。修炼之士采炼的就是这个阳气。心七为心为火，心火下降，七返于中元而入下丹田，结成大丹，称"七返还丹"。肺九为金，金生水，水为元精，精由气化，故九为元阳之气，运此阳气遍布全身，使阴息阳长，称"九转还丹"。二者相合，总谓"七返九还"。

人的本性

老子曰："清静恬和，人之性也；仪表规矩，事之制也。知人之性，则自养不悖[1]；知事之制，则其举措不乱。发一号[2]，散无竟，总一管[3]，谓之心；见本而知末，执一而应万，谓之术[4]，居知所以，行知所之，事知所乘[5]，动知所止，谓之道。使人高贤称誉己者，心之力也，使人卑下诽谤己者，心之过也。言出于口，不可禁于人，行发于近，不可禁于远。事者难成易败，名者难立易废，凡人皆轻小害，易微事，以至于大患。夫祸之到也，人自生之，福之来也，人自成之，祸与福同门，利与害相邻，自非至精，莫之能分，是故，智虑者，祸福之门户也，动静者，利害之枢机[6]也，不可不慎察也。"

老子说："清静恬和是人的本性，法式规矩是做事的规章。把握了人的本性，自我生养就不会惑乱，把握了做事的规章，行动就会有条不紊。发出一声大呼，散布的时候没有止境，只有把握了关键，才能称之为得心。发现根本而知道末节，把握一以应付万，称之为术；停留的时候知道停留的原因，出去的时候知道所要去的地方，做事知道凭借的条件，行动知道停止的时侯，则称之为道。让别人用高贤的名誉称赞你，是用心力的结果，让别人用卑下的诽谤指责你，是用心的过失。自己口中说出的话，无法禁止别人不去议论，而在自己近处发生的事情，也无法禁止它不传向远处。做事成功不易而失败易，名声树立艰难而易于毁废。人们总

○ 品画鉴宝　原始瓷豆·西周

是轻视忽略小的害处和细微的事情，以致酿成大的祸害。灾祸的降临，是人自己生成的；福祥的来到，也是人自己造成的。灾祸与福祥出自同一个门径，利益与祸患互为邻居，没有最为精微的能力，是没有办法加以分辨的，因此智慧与谋虑是避祸择福的门户，行动与静止是趋利避害的关键。而对于智慧与谋虑、行动与静止是不可以不慎重体察的。"

◎ 原文注释

〔1〕悖：惑乱、糊涂。《国策·楚策四》："先生老悖乎？"

〔2〕号：大声喊叫。

〔3〕管：钥匙。《左传·僖公三十二年》："郑人使我掌其北门之管。"

〔4〕术：此处特指君主控制臣下、使用臣民的策略手段。《韩非子·定法》："君无术则弊于上，臣无法则乱于下。"

〔5〕乘：凭借。

〔6〕枢机：比喻事物运动的关键。《易经·系辞上》："言行，君子之枢机。"又如《国语·周语下》："夫耳目，心之枢机也。"

◎ 拓展阅读

性命双修

即修性又修命。《性命圭旨》："性命原不可分，但以其在天则谓之命，在人则谓之性。""神气虽有二用，性命则当双修也哉"。另据《中和集》卷四记载："高上之士性命兼达，先持戒定慧而虚其心，后炼精气神而保其身。身安泰则命基永固，心虚澄则性本圆明，性圆明则无来无去，命永固则无死无生，至于混成圆顿，直入无为，性命双修，形神俱妙也。"

老子曰："人皆知治乱之机，而莫知全生之具 [1]，故圣人论世而为之事，权事而为之谋。圣人能阴能阳，能柔能刚，能弱能强，随时动静，因资而立功，睹物往而知其反，事一而察其变，化则为之象，运则为之应，是以终身行之无所困。故事或可言而不可行者，或可行而不可言者，或易为而难成者，或难成而易败者。所谓可行而不可言者，取舍也，可言而不可行者，诈伪也，易为而难成者，事也，难成而易败者，名也。此四者，圣人之所留心，明者之所独见 [2] 也。"

老子说："人们都知道治乱的要点，但却不知道保全生命的方法，所以圣人是研究世态后才去从事作为，权衡利弊后再去策划。圣人能阴能阳，能柔能刚，能弱能强，能顺应时势去行动去静止，能凭借条件去建立功业。他看到事物的远去就能知道它的返回，他奉事一贯始终的道而观察着事物的变化，并对运动着的事物作出响应，因此终身行事没有困辱。事情有可以说但不能做的，有能做但不能说的，有容易从事而难以成就的，有难以成就而容易败坏。所谓能实行而不可以言语的是进取与止息，所谓能言语而不可以实行的是欺诈与伪饰，所谓容易从事而难以成就的是做事，所谓难以成就而且容易败坏的是名声，这四个方面是圣人所留意的，也是明智的人所独独可以看见的呵。"

◎ 原文注释

〔1〕具：器械、工具，引申为手段、方法。

〔2〕独见：惟独可以看见的。独，唯独、单是。《史记·老子韩非列传》："子所言者，其人与骨皆已朽矣，独其言在耳。"

◎ 拓展阅读

修命

即炼形炼气。"命即气也"，同时也指身形。道教主张现世成仙，重视炼气修命。钟离权、吕洞宾将传统的炼气服气方术发展成内丹修炼学说，并把修心修性学说与炼气修命学说结合起来。他们提出神性与气命融合即能凝结成内金丹，还提出了以炼形成气、炼气成神、炼神合道为阶次的"三乘之法"。自此之后，内丹各宗派多以钟、吕为内丹传法祖师。

有道之人的处事方法

老子曰："道者敬小微，动不失时，百射重戒[1]，祸乃不滋，计[2]福不及，虑祸过之，同日被霜，蔽者不伤，愚者有备与智者同功。夫积爱成福，积憎成祸，人皆知救患，莫知使患无生。夫使患无生易，施于救患难。今人不务使患无生，而务施救于患，虽神人[3]不能为谋。患祸之所由来，万万[4]无方，圣人深居[5]以避患，静默以待时，小人不知祸福之门，动而陷于刑，虽曲[6]为之备，不足以全身。故上士[7]先避患而后就利，先远辱而后求名，故圣人常从事于无形之外，而不留心于已成之内，是以祸患无以至，非誉不能尘垢。"

老子说："有道的人谨慎地对待微小的事情，行动不失时机，处置事务反复揣度不断自警，所以不会滋生灾祸。不能提前谋划福事，但思虑祸事则往往太过，同时遭受霜害，有遮蔽的就不会受到伤害，愚笨的人有了准备，会取得和聪明的人一样的成效。在人中间积累爱就会演变成福，积聚恨就会演变成祸，人都知道应该挽救祸患，却没有谁知道不要叫祸患发生。使祸患不要发生是容易的事，祸患发生了去挽救则是困难的事。现在人们不去努力预防祸患，却待祸患发生了才去挽救，这样的话，即使道行神妙的神人也无力为其谋划。患祸发生的头绪，绝对难以捉摸。圣人居住在深隐的地方以避开祸患，宁静沉默着以等待他的时机；小人不知道产生祸福的关键，贸然行动往往陷于刑法，尽管有了周全的准备，也不能保全自己。所以说，上士先求避开祸患然后再趋就于利，先求远离侮辱然后再谋求声名。因此，圣人经常在事物没有形成之前用力，却不在已经定型的事物之上留心，所以祸患没有办法迫近他，斥责非难也不能使他蒙受污垢。"

◎ 原文注释

[1] 百射重戒：处事多作猜度并反复戒备。射，猜度。

[2] 计：计算、考虑。

[3] 神人：道家理想中得道而神妙莫测的人。《庄子·逍遥游》："至人无己，神人无功，圣人无名。"

[4] 万万：绝对。韩愈《与孟尚书书》："假如释氏能与人为祸祟，非守道君子之所惧也，况万万无此理。"

[5] 深居：即"深居简出"，意谓住在深隐的地方，很少外出交往。

[6] 曲：曲折周到。《荀子·天论》："其行曲治，其养曲适。"

[7] 上士：道德高尚之士。《老子》："上士闻道，勤而行之。"

○ 品画鉴宝 人物图·清·任熊 多才多艺的任熊，画风远承唐宋，近师陈洪绶，同时又有民间艺术的深厚功底。他的这幅《人物图》之中的人物，躯干伟岸，结构奇古，线描如铁画银勾，刻厉坚硬，别具匠心。

◎ **拓展阅读**

三洞群仙录

南宋江阴静应庵道士陈葆光撰集。共二十卷。收入《正统道藏》正一部。据《三洞群仙录·序》称，该书网罗九流百氏之书，下至稗官俚语之说，凡载神仙事者，皆汇集入编。全书搜集神仙故事一千零五十四则，始自盘古，迄于北宋并标注其来源，引书多达二百余种。称其所"集仙之行事"，乃"扬高真之伟烈，以明示向道者，使开卷洞然，知神仙之可学"。

老子曰："凡人之道，心欲小，志欲大，智欲圆[1]，行欲方[2]，能欲多，事欲少。所谓心小者，虑患未生，戒祸慎微，不敢纵其欲也。志欲大者，兼包万国，一齐殊俗，是非辐辏[3]中为之毂也。智圆者，终始无端[4]，方流四远，渊泉而不竭也。行方者，立直而不挠，素白[5]而不污，穷不易操，达不肆志也。能多者，文武备具，动静中仪[6]，举措废置，曲得其宜也。事少者，秉要以偶众，执约以治广，处静以持躁[7]也。故心小者，禁[8]于微也；志大者，无不怀也；智圆者，无不知也；行方者，有不为也；能多者，无不治也；事少者，约所持也。故圣人之于善也无小而不行，其于过也无微而不改。行不用巫觋[9]而鬼神不敢先，可谓至贵矣。然后战战栗栗，日慎一日，是以无为而一之成也。愚人之智，固[10]已少矣，而所为之事又多，故动必穷。故以正教化，其势易而必成，以邪教化，其势难而必败，舍其易而必成，从事于难而必败，愚惑之所致。"

老子说："为人之道，欲望要小，志气要大，智慧要周全，行为要正直，才能越多越好，为事越少越好。所谓欲望要小，是指在祸患还没有发生之前就要谨慎地对待微小的事情以防备祸患，并且不能放纵他的欲望。所谓志气要大，就是拥有包容万国的胸襟，统一不同习俗的雄心，四面八方的是非聚集到我这儿，我仿佛联结车辐居中的车毂一般保持和谐。所谓智慧要周全，就是没有起点与终点的智慧的无懈可击的运用，它流布于很远的四方，仿佛深渊的泉水永远不会涸竭。所谓行为要正直，就是直立而不弯曲，纯洁而不受污染，困窘时不改变操守，发达时不放肆情志。所谓才具能力多多益善，就是指充分具备文韬武略，举手投足、宁静安处都能符合礼节，办事无论兴立还是废除都能周到而适宜。所谓为事越少越好，指做事要抓住纲领以带动全面，把握简要以治理广大，居处宁静以控制躁动。所以说欲望要小是避忌微小的事，志向要大是无所不能包容，智慧要周全是无所不能知晓，行为要正直是有所不能为，才具能力多多益善是无所不能处理，为事越少越好是简约他的躁动。因此，圣人对于善事不因为它微小而不去做，对于过失也不因为它微小而不去改正。他做事不用巫觋方术因而鬼神不敢走在他的前面，这可以说是最可贵的。但是圣人处世战战兢兢，一天比一天谨慎，无为而始终一贯，因而终有成就。愚笨之人的智慧，本来就已不多，但是所从事的事情又多，所以一有行动就必然陷入困窘状态。所以说，用正道教育化导民众，容易造成发展的趋势，因而必定可以成功；用邪道教育化导民众，难以造成发展的形势而必然归于失败。抛弃容易做成功的事，而去做一定失败的事，这是做事人的愚蠢与迷惑所导致的。"

○ 品画鉴宝　青花携琴访友图罐·明

◎ **原文注释**

〔1〕圆：完备、周全。

〔2〕方：正直、耿正。《三国志·魏书·邴原传》：“志行忠方。”

〔3〕辐辏：车的辐条凑集于车毂，比喻人或物聚集于一处。《汉书·叔孙通传》：“四方辐辏。”

〔4〕端：事物的一头或一方。《孙子兵法·势篇》：“循环之无端，孰能穷之。”

〔5〕素白：白色的生绢洁白无瑕。素，白色的生绢。

〔6〕仪：礼节、仪式。

〔7〕持躁：持，挟制。持躁，控制躁动。

〔8〕禁：避忌。

〔9〕巫觋：巫，以装神弄鬼为职业的人，多指女巫。男巫则称作觋。

〔10〕固：本来、原本。

◎ **拓展阅读**

十二真君

东晋许逊领导下的道教西山教团的十二位核心成员。主要有两种说法：一为不包括许逊在内有十二位，如《孝道昊许二真君传》记载：“（许逊）唯与十二真君更相勉励，内修不二之法、神仙之术。”但并未提及许逊以外的十二位真君名姓；另一种说法是包括许逊在内共有十二位，即许逊、吴猛、时荷、甘战、周广、陈勋、曾亨、盱烈、施岑、彭抗、黄仁览、钟离嘉等十二位。

通玄经

第八篇·自然

本篇是老子对自然界的一些认识和看法，他认为自然界存在的事物，是非人为的，是天然的，并都有其发展变化的规则，非人力所能及。

论无为

老子曰："清虚者，天之明也，无为者，治之常也。去恩惠，舍圣智，外[1]贤能，废仁义，灭事故[2]，弃佞辩[3]，禁奸伪，则贤不肖者齐于道矣。静则同，虚则通，至德无为，万物皆容，虚静之道，天长地久，神微周盈[4]，于物无宰。十二月运行，周而复始，金木水火土，其势相害，其道相待[5]。故至寒伤物，无寒不可，至暑伤物，无暑不可，故可与不可皆可。是以大道无所不可，可在其理，见可不趋，见不可不去，可与不可相为左右，相为表里[6]。凡事之要，必从一始，时为之纪，自古及今，未尝变易，谓之天理。上执大明[7]，下用其光，道生万物，理[8]于阴阳，化为四时，分为五行，各得其所，与时往来，法度[9]有常，下及无能，上道不倾，群臣一意，天地之道无为而备[10]，无求而得，是以知其无为而有益也。"

老子说："清静虚无是天道的高明之处，无为是求得治理的规律。去除恩惠的施予，舍弃圣智的作为，疏远贤能的智者，废除仁义的宣教，减灭典故的征引，抛弃善辩的机巧，禁绝奸伪的行为，这样一来，无论是贤明的人还是愚昧的人都将齐归自然，与大道合一。精神宁静就与自然和同，精神虚空就会与大道联通，至德的境界虽然无所作为，却能容纳天地间的万物。虚空静寂的道，天长地久，它的精神微妙无法测知却遍及万物，使万物充盈富足，而不做万物的主宰。十二个月的运行流转，周而复始，金木水火土五行相克，但其中道的关系却是相互依赖的。极度的寒冷会伤害万物，但是没有寒冷却是不行的；高度的暑热会伤害万物，但是没有暑热也是不行的，所以说，行与不行都有它存在的依据。因此，大道认为天下没有什么是不行的，是存在着一定的规律的，见到可以不上前，见到不可以不离开，因为可以与不可以都不可回避，可以与不可以彼此是左右的关系，它们又表现为相互的内与外、外与内的依存关系。做事的关键，必须从一开始，十二年为一纪，从古到今没有改变更易，这是天体运行的规则，也叫作天理。上天主管日月之明，地下受用它的光，道生养天地万物，借阴阳的法则调理，衍化为春夏秋冬四季，分化为金木水火土五行，阴阳、四时、五行各得其所，随着时光流逝来来去去。法律制度有它不变的规律，向下施惠到没有能力的人，为上之道端正而不倾斜，在下的群臣就能一心一德，天地之道无所作为却无所不备，无所希求却无所不得。因此，我们知道"道"是无为和有益的。"

◎ 原文注释

〔1〕外：疏远。《韩非子·爱臣》："此君人者所外也。"

〔2〕事故：故事、成例，旧日的典章制度。《汉书·苏武传》："卫将军张安世荐武明习故事，奉使不辱命。"

〔3〕佞辩：巧言善辩。佞，巧言谄媚。

〔4〕神微周盈：神，精神。微，深奥、微妙。刘禹锡《天论中》："其理微。"周，遍及。《易·系辞上》："知周乎万物。"盈，充满。神微周盈，意即道的精神微妙不可测，遍及于物使其充盈富足。

〔5〕待：依靠、依赖。《商君书·农战》："国待农而安。"

〔6〕表里：即内外。《左传·僖公二十八年》："若其不捷，表里山河，必无害也。"杜预注："晋国外河而内山。"

〔7〕执大明：执，主持、主管。《淮南子·说山训》："执牢狱者无病。"大明，指日月。执大明，意即主管日月。

〔8〕理：规律、原则。《荀子·儒效》："言必当理。"

〔9〕法度：法或法律制度。《商君书·修权》："倍法度而任私议，皆不类者也。"

〔10〕备：完备、全备。《荀子·天论》："养备而动时，则天不能病。"

◎ 拓展阅读

大涤洞天记

元代邓牧心编。道教地理志书。三卷。《四库提要》认为《大涤洞天记》是明初道士重刻《洞霄图志》时将其删节并改名而成。书前有明太祖洪武三十一年（1398年）第四十三代天师张宇初序，元至大三年（1310年）吴全节序，元大德九年（1305年）沈多福序。全书分宫观、山水、洞府、古迹、碑记五门，记叙道教七十二福地之一的大涤山奇秀风景、宫观沿革、仙圣游化事迹等。

论宇宙

○ 品画鉴宝　文竹蝉纹方炉·清

老子曰："朴，至大者无形状[1]；道，至大者无度量[2]，故天圆不中规，地方不中矩。往古来今谓之宙[3]，四方上下谓之宇[4]，道在中而莫知其所，故见不远者，不可与言大；知不博者，不可与论至。夫禀道与物通者，无以相非，故三皇五帝法籍[5]殊方，其得民心一也。若夫规矩勾[6]绳，巧之具也，而非所以为巧也；故无弦虽师文[7]不能成其曲，徒弦则不能独悲，故弦悲之具也，非所以为悲也；至于神和，游于心手之间，放意写神，论变而形于弦者，父不能以教子，子亦不能受之于父，此不传之道也。故肃[8]者形之君也，而寂寞者音之主也。"

老子说："道极大无外，无法用形象来描绘它，道极大无边，没有可供测量的量度标准，所以说天再圆也没有合乎它的规，地再方也没有合乎它的矩。从古到今的时间叫作宙，四方上下的空间叫作宇，道处于时空之中，没有谁知道它的确切处所，所以说不可以和见闻不远大的人谈论广大，不可以和知识不广博的人议论极至。至于那禀受了道的精神同时又与物情物性相通的人，没有什么可以拿来非难他的，所以三皇五帝效法的典籍尽管差别甚大，但他们获得民心的思想却是一致的。至于规矩勾绳，只是达到技巧的工具，其本身却不是技巧。所以说，没有弦琴即便善于弹奏的师文也无法奏成他的曲子，然而光是弦琴也无法演奏出悲怆的情感。因此，弦琴只是悲怆歌曲演奏的工具，其本身却不悲怆。而演奏弦琴神情温和，游移在心与手之间，顺应心意谱写精神，将情志的变化体现在弦琴上的人的演艺技巧，那就是父亲无法传给儿子，儿子也没有能力从父亲那儿接受的艺道了。所以说，恭敬的精神是形体的主宰，而寂寞无声才是音声的根本。"

◎ 原文注释

〔1〕朴，至大者无形状：道极大而无外，没有形象可用来描绘、比拟它。朴，未经加工的木材。《老子》："朴散则为器。"老子以"朴"为道，而道无所不包，故曰："朴至大"。状，描绘。《庄子·德充符》："自状其过。"

〔2〕度量：可量的度。度，量长短的标准。《汉书·律历志》："度者，分、寸、尺、丈、引也，所以度长短也。"

〔3〕宙：指时间。

〔4〕宇：指空间。《淮南子·齐俗训》："四方上下谓之宇。"

〔5〕法籍：效法典籍。法，效法。籍，书籍、典籍。

〔6〕勾：原指不等腰直角三角形中构成直角的较短的边。此处指勾画直角的工具。

〔7〕师文：传说中的乐师。默希子注："师文善琴。"

〔8〕肃：恭敬。

◎ 拓展阅读

策杖

拄杖。也称杖策。三国魏曹植《苦思行》诗曰："策杖从我游，教我要忘言。"唐杜甫《戏题寄上汉中王》诗之二："策杖时能出，王门异昔游。"仇兆鳌注："慈水姜氏曰：杖策者，策杖而行……则古人于杖，虽少年皆用之矣。"唐白居易《残春晚起伴客笑谈》诗："策杖强行过里巷，引杯闲酌伴亲宾。"宋邵伯温《闻见前录》卷十一："公（司马光）不喜肩舆，山中亦乘马，路险，策杖以行。"

老子曰："所谓天子者，有天道以立天下也。立天下之道，执一以为保[1]，反本无为，虚静无有，忽恍[2]无际，远无所止，视之无形，听之无声，是谓大道之经。"

老子曰："夫道者，体圆而法方，背阴而抱阳，左柔而右刚，履幽而戴明，变化无常，得一之原，以应无方[3]，是谓神明[4]。天圆而无端，故不得观其形，地方而无涯，故莫窥其门，天化遂无形状，地生长无计量。夫物有胜，唯道无胜，所以无胜者，以其无常形势也，轮转无穷，象[5]日月之运行，若春秋之代谢[6]，日月之昼夜，终而复始，明而复晦，制形而无形，故功可成，物物而不物，故胜而不屈。庙战者帝，神化者王，庙战者法天道，神化者明四时，修政[7]于境内，而远方怀德，制胜于未战，而诸侯宾服[8]也。古之得道者，静而法天地，动而顺日月，喜怒合四时，号令比雷霆，音气不戾八风[9]，诎伸不获五度[10]，因民之欲，乘民之力，为之去残除害。夫同利者相死，同情者相成，同行者相助，循己而动，天下为斗。故善用兵者，用其自为用，不能用兵者，用其为己用，用其自为用，天下莫不可用，用其为己用，无一人之可用也。"

老子说："天子就是拥有天道而登上帝王之位统治天下的人。天下帝王的道，就是坚守道以保全天下万物，归返本始无所作为，虚空静寂无所占有，恍恍惚惚没有边际，远行而没有止境，看不见它的形状，听不见它的声音，这也是完美的道的法则。"

老子说："道，本体圆融，法则正直，它背负阴而怀抱阳，左柔弱而右刚强，脚踩幽寂而头顶光明，变化不停，以道的本原回应没有规律、没有规则的变化，这就是若神祇般的神明。天体混圆没有起始之端，因此无法看到它的形状，地形方直而没有边际，因此无法看到它的进出口，天道化育万物没有形状，地道生长万物无法统计它的数量。物是有尽的，唯有道是无尽的，因为它没有永恒不变的形势。车轮的运转没有穷尽，就像是日与月的永恒运行，春与秋的节气更迭。太阳月亮生成白昼黑夜，结束了又重新开始，光明了又归于黑暗，创造万物之形而自己没有形，因此它可以成就创造的功德，化育万物而不主宰万物，因此它可以承受万物而力量不会竭尽。决胜于朝堂之上的是帝，精神化育万物的是王，决胜于朝堂之上的效法的是天道，精神化育万物的人明察于四时的变化。搞好国境以内的治理，远方的人就会依恋你的德政，在没有发动战争之前就取胜，诸侯们就会进贡宾服。古代得道的人，静而不动的时候效法天地的无言，动而不静的时候顺应日月的运行，喜与怒切合四时的节候，号与令则如同雷霆，音声之气与八风相

○ 品画鉴宝　大禹像

合而没有违反，弯曲伸张之开合也不违背五星运动的规律。依靠民众愿望，依顺民众力量，为他们消除残暴与患害。利益相同的相互争夺以致死，情感相同的相互理解以致相成，行路相同的目的一样而相互帮助，以一己为中心而动，天下之人相互斗争。所以说，善于用兵的人，让士兵觉得是在为自己而战；不善于用兵的人，让士兵觉得是在为他而战。用兵用在为自己而战之上，那么天下之兵没有不可以使用的；用兵用在为他而战之上，那么天下将没有一兵可供使用。"

◎ **原文注释**

〔1〕保：安抚、安定。《盐铁论·地广》："以宽徭役，保士民。"

〔2〕恍：隐隐约约的样子。

〔3〕无方：无常，没有规律，没有规则。

〔4〕神明：旧指神祇。《左传·襄公十四年》："爱之如父母，仰之如日月，敬之如神明，畏之如雷霆。"

〔5〕象：通"像"，相似、仿佛。李白《古风·其三》："额鼻象五岳，扬波喷云雷。"

〔6〕代谢：更迭、交替。《淮南子·兵略训》："若春秋有代谢，若日月有昼夜，终而复始，明而复晦。"

〔7〕修政：修，整治、治理。修政，意即治政。

〔8〕宾服：指诸侯按时入朝见天子，以示服从。《礼记·乐记》："暴民不作，诸侯宾服。"

○ 品画鉴宝

谷纹镂空龙形青玉璧·战国

〔9〕音气不戾八风：戾，乖张、背反、违背。韩愈《论语笔解》："如子之说，文
虽相反，义不相戾。"八风，八方之风。《吕氏春秋·有始》："何谓八风？东
北曰炎风，东方曰滔风，东南曰熏风，南方曰巨风，西南曰凄风，西方曰飂
风，西北曰厉风，北方曰寒风。"

〔10〕诎伸不获五度：诎，弯曲。五度，默希子注："五星"。古人以日、月与金、
木、水、火、土五大行星为"七曜"。范宁《谷梁传序》："七曜为之盈缩。"扬
士勋疏曰："谓之七曜者，日月五星皆照天下，故谓之七曜。"诎伸不获五度，
意即弯曲伸张均不违背五星运行之规律。

◎ **拓展阅读**

盘王大歌书

瑶族道教经书。其道教经书统称为《盘王大歌书》，其中既有山子瑶师公的神唱，
又有山子瑶道公的经忏符图，所信仰的神也包括山子瑶师、道公的神，但崇奉三
清和玉帝为最高神，度戒结束时发给弟子玉皇印。他们既为人跳鬼还愿，又为人
打斋超度亡灵，多用西南官话或粤语念经，除"跳盘王"外，其余法事不请妇女
唱歌。

通玄经

第九篇·下德

下德，相对『至德』而言，即与最高之德而言，道德为下德。老子以这种观点出发，对德在自然界及人身上的体现进行了阐述。

治身的方法

老子曰："治身，太上[1]养神，其次养形，神情意平，百节皆宁，养生之本也；肥肌肤，充腹肠，供嗜欲养生之末也。治国，太上养化，其次正法，民交让[2]争处卑，财利争受少，事力争就劳，日化上而迁善[3]，不知其所以然，治之本也；利赏而劝善，畏刑而不敢为非[4]，法令正于上，百姓服于下，治之末也。上世养本，而下世事末[5]。"

老子说："调治身体最好的方法是颐养精神，其次是滋养形体。精神清宁意态和平，全身骨骼安泰，这是养生的根本。皮肉肥胖，食物充溢于肚腹肠内，供俸能够满足过度的欲望，这是养生的末节。治理国家，最上的策略是养成教化，其次是端正法律。民众互相辞让，竞相争着居于下位，互相争抢着希望自己少得到财利，希望在做事的时候多出力，受教化的状态天天向上，以致已经走上了善的精神境界还不知是怎么走过来的，这就是治国之本的体现吧。为了奖赏与赏赐而去努力向善，因为害怕刑法而不敢去做违法的事，君上端正地制定法令，百姓在下面服从着法令，这体现了只抓住末节的治国方法。上古时代的治理培养根本，而后世的治理只会从事于末节与枝叶的事务。"

◎ 原文注释

[1] 太上：即最上。《大戴礼记·曾子立事》："太上乐善，其次安之，其下亦能自强。"

[2] 交让：交，互相。《左传·隐公三年》："周郑交恶。"交让，意即双方相互的辞让。

[3] 迁善：变动而向善。迁，变更、变动。《韩非子·五蠹》："主施赏不迁，行诛无赦。"

[4] 非：不对的，不合理的，违背法律的。《荀子·王制》："是非不乱，则国家治。"

[5] 上世养本而下世事末：上古之世能培养根本为治而后世则弃本事末为治。上世，上古之世。《孟子·滕文公上》："盖上世尝有不葬其亲者。"赵歧注："上世，未制礼之时。"下世，后世。《商君书·开塞》："上世亲亲而爱私，中世上贤而说仁，下世贵贵而尊官。"

◎ **拓展阅读**

正乙派

正一道支派。由清代龙虎山道士娄近垣开启。它主要以江西龙虎山为中心。娄近垣《重修龙虎山志》卷二《官府》条：龙虎山向分紫微、虚靖、灵阳三派，"其师长之称，实同一脉，但无定派命名，使尊卑日久难考。因定四十字。从今至后，三派合一，依次授名。四十字完，许'辰'字辈再续四十字，完而复续，以此例垂于永世。"《诸真宗派总簿》记载此派之"派"字，在"辰"字之后又添二十字，好像此派到作《诸真宗派总簿》时，已传了四十余代了。

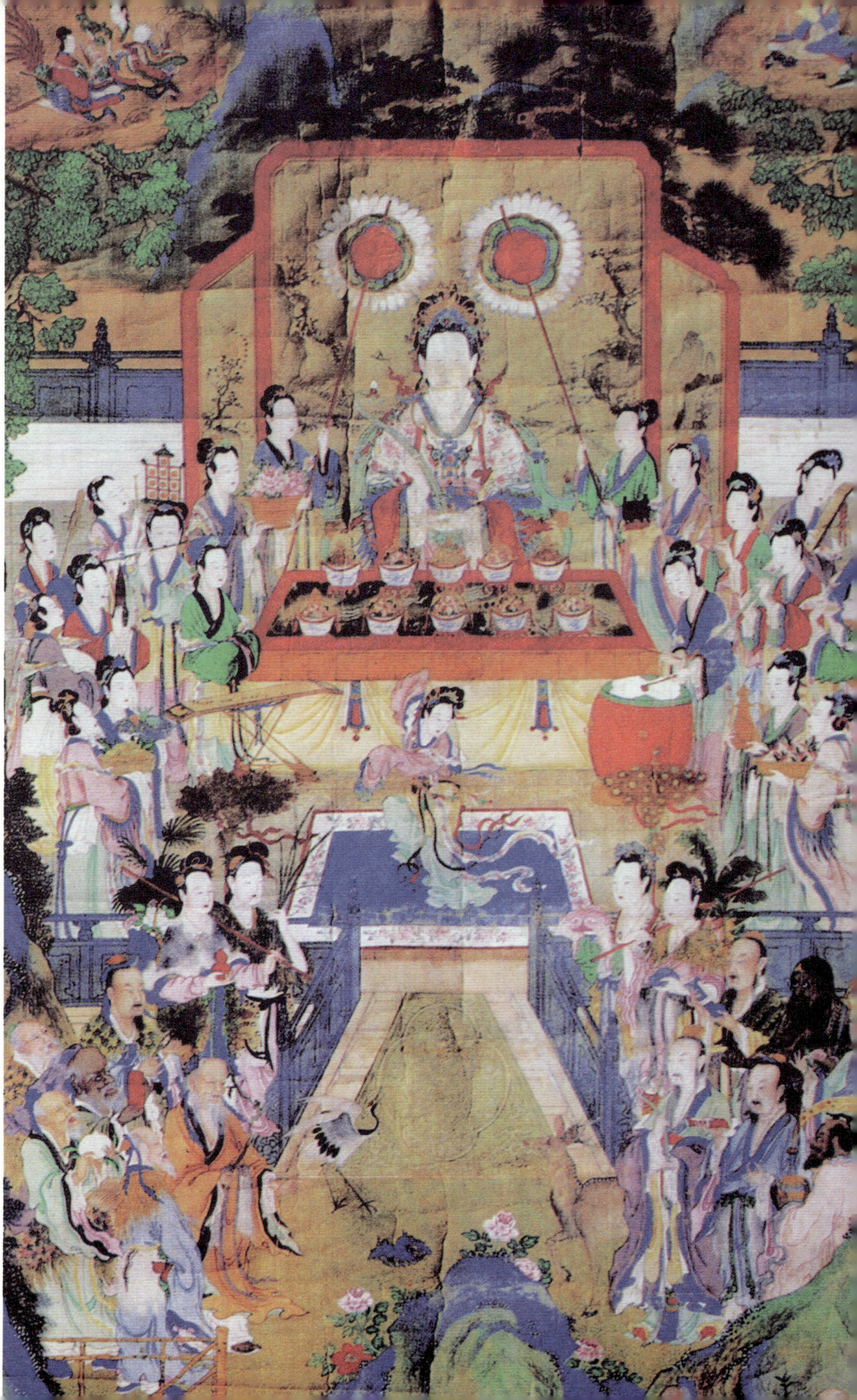

○品画鉴宝　王母庆寿图　王母，即『西王母』，俗称『王母娘娘』，是天上职位最高的一位女性神仙，所有得道成仙的女子都隶属于她。

老子曰："欲治之主不世[1]出，可与治之臣不万一，以不世出求不万一，此至治所以千岁不一也。盖霸王之功不世立也，顺其善意，防其邪心，与民同出一道，则民可善，风俗可美。所贵圣人者，非贵其随罪而作刑[2]也，贵其知乱之所生也。若开其锐端[3]，而纵之放僻[4]淫泆，而弃之以法，随之以刑，虽残贼天下不能禁其奸矣。"

老子说："追求天下大治的君主不会每个时代都产生，可以辅助君王以求天下大治的臣僚一万个中也难有一个，以不世出的贤明君主去求万里挑一的贤良臣子，这就是大治之世千年也难以产生一个的原因。大概霸王的功业不是每一世君主都可以建立的。顺应民众的善的意愿，防止他们不正直的欲念，与天下民众共同从统一的道出发，那么民众就可以向善的方向发展，社会的风气与民众的习俗也就可以为人称赞。尊重圣人的依据，不是尊重他根据犯罪状况而创制刑法，而是尊重他洞知社会混乱产生的根源的认知智慧。假如放开细小的开端，恣纵不端的行为，然后不管教化而置之于法律，随之以刑事处置，那么尽管使天下受到伤害，也无法禁阻住作奸犯科的行为。"

◎ 原文注释

[1] 世：古代以父子相继为一世。《左传·昭公七年》："从政三世矣。"

[2] 作刑：创制刑法。作，制作、创制。

[3] 锐端：细小的开端。锐，细小。《左传·昭公十六年》："且吾以玉贾罪，不亦锐乎？"

[4] 放僻：放，放任、恣纵。僻，不正、邪僻。

◎ 拓展阅读

杜光庭

唐末五代道士，道教学者。字圣宾，号东瀛子。处州缙云（今属浙江）人。少习儒学，博通经、子。把孔孟之道统一于老君之道。他推崇唐玄宗的《御注道德经》，并发挥其玄旨要义，撰成《道德真经广圣义》五十卷，"内则修身"，"外以理国"，囊括无遗。又主张"仙道非一"，不拘一途，促进了道教的传播和发展。其著作还有《广成集》、《墉城集仙录》等二十余种。

重视生命

老子曰:"身处江海[1]之上,心在魏阙[2]之下,即重生,重生即轻利矣。犹不能自胜即从之,神无所害也。不能自胜而强不从,是谓重伤,重伤之人,无寿类矣。故曰:知和曰常,知常曰明,益生曰祥[3],心使气曰强,是谓玄同[4],用其光,复归其明[5]。"

老子说:"不做官身处江湖之中,心里却惦念着朝廷的政治事务,即是重视生存。重视生存就是轻视钱财,如果觉得自己没有能力克服心在朝廷的意念就顺其自然,神明不会因此而伤害你什么。而不能战胜心在朝廷的意念又勉强自己,这就是两重的伤害。这样的人是不能高寿的。所以说,知道和谐内心与外物的关系的人即能够把握事物的运行规律,能够把握事物运行规律的就叫做明智,放纵自己追逐富裕人生的叫做妖祥,用欲望主使精气而有所作为叫做逞强。这就是玄妙齐一的道的至高境界,用外在的光,返照内在的、本有的明。"

◎ 原文注释

〔1〕江海:即江湖,意谓隐而不仕或身不在任的身份状态。

〔2〕魏阙:古代官门上有高出的楼观称魏阙,其下两旁为悬布法令的地方,后成为朝廷的代称。《庄子·让王》:"身在江海之上,心居乎魏阙之下。"

〔3〕益生曰祥:益,富裕、富足。《吕氏春秋·贵当》:"其家必曰益。"祥,指凶兆的妖祥。益生曰祥,意谓放纵而富裕贪生称作妖祥。

〔4〕玄同:玄妙齐一无差别,指道的境界。

〔5〕用其光,复归其明:意谓用外在光反照内在的、本有的明。明,指道的一种精神状态。

◎ 拓展阅读

玄珠录

唐代王玄览口诀,王太霄录。二卷。这是本语录体著作,由王玄览门人王太霄根据诸人私记汇集而成,是研究王玄览道教思想的主要材料。全书收其语录约一百二十余则,阐述了道物、道体、道性、有无、真妄、动寂、心性等理论问题。本书援佛入老,运用佛教中观哲学作论证,是融通释老的上乘之作,体现了唐代道教理论发展的趋向。此书被收入《正统道藏》太玄部。

群儔供壽

○ 品画鉴宝　群仙供寿图　图中所绘为诸神向天上王母祝寿的情形。画面清逸淡雅，山石、树木、流水、草丛俱得其妙。其中的松树更是寓意长寿，是一种吉祥符瑞的象征。

论行善事

老子曰:"天下莫易于为善,莫难于为不善。所谓为善者,静而无为,适情辞余,无所诱惑,循性保真,无变于己,故曰为善易也。所谓为不善难者,篡弑[1]骄淫,躁而多欲,非人之性矣,故曰为不善难也。今之以为大患者,由无常厌度量[2]生也,故利害之地[3],祸福之际,不可不察。圣人无欲也,无避也,事或欲之,适足以失之,事或避之,适足以就之,志有所欲,即忘其所为矣。是以圣人审动静之变,适受与[4]之度,理好憎之情,和喜怒之节。夫动静得即患不侵也,受与适即罪不累[5]也,理好憎即忧不近也,和喜怒即怨不犯也。体道之人,不苟得,不让祸,其有不弃,非其有不制,恒满而不溢,常虚而易赡。故自当以道术[6]度量,即食充虚,衣圉[7]寒,足以温饱七尺之形[8],无道术度量,而以自要尊贵,即万乘[9]之势不足以为快,天下之富不足以为乐,故圣人心平志易,精神内守,物不能惑。"

老子说:"天下没有比为善更容易的了,天下也没有比不为善更困难的了。为善即是静漠而无所作为,就是适宜自己的情而辞去不必要的部分,不被任何外物诱惑,依照天然本性保存先天本真,面对变化而自己不变,所以说为善是容易的。所谓为不善困难,意思是说篡夺权位、杀戮君父、骄纵又荒淫,情绪躁动欲望众多,这都是违反人的本性的,所以说为不善的事困难。今天可以称作大患害的,就是没有止境也无法度量的欲望。所以说当身处于利害之中,当面对着祸福的情形时,不能不认真地审察。圣人没有欲望,也就没有什么可以回避,做事时如果夹杂有欲望,却反而会失去,遇事时如果想着规避,却反而会靠上去,心头上存有什么欲望,那么就会忘却他所从事的事了。因此,圣人认真审察动与静的变化关系,调适接受与给予的尺度,理顺喜好与厌憎的情绪,协调喜悦与愤怒的节度。动与静的关系审察得好,患害就不能侵入,将给与受的尺度调适好,罪恶的行为就不会牵累,将好与憎的情绪调节好,忧虑的事情就不会迫近,喜与怒的节度协调好,怨恨的心情就不会发生。参悟大道的人,不会苟且获得,不会逃避祸害,他有所不放弃,并不是他不强制,而是经常处于充实的状态不曾外溢出去,处于虚空的状态却能轻易富足充裕的缘故。所以说,把大道的胸襟器量当作尺度,就是饮食填充虚空的肚腹而已,穿衣为抵御寒冷而已,身体足够七尺之高就行了。缺乏大道的器量尺度,却去自邀尊荣富贵,那么就算有了大国的形势也不会觉得快乐,就是有了天下的财富也不会觉得幸福,所以圣人心意平和、愿望简易,在于能坚守精神,而外在的物的诱惑无法侵入。"

◎ 原文注释

[1] 篡弑：篡，非法夺取权位。《墨子·天志》：“处大国不攻小国，处大家不篡小家。”后特指臣子夺取君位曰篡。弑，古代统治阶级称子杀父、臣杀君的行为。

[2] 无常厌度量：无法衡量满足的欲望。厌，满足。《韩非子·说林上》：“彼重欲无厌，天下必惧。”度量，器量、胸襟。柳宗元《柳常侍行状》：“惟公质貌魁杰，度量宏大。”

[3] 地：处境、境地。《史记·李斯列传》：“久处卑贱之位，困苦之地。”

[4] 受与：接受与给予。

[5] 累：牵累、连累。

[6] 道术：道家用以指称“道”的整体。《庄子·天下》：“古之所谓道术者……无乎不在。”又说“后世之学者，不幸不见天地之纯，古人之大体，道术将为天下裂”。

[7] 圉 (yù)：通“御”，阻止、抵御。

[8] 七尺之形：古时尺短，七尺相当于一般成人的高度，因用“七尺”为人身的代称。七尺之形，即指成人之身。

[9] 万乘：战国时代诸侯大国的代称。

◎ 拓展阅读

归砚录

医话著作。四卷。清王士雄撰。书中记录了王氏在各地行医的见闻、杂感、学医心得及诊疗经验。对古代医药文献中某些观点作了比较客观的评价与分析。其中颇多独到见解。此书还选收诸家医案，附述个人治疗经验，收采较多的民间单方、验方。其中也辑录了一些奇症怪方的内容。现存为清刻本。本书后被收入《潜斋医学丛书》。

论气

老子曰：“阴阳陶冶万物，皆乘一气 [1] 而生。上下离心，气乃上蒸，君臣不和，五谷不登 [2]，春肃秋荣 [3]，冬雷夏霜，皆贼气 [4] 之所生也。天地之间，一人之身也，六合之内，一人 [5] 之形也，故明于性者，天地不能胁 [6] 也，审于符 [7] 者，怪物不能惑也。圣人由近以知远，以万里为一同，气蒸乎天地，礼义廉耻不设，万民莫不相侵暴虐，犹在乎混冥之中也。廉耻陵迟 [8]，及至世之衰，用多而财寡，事力劳而养不足，民贫苦而忿争生，是以贵仁。人鄙不齐，比周 [9] 朋党，各推其与，怀机械巧诈之心，是以贵义。男女群居，杂而无别，是以贵礼。性命之情，淫而相迫，于不得已则不和，是以贵乐。故仁义礼乐者，所以救败也，非通治之道也。诚能使神明定于天下而心反其初，则民性善，民性善则天地阴阳从而包之 [10]，则财足而人赡，贪鄙忿争之心不得生焉，仁义不用而道德定于天下，而民不淫于采色，故德衰然后饰仁义，和失然后调声，礼淫然后饰容，故知道德，然后知仁义之不足行也，知仁义，然后知礼乐之不足修也。”

老子说：“阴、阳二气化育万物，全是依恃贯通天、地、人三才一气的道而生成的。君臣民众不能上下一心，气就向上蒸腾，君主与臣僚不能和谐一致，五谷就不能丰收。春日植物凋零秋日植物茂盛，冬天有雷夏天有霜，这些反常现象全是破坏正常节气的气息而导致的。天地之间，存立于君主一身，上下左右前后之间，挺立有君主一形。所以说，通晓万物本性的人，天地不能胁迫他，明察于天命符兆的人，奇异怪诞的事物不能迷惑他。圣人从身边的事总结认识到远在身外的事，视万物的差异为同一，精微之气运行于天地之间，礼义廉耻的规范不曾设立，万千民众也没有相互的侵凌与施虐，就好像处在混溟之中。知耻守廉的道德开始衰败，以致到了世风衰颓的阶段，费用扩大增多而财货减少，从事劳力的人无法取得足够的给养，民众贫困苦难就产生怨恨和争斗，由于这种情况，人们便更加推崇仁爱的精神。彼此的差异使人们相互轻视，于是植党营私结成帮派，各自怀着机巧诡诈的心计推崇他们的同党，由于这种情况，人们才开始推崇大义的精神。男女合群居住，混杂而没有性别的区分，由于这种情况，人们便推崇礼仪的精神。生命中的自然情性，过多了就会压迫人的精神，在无法止住的时候就会失去和谐，由于这种情况，人们便推崇音乐和谐的精神。仁义礼乐的设置是用来挽救衰败的，而不是通达治理的根本之道。果真能让神明安定于天下而人心归返于初始，那么民众的情性就能够善，这样一来，无论天地还是阴阳都会顺应这情形去包裹保全万物。如果财货充足，人民的物用也富裕，贪婪卑鄙怨忿争斗的心意也就不得发生了，仁义的规范道德就可以让天下安定，民众也就不再沉溺于彩色的炫惑之中。所以说，有了道德的衰颓，然后才有仁义的推广，和谐丧失，然后才调理乐声，礼仪败坏，然后才治理仪容。因此，通晓道德之理后，就明白仁义规范不值得推行了，通晓仁义之理后，就明白礼乐制度不值得修订了。"

◎ 原文注释

〔1〕一气：即道。杜道坚引旧注曰："三才通，为一和之气。"三才通，意谓天、地、人三才贯通，盖指道。

〔2〕登：庄稼成熟。

〔3〕春肃秋荣：肃，收敛、萎缩。张协《杂诗》："天高万物肃。"荣，草木茂盛。陶潜《归去来兮辞》："木欣欣以向荣。"春肃秋荣，意谓春天植物凋零而秋日茂盛，反常之现象。

〔4〕贼气：杜道坚引旧注曰："能害常节，谓之贼气。"意谓破坏正常节气的气息。

〔5〕一人：指君主。

〔6〕胁：威胁。《汉书·赵充国传》："精兵二万余人，迫胁诸小种。"

〔7〕符：旧指君主"受命于天"的征兆，即所谓符命。

〔8〕陵迟：衰退、败坏。《诗经·王风·大车序》："礼义陵迟。"

〔9〕比周：周，与人团结；比，与坏人勾结，比周，意谓植党营私。《荀子·臣道》："朋党比周，以环主图私为务。"

〔10〕从而包之：从，跟随、顺应。包，包裹、保全。从而包之，意谓应其情形而包裹保全。

◎ 拓展阅读

赵玄坛

名公明，中国民间所祀财神。因道教神话中封他为正一玄坛元帅，故名赵玄坛。又名赵公元帅。其名始见于晋干宝《搜神记》及梁陶弘景《真诰》。传说他能保病禳灾，主持公道，使人买卖得利，因而成为财神。旧时各地多有玄坛庙，其像黑面浓须，武装置鞭，身跨黑虎。每年正月初五为其生日，故商家皆于此日祭祀。一说他为回族。《搜神记》卷五记载："初有妖书云：'上帝以三将军赵公明、钟士季，各督数鬼下取人。'"

清静无为的政治

老子曰："清静之治者，和顺以寂寞，质真而素朴，闲静[1]而不躁，在内而合乎道，出外而同乎义；其言略而循理，其行悦而顺情，其心和而不伪，其事素[2]而不饰；不谋所始，不议所终，安即留，激[3]则行，通体乎天地，同精[4]乎阴阳，一和乎四时，明朗乎日月，与道化者，为人机械诈伪莫载乎心。是以天覆以德，地载以乐，四时不失序，风雨不为虐，日月清静而扬光，五星不失其行[5]，此清静之所明也。"

老子说："清静无为的政治，和谐畅顺而寂寞无声，本性纯真而朴素无华，宁静而不热躁，在内心与道的精神吻合，在外部与义的道理同一。它的言语简略却依循着道理，行为顺应情性而让人愉悦，内心平和而没有虚假，做事富有真情而没有修饰。它没有开始的谋划，也没有结局的讨论，情势安定就停止，感受奋激就行动，形体与天地相通，精气与阴阳同一。阴阳统一的混沌之气与四时的运行变化和谐，形体与精神的明朗同日月一样光明，与道共同变化，做人就不会将机巧诡诈虚伪存留在心上。因此，天空覆盖着德，大地承载着乐，四时不失时序，风雨不作暴虐，太阳和月亮清明宁静地传播着光，五星不失序位，这就是清静无为的开明政治所导致的结果。"

◎ 原文注释

〔1〕闲静：安静、宁静。闲，安静。嵇康《赠秀才入军·其五》："闲夜肃清，朗月照轩。"〔2〕素：真、情真。邹阳《狱中上梁王书》："披心腹，见情素。"〔3〕激：激励、奋激。司马迁《报任安书》："至激于义理者不然。"〔4〕精：即精气，指所谓"元气"之中的细微部分。《论衡·论死》："夫生人之精在于身中。"〔5〕行（háng）：行列、序位。

◎ 拓展阅读

南五祖

即张伯端、石泰、薛道光、陈楠、白玉蟾，道教全真道尊奉的五位宋代祖师。相传，张伯端于北宋熙宁二年（1069年）在成都遇异人传授"金液还丹诀"，因此修炼得道，并将"金丹之道"授石泰。石泰授薛道光，薛道光授陈楠，陈楠再授白玉蟾。五祖认为儒、释、道同源，三教一理。其以修炼金丹（内丹）或谓修炼"性命"为主。在道教内丹修炼理论中，其修炼理论占有重要地位。

治世之道

老子曰："治世之职易守也，其事易为也，其礼易行也，其责[1]易赏也。是以人不兼官，官不兼事，士农工商，乡别州异，故农与农言藏，士与士言行，工与工言巧，商与商言数[2]，是以士无遗行[3]，工无苦事，农无废功，商无折货，各安其性。异形殊类，易事而不悖，失业而贱，得志[4]而贵。夫先知[5]远见之人，才之盛也，而治世不以责于人，博闻强志，口辩辞给[6]，人知之溢也，而明主不以求于下；傲世贱物，不从流俗[7]，士之伉行[8]也，而治世不以为化民。故高不可及者，不以为人量[9]，行不可逮[10]者，不可为国俗。故人才不可专用，而度量道术可传世也。故国治可与愚守也，而军旅可以法同也，不待古之英俊，而人自足者，因其所有而并用之。末世之法，高为量而罪不及也，重为任而罚不胜也，危为其难而诛不敢也，民困于三责，即饰智而诈上，犯邪而行危，虽峻法严刑不能禁其奸。兽穷即触，鸟穷即啄，人穷即诈，此之谓也。"

老子说："治世的责任容易奉守，治道的世事容易从事，拥有治道的世礼则容易推行，债务也容易偿还。因此，人不兼作官位，官不兼领事务，士农工商，都因为职业的区别而分别居住在乡与州中。农人之间谈论谷物的收藏，士人之间谈论为士的品行，工匠之间谈论作工的技巧，商贾之间谈论经商的算计。因此相互的交往与激励，士人没有德行的缺失，工匠没有苦恼的难事，农人没有无效的劳作，商贾没有赔本的买卖，各自安处于他们的心性。士农工商形不一而类不同，相互交换而不糊涂，失去本业就会被人轻视，得行其志就受人重视。富有远见的人，才气旺盛，但富有治道的世不会以此去要求所有的人。闻见广博、记忆力强、口齿伶俐、富有辨才的人，智力充溢，但英明的君主不会把此当作标准与尺度要求所有的下人。那傲慢世态、轻视物事、不随顺世俗的人，是士人高傲的行为，但是富有治道的世不会以此去教化民众。所以说，不能把高不可攀的当作衡量一般人的标准，不可以把品行高迈不可达到的作为一国的民俗。因此，人才不能单独的运用，而大道的器量却可以流传于世世代代。治理国家即使愚人也可与他共守，而军队的步伐却可以运用法纪去统一。不依赖古代的英雄俊杰而人才自然充足，是由于善于运用他的长处。衰败之世的政治，高设用人标准与尺度将不能达到的人定罪，重派职责任务的标准与尺度而给无法胜任的人处罚，让不能胜任的人做危险的事而借此诛杀不勇敢的人，臣民因为害怕而用计谋去欺骗上面，走上邪端。尽管国家有严格的法律与刑罚，也无法阻止他们的狡诈与走向邪恶的步伐。野兽在无路可走时就会用角触人，飞鸟在无处可飞的时候会用它们的喙啄人，人在走投无路之际就变得奸诈与邪恶，说的就是这种情况。"

◎ 原文注释

〔1〕责：通"债"。《战国策·齐策四》："先生不羞，乃有意欲为文收责于薛乎？"

〔2〕数：计算、算计，一一列举。

〔3〕遗行：即失德，意谓德行有缺失。宋玉《对楚王问》："楚襄王问于宋玉曰：'先生其有遗行与？何士民众庶不誉之甚也？'"

〔4〕得志：得行其志。《孟子·滕文公下》："得志，与民由之；不得志，独行其道。"

〔5〕先知：对事理的认识较一般人早的人。《孟子·万章上》："天之生此民也，使先知觉后知，使先觉觉后觉也。"

〔6〕给：口齿伶俐。

〔7〕流俗：泛指世俗。《孟子·尽心下》："同乎流俗，合乎污世。"朱熹注："流俗者，风俗颓靡，如水之下流，众莫不然也。"

〔8〕伉行：高傲的行为。《淮南子·齐俗训》："矜伪以惑世，伉行以违众。"

〔9〕人量：人，指一般的人。量，度量衡的标准与尺度。《史记·秦始皇本纪》："器械一量。"人量，犹言测度一般人的标准与尺度。

〔10〕逮：及、达到。《荀子·尧问》："魏武侯谋事而当，群臣莫能逮。"

◎ 拓展阅读

开元道藏

中国道教史上的第一部道藏。编纂于唐开元年间。唐玄宗即位，令史崇玄等四十余人撰《一切道经音义》，后又于开元中发使四处搜访道经，加上原来京中所藏，纂修成《藏》。其编纂体例采取三洞分类法，分三洞三十六部，即洞真、洞玄、洞神各十二部。天宝七年（748年），"诏令传写，以广流布。至唐末五代，毁于兵火，遂不复存"。

老子曰："雷霆之声可以钟鼓象也，风雨之变可以音律知也。大可睹者，可得而量也；明可见者，可得而蔽也；声可闻者，可得而调也；色可察者，可得而别也。夫至大，大地不能函[1]也，至微，神明不能见也；及至建律历，别五色，异清浊，味甘苦，即朴散而为器矣。立仁义，修礼乐，即德迁而为伪矣。民饰智以惊愚，设诈以攻上；天下有能持之，而未能有治之者也。夫智能弥多而德滋衰，是以至人淳朴而不散。夫至人之治，虚无寂寞，不见可欲，心与神处，形与性调，静而体静，动而理通，循自然之道，缘[2]不得已矣。漠然无为而天下和，淡然无欲而民自朴，不忿争而财足，施者不得，受者不让，德反归焉，而莫之惠。不言之辩，不道之道，若或通焉，谓之天府[3]。取焉而不损，酌焉而不竭，莫知其所求由出，谓之摇光[4]，摇光者，资粮万物者也。"

老子说："雷霆的声音可以用钟鼓的音声比拟，风雨的变化可用音律来把握。能够看见的巨大的东西是可以测量的，可以看见的明光是能够遮蔽的，可以听见的大声能够调理，可以看出的色彩是能够区别的。那最大至极的，天与地也不能将它包容；那最小至极的，神明也无法看见它。等到修订律历，分别五等服色，区别清浊人士，滋味甘甜与辛苦，那么古朴原初的道就化入具体的事物之中。树立仁义规范，修订礼乐制度，那么道德就迁移变化而演变成不诚实了。民众都修饰智谋以戒备愚笨，设置机巧以抨击其上，天下能有保持如此情形的，却没有能治理的。智能愈多展开，道德就愈加衰颓，因此有道德的至人保持淳朴本真而不让它离散。至人的政治，虚空无为，寂寞无声，看不见欲望，内心与神明共处，外形与自然本性协调，宁静精神参悟大道，行动作为遵循规律，依照自然而然的天然之道，遵循不得已的法则。漠然恬淡，无所作为，但天下和谐。淡然平和无有欲求而民风自然淳朴，民众没有怨忿没有争斗，财货自然充足。施予的人不以为施惠而自得，承受的人不以为受惠而辞让，德返归于各自的本性，没有谁认为得了恩惠。没有言语的辩解，没有言论的大道，假设或有通晓的人，就是悟得天道的肺腑。汲取不会减损，酌取不会涸竭，不知道所寻求的产生在哪里，这就叫做因顺万物以资被万物。"摇光"是给万物以资养与食粮的。"

〔1〕函：包含、包容。《淮南子·诠言训》："函牛之鼎沸，而蝇蚋弗敢入。"

〔2〕缘：遵循、依照。《商君书·君臣》："缘法而治，按功行赏。"

〔3〕天府：杜道坚引旧注曰："处此道以化民，与天同德也。"意即得天道之肺腑。

〔4〕摇光：因顺万物以资被万物。杜道坚引旧注曰："夫有余，而以余被物者，谓之光；顺物而动者，谓之摇也。"

◎ 拓展阅读

大宋天宫宝藏

中国道教史重要道藏之一。编纂于宋代。《宝文统录》编纂完成后，宋真宗又于大中祥符五年（1012）任命张君房为著作佐郎，专事修藏。张君房依原有道书和从苏州、越州、台州等地所征集的经本，与道士们按三洞纲条、四部录略，商校异同，编为四十五百六十五卷，起《千字文》"天"字为函目，终于"宫"字，题名《大宋天宫宝藏》，今已失传。

通玄经

第十篇·上仁

老子在本篇文章中，主要论述了对一国之君在治国和实行王道上的看法和自己的主张。他注重人的精神境界，认为修身的原则就是要加强自己的品德修养，以德服人，才是真正的君子。

论君子的道

老子曰："君子之道，静以修身[1]，俭以养生。静即下不扰，下不扰即民不怨，下扰即政乱，民怨即德薄，政乱贤者不为谋，德薄勇者不为斗。乱主则不然，一日[2]有天下之富，处一主之势，竭百姓之力以奉[3]耳目之欲，志专于宫室台榭，沟池苑囿[4]，猛兽珍怪；贫民饥饿，虎狼厌刍豢[5]；百姓冻寒，宫室衣绮绣。故人主畜兹[6]无用之物，而天下不安其性命矣。"

老子说："君子的道，以清静提高自身的品德修养，约束而不放纵，以滋养其性命。清平宁静就不会骚扰下面，下面安宁不扰，民众就不会抱怨；骚扰下面就是政治的昏乱，民众抱怨则是因为君上的恩德稀薄。君上政治昏乱，贤德的人就不会为他谋划；君上的恩德稀薄，勇敢的人就会不为他战斗。昏乱君主的政治与清静简约的君子之道不同，他一旦占有了天下的财富，处居一国之主的势位，就会用尽百姓的劳力去供养他一个人追逐声色的欲望。他将心放在宫室楼台、沟池苑囿、猛兽珍奇等物质之上，贫苦的民众因缺乏食品而饥饿，苑囿中的猛兽虎狼却吃厌了牛羊犬豕，百姓因缺衣而挨冻受寒，宫廷之中的人却穿着锦绣与织有花纹的衣服。所以说，如果君主蓄养这些没有用的物品，天下人民的性命就无法获得安宁。"

◎ **原文注释**

〔1〕修身：提高自身的品德修养。《礼记·大学》："欲齐其家者，先修其身。"

〔2〕一日：有那么一天，一旦。《国策·秦策五》："王之春秋高，一日山陵崩，太子用事，危于累卵，而不寿于朝生。"

〔3〕奉：供养。王符《潜夫论·浮侈》："以一奉百。"

〔4〕沟池苑囿：沟、池，旧时皆指护城河。《史记·齐世家》："楚方城以为城，江汉以为沟。"《礼记·礼运》："城郭沟池以为固。"苑、囿，均指古代帝王畜养禽兽的园林，先秦多称囿，汉以后多称苑。

〔5〕刍豢：《孟子·告子上》："故义理之悦我心，犹刍豢之悦我口。"朱熹注："草食曰刍，牛羊是也，谷食曰豢，犬豕是也。"刍豢，即食草类的牛羊与食谷物类的犬豕。

〔6〕兹：这。

○ 品画鉴宝

江楼对弈图·清·颜峄　出身李寅门下的颜峄，善写古木寒鸦。而在此图中，山水、人物，俱笔墨苍劲，自具面目。画中山水，由淡入浓，细细加点，妙在能够融化无迹。

◎ 拓展阅读

重庆老君洞

位于南岸区上新街以东约2千米的山上。始建于唐代，原名广化寺，为佛教寺庙。明万历九年（1581年）改为道观，名"太极宫"（俗称"老君洞"）。清道光、同治、光绪年间几经培修扩建，先后共建殿宇九重，即三清殿、文武殿、观音殿、吕祖殿、真武殿、三丰殿、邱祖殿、斗姆殿、玉皇殿。各殿结构精巧，依山造殿，凿崖成像。此外，老君洞道观内的崖刻佛道故事图像颇具艺术价值。

老子曰："非淡漠无以明德，非宁静无以致远，非宽大无以并覆 [1]，非正平无以制断。以天下之目视，以天下之耳听，以天下之心虑，以天下之力争，故号令能下究 [2]，而臣情得上闻，百官修达，群臣辐凑。喜不以赏赐，怒不以罪诛，法令察而不苛，耳目聪而不暗，善否 [3] 之情，日陈于前而不逆，故贤者尽其智，不肖者尽其力，近者安其性，远者怀其德，得用人之道也。夫乘舆马者，不劳而致千里，乘舟楫 [4] 者，不游而济江海。使言之而是 [5]，虽商夫刍荛，犹 [6] 不可弃也，言之而非，虽在人君卿相，犹不可用也，是非之处，不可以贵贱尊卑论也。其计可用，不差其位；其言可行，不贵其辩 [7]；暗主则不然，群臣尽诚效忠者，希不用其身也，而亲习 [8] 邪枉，贤者不能见也，疏远卑贱，竭力尽忠者不能闻也。有言者穷之以辞，有谏者诛之以罪，如此而欲安海内，存万方，其离聪明亦远矣。"

老子说："没有淡漠的精神就无法彰显德行，没有宁静的态度就无法步入高远的境界，没有宽大的胸怀就无法均同地覆盖万物，没有公平正义的原则就无法把握、控制、决断事物。用天下人的眼去观察，用天下人的耳去听闻，用天下人的思维去思虑，用天下人的力量去争取，这样号令才能够贯彻到底。臣民的真实情况君上才能够获得，百官正直而通达，群臣如车辐凑集于车毂一般归心于君上。他们的欢喜不因为是受到了赏赐，愤怒也不因为是受到了惩罚，法令明察秋毫但不苛刻酷暴，耳目聪明畅达而非昏暗不明，赞成与反对的真实意见，日日面对而没有抵触与不顺。因此，贤德的人才会竭尽他的智力辅助，不肖的人才会用尽他的劳力供养，近处的在治理范围之下的人才会安宁他们的情性，远处的在治理范围之外的人也将怀念着他的恩德，这就是得到了正确使用人的办法。那乘坐车子的人，不用劳力可以到达千里之外，那乘坐舟船的人，不用游动可以渡越江海。假如说的意见正确，不管他是商贩或是打草砍柴的人，都不能抛弃不用；假如说的意见不正确，不管他是人君或是公卿丞相，也仍然不能采纳。在正确与错误的问题上，不能用高贵下贱或尊贵卑下的社会身份去判断取舍。他的计划能够使用，不能因为他地位卑贱而轻视；他的言论能够实行，不能因为他的语言不动听而不重视。昏暗不明的君主无法做到这样，群臣竭尽忠心的几乎没有，因为君主没有能正确地使用他们，而那些君主的亲信与邪佞的人当道，更使贤德的人无法出现。疏远地位卑下微贱的人，竭力尽忠于国家的人就无法被君主获知，对于发表政治见解的人用辩辞去追究他，使他无言可对，对于规谏政治的人用冒犯君上的罪名诛戮他。如此还想让海内安宁，万国敬仰？这离君主的聪明实在是太远了。"

◎ **原文注释**

〔1〕并覆：并，一并、一起。并覆，意即无差别而一并覆盖之。

〔2〕究：到底、终极。《韩非子·难二》："有擅主之臣，则君令不下究。"

〔3〕善否：善，认为是好的。《史记·留侯世家》："良数以《太公兵法》说沛公，沛公善之。"否，不是、认为不好。《国策·魏策四》："否，非如是也。"

〔4〕舟楫：泛指船只。楫，船浆。

〔5〕是：正确、对的。陶潜《归去来兮辞》："觉今是而昨非。"多与"非"对用。

〔6〕犹：还、仍然。

〔7〕辩：动听的言辞，华丽的语言。《墨子·修身》："务言而缓行，虽辩必不听。"

〔8〕亲习：亲近亲信。习，帝王身边的亲信。

○ 品画鉴宝　牺背立人擎盘·战国

◎ **拓展阅读**

拾遗记

志怪小说集。又名《拾遗录》、《王子年拾遗记》。作者东晋王嘉。王嘉，字子年，陇西安阳（今甘肃渭源）人。《晋书》第95卷有传。今传本可能经过南朝梁宗室萧绮的整理。《拾遗记》的主要内容是杂录和志怪。书中尤注重宣传神仙方术，多荒诞不经。但其中某些幻想，如"贯月槎"、"沧波舟"等，表现出丰富的想象力。文字绮丽，所叙之事情节曲折。

通玄经

第十一篇·上义

本篇主要讲述了治人之道。老子认为一个国家在推行法典统治人民时，应倡导仁义原则，用以区分君子与小人。同时，他又认为强调治人之道与诸如财富、人文精神等都有直接的联系。

治理之道

老子曰："凡学者，能明于天人之分，通于治乱之本，澄心[1]清意以存之，见其终始，反其虚无，可谓达[2]矣。治之本，仁义也，其末，法度也。人之所生[3]者，本也；其所不生者，末也。本末一体也，其两爱之，性也。先本后末，谓之君子；先末后本，谓之小人。法之生也，以辅义，重法弃义，是贵其冠履而忘其首足也。仁义者，广崇[4]也，不益其厚而张其广者毁，不广其基而增其高者覆[5]，故不大其栋[6]，不能任重，任重莫若栋，任国莫若德。人主之有民，犹城中之有基，木之有根，根深即本固，基厚即上安。故事不本[7]于道德者，不可以为经，言不合于先王者，不可以为道[8]，便说掇取一行一功之术，非天下通道也。"

老子说："凡求学之人，能够明辨是非，通晓治乱的根本，澄滤思想中的杂质，清新意念而保存所学的东西，并发现事物的始终以求归返于虚无的境界，就可以称得上通达了。治理的根本是仁义，它的枝节与末叶才是法度。本与末是一个完整的整体，对两者都爱而不舍是人的本性。先求根本，然后求末节，这是君子的行为；先事末节然后求本，这是小人的行为。法度的产生是用来辅助义的，尊重法度而抛弃义，是看重自己的帽子、鞋子而忘了头与足的错误。仁与义，广博而且崇高，不增益仁义的厚实而一味扩张它们的广度，这样就会毁坏仁与义。同样，不开广它们的基础而一味增益高度，也会使仁义精神的构建倒下。所以说不增大房屋的栋梁，就无法使它负重，房屋的负重没有什么能比得上栋梁，国家治理的负重没有什么可以比得上德。做人民的主人，有了自己的民众，仿佛是城墙有了基石，树木有了根本，根底深厚就是根本牢固，基石厚实就是君上安宁。因此，做事不能把道德当作根源，不可将它看作是不变的规则，言论不能和先王相吻合的，不可以将它看作是永恒的道理。巧言辩说、顺手拾取成就一事一功的手段，不是通行于天下治理的道。"

◎ **原文注释**

[1] 澄心：将思虑中不合于道的杂质过滤掉。澄，使液体中的杂质沉淀下去。心，指思虑。[2] 达：通达。《荀子·君道》："公道达而私门塞矣。"[3] 生：生存、活着。《孙子兵法·九地》："投入亡地然后存，陷入死地然后生。"[4] 崇：高。司马相如《上林赋》："崇山矗矗。"[5] 覆：翻转过来。《荀子·王制》："水则载舟，水则覆舟。"[6] 栋：房屋的正梁。[7] 本：根源、来源。《韩非子·有度》："奸邪之臣安利不以功，则奸臣进矣，此亡之本也。"[8] 道：此处意谓道理。《荀子·天论》："循道而不贰，则天不能祸。"

◎ 拓展阅读

混元圣纪

南宋谢守灏编。此书是谢守灏为老子所写的传记。因宋真宗改上老子尊号为"太上老君混元上德皇帝",所以书名才取作《混元圣纪》。据《历世真仙体道通鉴续编》卷五"谢守灏传"称,此书又名《太上老君混元皇帝实录》,共七卷。而谢氏在书成"进表"中称此书十卷,现存《正统道藏》本则为九卷。全书取编年体例,记叙自开辟以来迄北宋徽宗间,老子灵迹变化、世作圣师及历代崇敬等事迹。

治人之道

老子曰："治人之道，其犹造父[1]之御驷马也。齐辑之乎辔衔[2]，正度之乎胸臆[3]，内得于中心，外合乎马志。故能取道致远，气力有余，进退还曲，莫不如意，诚得其术也。今夫权势者，人主之车舆[4]也。大臣者，人主之驷马也，身不离车舆之安，手不失驷马之心，故驷马不调，造父不能以取道，君臣不和，圣人不能以为治。执道以御之，中才可尽，明分以示之，奸邪可止，物至而观其变，事来而应其化，近者不乱即远者治矣，不用适然之教而得自然之道，万举而不失矣。"

老子说："治理人的道，就像造父驾驭四马拉牢的车，将四马的控扼全部集中在缰绳与马嚼子上，将控扼缰绳与马嚼子松紧适宜的力度放在心中，驭手的内心获得把握，外部又能切合马的意愿。由于这样的驾驭，马就可以行很远的路途而气力有余，进退旋转没有不合驭手意志的地方，这确实可以说是把握了驭马的方法。今天所说的权势是人主政治之车的车厢，大臣是人主政治之车的快马。人主的身不能离开政治之车厢的安全保障，人主的手不能丧失控扼驷马的心。所以说，没有经过驷马的调治，尽管是善御者造父也不能用它上道。君上臣下不和谐，即使是有道德的圣人也不能去治理。把握了道去驾御，中等的才干也可以达到治的顶点，明确职分并且宣明职分，奸邪非分的意欲就可以绝止。事情到了便观察它的变化，事情发生了便顺应它的变化，眼前有条不紊，就是远方也会轻易获得治理。不用那偶然适宜的教化而把握那万物自然本性的道，这样，就是有一万次举动也不会出现过失。"

◎ 原文注释

[1]造父：古代善御者，曾驾车乘周穆王四方巡狩，后以平徐偃王之功，赐受赵城，由此姓赵。[2]齐辑之乎辔衔：驾驭四马拉的车是将四马的控扼共同集中在缰绳与马嚼子上。辑，聚集。《韩非子·说林下》："甲辑而兵聚。"辔，缰绳。衔，马嚼子。[3]胸臆：臆，即是胸。陆机《演连环》："抚臆论心。"胸臆，心胸、胸怀。《商君书·赏刑》："夫固知愚、贵贱、勇怯、贤不肖皆尽其胸臆之知。"[4]舆：车厢。王符《潜夫论·相列》："木材……曲者宜为轮，直者宜为舆。"

○ 品画鉴宝　玩古图·明·杜堇

杜堇，有古狂、青霞亭长等号，丹徒（今江苏镇江）人。成化年间举士不第，从此绝意仕途。他工诗文，通六书，善绘画，其界画楼台最是严整有法，白描人物和花草鸟兽也堪称一绝，山水树石则不甚称名。他的这幅《玩古图》描绘园亭之中梧桐、芭蕉掩映，芙蓉盛开，灌木、小草丛生。图中人物形神毕肖，衣纹细劲流畅。构图疏朗，主次分明，笔法秀劲，设色淡雅，为杜堇人物画精作。画风秀雅古朴，颇有南宋院体风余韵。

◎ 拓展阅读

张生煮海

中国元代杂剧作品。李好古著。一说尚仲贤著。写潮州儒生张羽寓居石佛寺，清夜抚琴，招来东海龙王三女琼莲。两人生爱慕之情，约定中秋之夜相会。至期，因龙王阻挠，琼莲无法赴约。张羽便用仙姑所赠宝物银锅煮海水。大海翻腾，龙王不得已将张羽召至龙宫，与琼莲婚配。作品反映了古代劳动人民征服大自然的幻想，表现了青年男女勇于反对封建势力、争取美满爱情的斗争精神。

○ 品画鉴宝 四仙拱寿图·明·商喜 曾于宣德年间担任锦衣卫指挥的明朝画家商喜，字惟吉，濮阳（今河南濮阳）人。此图于海涛中画四位踏波仙人。本图展现的是其中的两位仙人。其中，一仙持葫芦，以铁拐承足，像是李铁拐；一仙趺坐于三足蟾蜍上，似是刘海。这应是一幅吉祥画。

老子曰："凡为道者，塞邪隧[1]，防未然，不贵其自是也，贵其不得为非也。故曰勿使可欲，无曰不求，勿使可夺，无曰不争，如此即人欲释，而公道行矣。有余者止[2]于度，不足者逮于用，故天下可一人也。夫释职事而听非誉，弃功劳而用朋党，即奇伎天长，守职不进，民俗乱于国，功臣争于朝，故有道以御人，无道则制于人矣。"

老子说："实践道的方法就是堵塞不正的通道，防止没有发生的事端，不贵重自以为是的想法，贵重的是不能做出错失。所以说，不要让它生发可以追求的，也不要说不追求，不要让它发生可以被剥夺的，也不要说不争取，能够做到这样，人们的欲求就会放下，而共同的道就会畅行。财富有余的，限制在一定的度上，财富欠缺的，达到它需要的资财，泯灭天下的差异以使人民一致起来。放下自己的职责而去听闻是是非非，抛弃有功有劳的臣民而去任用朋党，就会导致歪风邪气的日日增长，而恪守职责的人无法晋升，这样，民众的想法就会混乱起来，功劳之臣的争执就会在整个朝廷上存在。所以说，把握了道就可以制约人，没有道就会受制于人。"

◎ 原文注释

〔1〕隧：通"道"。

〔2〕止：限制。

◎ 拓展阅读

大金玄都宝藏

金代编纂的道藏。金世宗大定二十六年（1186年），诏以南京（今河南开封）的《道藏》经板付中都（今北京）十方天长观。金章宗明昌元年（1190年），诏令十方天长观提点孙明道搜求遗书，重修《道藏》。孙明道分遣道士访遗经于天下，得一千零七十四卷，以补《万寿道藏》残存经板二万一千八百余册，共积得八万三千一百九十八册，并依三洞四辅，编成一藏，计六百零二帙六千四百五十五卷，题曰《大金玄都宝藏》。金章宗泰和二年（1202年），因天长观火灾而被焚毁，今已不存。